BuddhAll

All is Buddha.

BuddhAll.

BuddhAll

如來藏三談

談錫永 著

識境圓成依於智境，那就是如來藏的境界。對佛學有興趣的學人，若能認識如來藏境界，同時認識成立識境的相礙緣起，讀佛經時就能生妙解，是即不依文字來生勝解、認識佛的密意。

目　錄

序

序

談錫永

　　筆者近年蒙國內幾家大學的邀請，赴各地講學，所講都是佛家如來藏思想。這如來藏思想是佛家究竟見，為釋迦於三轉法輪時所說，本來無可諍論，所以千餘年來，漢傳佛學無不以此為重心，由此開出禪宗、華嚴、天台、淨土、密宗等諸宗部，藏傳佛教亦相繼建立甯瑪、薩迦、噶舉、覺囊諸派別，從未有人對如來藏思想加以批評。所以，筆者的講學，其實無非是弘揚漢藏二地的佛學傳承，將一個流傳千餘年的思想正確地表達出來，令人能瞭解這思想的真正涵義，以及令人能夠了知如何通過觀修來現證這個佛家究竟見，這是繼承著諸宗派祖師的腳步，並非有所增減。

　　不過，由於時代變易，所以在表達這思想時，就不必完全依照古代的說法，可以改用符合現代人思維的譬喻，甚至用現代的科學來論證這思想。

　　在用科學來論證時，應該瞭解，並不是說現代的科學，如廣義相對論、量子力學、霍金的弦論等，其內涵即是佛家的如來藏，不是的，只是說，現代科學能夠證實如來藏思想所包含的義理。例如如來藏周遍一切時空，周遍不同元次的空間與時間，這一點，在古代很難舉出例證，但根據現代科學，對此即無可懷疑。又如在觀修方面，以四重相礙緣起作為決定見，從而次第現證這四重相礙，在古代，這只能口耳相傳，弟子憑信解來從事觀修，但在現代，即可以由物理現

象來證實四重相礙，譬如「外相礙」，色不能為聲、聲不能為色，是即外境所受的障礙，在古代很難說明為甚麼是相礙，但在現代，僅憑物理學的波動現象，就可以證實這一點。

因此，古代的如來藏學說，要強調「甚深秘密」，要強調「信解」（而且是先信而後解），那就是要學人不得對此懷疑，然後憑觀修去親自證悟這相礙境界。所謂「甚深秘密」，在現代其實已無秘密可言，因為已經容易信解，不應引起諍論。

筆者在國內幾家大學之所講，可以說，等如將如來藏的「甚深秘密」公開，同時用譬喻（如螢光屏喻）、用現代科學來加以詮釋。一切所談，都不違反各宗派的見地與觀修，只是表達的方式不同。

本書的內容，是根據筆者的講學內容加以整理，分為「三談」，可以視為三個不同的主題。

初談（＜如來藏介紹＞及＜如來藏漫談＞）分別是筆者於2010年四月在南京大學的講學紀錄，以及同年三月在杭州永福寺對復旦大學同學的講話紀錄。

二談（＜如來藏境界＞），則為2010年三月於浙江大學的講學紀錄。

三談（＜如來藏的見修＞）是2009年四至五月在廣州中山大學的講學紀錄。這一次講學時間相當長，講了八個星期。

所有講學稿均由學員初步紀錄、整理，由於健康問題，筆者只能略為修訂，對於這些學員筆者表示謝意，但卻不必一一錄下他們的名字。

　　讀者閱讀本書，應有如參加了幾個由筆者主持的講座。由於每一次講座都先行介紹如來藏，所以內容有少量重複，這亦可以看成是對如來藏基本見的複習。

　　為通俗起見，本書不打算弄成「學術性」的面貌，因此盡量不加腳註，亦不一一指出所說的根據，但筆者可以完全負責，書中無一無根據的空談，而且許多論證的依據，在講時亦實已說明其出處。

　　為甚麼要說明這點，因為據說有人在網上質疑，說「大中觀、小中觀」是筆者自己的說法，他們顯然沒有看過筆者的《甯瑪派四部宗義》，在書中，已引清辯論師之所說來說明大、小中觀的差別。因此，希望讀者要全面瞭解然後質疑，因為筆者不可能在任何一本書中，將一切細節都詳細解說。每一本書都有不同的主題，沒可能絕對全面，這一點，希望讀者理解。

　　最後，謹向參與本書紀錄、整理、編排、出版的參與者致以謝意，同時誠懇地希望得到讀者的回應。

二千又十年八月中旬

初談

如來藏介紹 —— 現代人看如來藏

　　今天講的主題，是佛家的如來藏思想。如來藏思想是佛家最流行也最究竟的思想。漢傳佛教裡的禪宗、華嚴宗、淨土宗、天台宗，以及西藏的密宗（除了格魯派）都是拿如來藏做最根本的見地。可是對如來藏怎樣表述，每個宗派就有所不同了。如果按次第，最究竟的是漢傳禪宗與西藏甯瑪派，這兩個宗是同一源流的。

　　現在內蒙古黑水城出土了大量文獻，這些文獻裡邊大概有七、八成是講佛教的，講佛教的文獻裡邊大部份與禪密有關，有些文獻是説禪宗與密宗怎樣互動、怎樣交流，所以這些文獻比敦煌的文獻還要寶貴。黑水城當年在西域是屬於西夏王朝（1032-1227），所有從西域來的僧侶、商人到了西夏等於到了中國，所以當時黑水城聚居人口甚多，幾乎可以説是小長安，西夏王朝的興滅，時間是相當於中國的宋代，宋代首都在汴京。對西域商人來説，交通沒有去長安那麼方便，有些商人就索性在西夏住下來。所以中國有很多詩文都提到西夏。

　　從目前黑水城發現的文獻，可以看出當時藏傳佛教怎樣在西夏傳播如來藏思想的見地和觀修，由於見地與禪宗一致，因此關於觀修的文獻就受到研究禪宗的學者重視，漢地禪宗實在亦應該重視這些文獻。

　　一直以來，西方學者只重視印藏佛學研究，其實漢藏佛學亦是一個大題目，我對這個題目很感興趣，所以由1993年開始就進行翻譯與研究，到現在已經翻譯、著作、編輯了六

十多本書，都是關於這個題目。十多年來我在加拿大獨自從事這方面的工作，雖然有些國際學者的反應，但亦可以說是默默無聞，我主要是將這個教法用來教一些弟子。2006年馮其庸先生派人到加拿大找我，希望我參加國內漢藏佛學研究的工作，於是2008年在人民大學國學院就成立了漢藏佛學研究中心。其實最主要的是研究如來藏思想，因為漢傳佛學與藏傳佛學的主流都是以如來藏為根本思想，甚至連發源於漢土的淨土宗都是。

怎樣用最簡單的話把如來藏思想解釋給你們呢？這其實是一個很難的課題。如果要說清楚應該要一、兩年的課程，現在我試試用最簡單的表述來給你們講如來藏，然後把如來藏思想與現代科學做個互動。在這裡，不是說現代科學等於如來藏思想，是講現代的科學發展，從牛頓的力學發展到相對論、量子力學、霍金的弦論，把很多宗教基礎動搖了，很多宗教隨著科學發展站不住腳了，可是這些東西剛好與如來藏思想所描述的世界完全相同。先講如來藏，然後講科學世界怎樣跟如來藏思想、如來藏的世界相應，這樣你們大概就了解甚麼叫如來藏了。

講如來藏，我先用個簡單的例，如電視機的螢光幕上面有很多影像，螢光幕與影像雙運。通俗講雙運，像手掌跟手背一樣。雙運的定義，是不能異離、也不同一。那麼螢光幕與影像雙運，就是螢光幕與影像即不異也不一。由此我們就推導到如來藏。

了解如來藏之說，要首先了解甚麼叫如來法身？很多人把如來法身看成是個體，那絕對是錯誤的。《入楞伽經》裡講，如來法身是佛內自證智境界，是智的境界、是佛自證的

一種心理狀態，所以智境不是個體。《楞伽經》上及其它的經都有說，凡是成佛的法身所證的智境是相同的，不是你證這樣的境界、他證那樣的境界，能夠成為如來法身的智境完全相同，所以如來法身不是個體，只是一個境界。我們把如來法身的智境就譬喻為螢光幕。

因為佛家強調智境是不可見、不可聽、不可聞、不可思議，是佛的心理狀態，不能用我們凡夫的心理狀態去推測，如果用凡夫的語言去形容，那就變成是我們的心理狀態，而不是佛的心理狀態，所以叫不可思議境界。雖然我們不能見它，不過它有一種功能令我們可以間接地見它，這種功能在佛經裡叫如來法身功德。如來法身與如來法身功德雙運，這就是如來藏。如來法身當然跟法身功能是不異離，可是也不同一，所以說是雙運。這樣講，就好像剛才所講的螢光幕跟螢光幕的功能、螢光幕與影像雙運。可是如果我們單是講如來法身與它的功能，就等於單講螢光幕跟螢光幕的功能。這個功德就令整個法界的生機充滿，等於說螢光幕上面有螢光幕的生機（即是它的功能），所以影像就生出來了，如來法身有它的生機，這個生機就令一切世界顯現出來而成為「有」。

在佛家的定義裡邊，這個「有」應該是「存在或顯現」。「存在或顯現」又分成四種狀態：第一、「既存在也顯現」（有）；第二、「不存在也不顯現」（無）；第三、「雖存在不顯現」。例如經絡與穴道，我們哪裡能看到身體上的穴道呢？可它是一定存在的。穴道就是「雖存在而不顯現」了；第四、「不存在而顯現」，是最難解釋的。但我們可以舉隕星（不是隕石）為例，隕星已經隕滅了、不存在了，可是我們還看得見它多少光年以前發出的光，甚至再過一百萬年、兩

百萬年還可以看見它在星空閃耀，這便是「不存在而顯現」。

為甚麼要建立存在與顯現呢？因為如來法身（智境）就是存在而不顯現，可是一切世間（識境）卻是不存在而顯現。佛家將情器世間說為如夢如幻、如陽燄、如乾闥婆城，都是說他們雖顯現卻非真實的存在。

我們假如住在螢光幕的世界裡邊，就會覺得螢光幕裡邊的世界一切都是真實，所以螢光幕裡邊的人，生活在螢光幕裡面，這世界對他們來說就絕對真實，等於我們生在我們這個世界，我們也覺得我們這個世界是絕對真實，我們是真實的存在，我們是實有。這個觀點對不對呢？一般講佛學的人就說不對，因為把空性的世界說成是實有就不對了。可是如來藏思想承認這個實有，有些宗派就稱之為妙有了。我們可以這麼講：我們是生長在自己的螢光幕世界裡，這裡邊一切真實。所以你們讀書學的是這個螢光幕世界裡邊的知識，對你們有用；你們拿到這個螢光幕世界的經驗、學問，可以發揮你們的功能。可是當你們離開螢光幕來看這個螢光幕世界的時候，你就感覺到一切都不真實，只是影像而已，因此佛說：「如夢幻泡影」。夢幻、泡影都不是真實的。顯現出來的世界只是夢幻、泡影，所以是不存在的，存在的只是它的影像，沒有本質的存在。

因此如來藏就是：在佛的智境上，有一個智境的功能令識境生起，識境就憑藉著這個功能，「隨緣自顯現」。「隨緣」的意思是說隨順著緣起。

如果說識境真實，是住在識境的人看識境，是故真實，

心識離開識境，就看到識境不真實，只是顯現，並非真實的存在。一如我們看螢光幕的畫面，畫面中人只是影像的顯現，並非真實的存在。所以，他的「有」只是「不存在而顯現」的「有」。這才是如來藏所說的「空」，這與其他宗派所講不同。

　　梵文的「空」是śūnya。śūnya這個梵文字的意思是零，數字的零是印度人發明的，後來傳到西域才把這個零的概念帶到阿拉伯世界，阿拉伯人把它弄成符號，所以我們現在把數字0-9說成是阿拉伯數字。所以空就等於零，說空性是śūnyata即零性。甚麼是零性？比如1,234（讀成一千二百三十四），為甚麼把1說成一千，是因為1的後面有三個0做1的基，0上面顯現234出來，這即是識境，所以你才可以把1叫成一千；如此類推把2叫成二百；3叫成三十……都靠零性這個基來定位。如果沒有這個基，我們不能說是一千二百三十四，就是靠這個定位我們才能說出來，所以空是存在著一種顯現定位的功能。這個定位的功能就顯現了數值的存在。由是數碼並無本質，只是對零性的依存。這樣就可以說它是零性（空性）。這樣來理解「空性」，是最究竟的理解。

　　現在再講一次「空」是怎麼回事。「空」有定位的功能，空的功能顯現出來就是定位的功能。零沒有數碼（零的數碼不存在），不能說它是1，以至不能說它是9，它只是0，可是它有顯現定位的功能，一千的基（000）不顯現，我們就看不出這個1到底是多少數目，因此佛家把零性看成是我們一切事物的共性，有如零性是定位一切數碼的共性。

　　我們不懂得用空性（即是零性）來替一切事物定位，只是用概念將其定位 —— 這個叫手機、這個叫筆。憑甚麼分清

這個是手機、那個是筆呢？就是因為我們傳達一個概念，小孩子掌握這個概念後，他一聽見「筆」，馬上就有筆的形象，同時知道筆的功能。就不會把手機當成筆、把筆當成手機。在他的概念世界裡邊，他已經分別得清清楚楚，這種概念在佛經裡邊叫句義，所以佛經就講我們生活在一個句義的世界裡，不是真實的世界。這樣講很多人大概不理解，認為不是這樣的，等一下用科學方面佐證，你們就了解了。現在的科學剛好證明我們是生活在句義的世界，而非真實的世界。這些要等到第二部分再講。

現在我再來總結一下剛才所講的如來藏：如來法身我們不能看見、不可思議，我們怎樣才能曉得如來法身的存在呢？只能間接認識，從如來法身的功能，與由這個功能生起的世界來認識，從而理解如來法身。這就等於說，螢光幕裡面的人怎樣曉得螢光幕的存在，先要認識螢光幕的功能（功能令他們顯現），認識自己的世界只是影像，然後才能進一步了解螢光幕的存在。所以我們說，要分兩步去現證如來藏：第一步是現證螢光幕有一個功能令影像顯現，等於現證如來法身功德令識境顯現；第二步是現證螢光幕的功能與螢光幕雙運，這等於如來法身功德與如來法身雙運。由此，就可以同時現證到螢光幕與螢光幕影像雙運，這就是智境（如來法身）與識境（世俗世間）雙運。所以如來藏就是智識雙運的境界。

我已經把如來藏的甚深秘密用最簡單的語言來表達，如果你們能按著我這樣的概念讀佛經，你就會同意呂澂先生所說的「無經不說如來藏」──沒有一本經是不講如來藏的，只是用如來藏的「法異門」來講。所謂法異門，勉強可以說

是如來藏的同義詞，那就是用另一套名相來解釋同一個道理，例如說空、實際、真如、佛性、法界等一大堆名言，其實都是說如來藏。也就是說，佛其實是在講如來藏，因為如來藏甚深，為了方便理解，就講空、實際、真如等等，從這些角度來講如來藏。正面講到如來藏的經，叫「獅子吼」，這些經義甚深甚深，稱為佛的密意，真的不容易看明白。我現在是把甚深如來藏的經，通過前面的譬喻，來講甚麼叫如來藏、如來藏如何定義空性這兩個主題。這兩個主題很重要，我想和你們互動一下，如果你們光是聽不一定能完全理解。很多複雜的概念經過我簡化以後，你們要真正地理解原義。希望你們多提問！

＊　＊　＊　＊　＊

問：老師能不能講一下空，因為有人講佛教最高境界是悟到空，就是孫悟空的名字 —— 悟空，這個境界的空是不是就是您講的定位的功能，如果人生悟到空了，這個空是不是就是人生的一種定位？

答：好！並不是每個宗派都像我講如來藏思想這樣講空。現在學佛的人理解最錯的一句話，就是「緣生性空」。講空，他們就理解成「因為緣生，所以性空」。可以舉例：這個房子是實在還是空？他們說是空。為甚麼空？他們說的空是無自性空。現在一般都這麼講 —— 沒有這個房子的本質，沒有它的本性，所以這個房子就空了。為甚麼它會沒有呢？他們說因為是緣生。說是用磚、瓦、木、石等等把房子蓋起來的，如果把房子拆下來，有一堆磚頭、一堆瓦、一堆木頭，在這些東西裡邊找不到房子的自性，因此房子就空了。現在

一般講緣生性空都是這麼理解的，那是誤解了龍樹的緣生性空。龍樹的《七十空性論》，裡面用了71個頌來解釋空性，如果你看，就曉得龍樹並不是像他們所理解那樣來講緣生性空的。緣生是有，因為緣生所以成為有。為甚麼有這個房子？因為它是緣生，它是用磚、瓦、木、石，經過因緣和合，才成為有這個房子，所以這是很容易理解的。不能像他們所說，把東西拆掉，找不到房子的自性。為甚麼把好好的房子要拆下來？龍樹是說，這個房子有沒有？有！緣生而有！只是緣生而有，並不是真實的有，不是有一個房子憑空生起，而是有各種因緣把它生起來而成為有。那怎樣說性空呢？龍樹在《七十空性論》就講，當你超越「緣生」，就同時超越緣生而成為有的有。所以性空是對緣起的超越。其實這道理講得更明白的是彌勒菩薩的《瑜伽師地論》。他說，何謂「善取空」？根據甲，證明乙空，那就只是乙空，不能同時說甲空。甲是乙的餘外，「餘實是有」。這才是善取空。現在看看他們所說的緣生性空，因為緣生，所以性空。可是，他們同時又成立緣生亦空，這便不是「緣生有」，而是緣生空了。這就分明是違反了彌勒菩薩的善取空。

　　如來藏是怎麼修空的呢？它建立四重緣起：第一重是業因；第二重是相依；第三重是相對；第四重是相礙。業因緣起剛才講過，是因緣和合成而為有。因緣和合成為有是真實的嗎？現在考慮這個問題了，本來成立了業因有，這個房子因為因緣和合建成了，是業因有。可是如果再高一個層次考慮，就是說我們把事物當成有，其實並不是因為因緣和合，是因為相依，相依就是心識與外境相依，這就要談到科學了。

　　牛頓力學的世界是把物質定義為實有，因為我們這個世界裡邊的一切物質都服從牛頓力學的法則，如果不是實有，就不可能服從同一個法則，所以證明一切物質都是實在的，那是牛頓力學的世界。可是愛因斯坦的相對論一出，證明牛頓力學只適應很小範圍裡的力場，只適應地球的力場，如果相對於其它時空，那麼整個牛頓力學就用不上了。詳細情形我就不講了。

　　愛因斯坦發現波與物質粒子是可以互換的，粒子是質量，波是能量，所以他就說波與粒子間的轉換，$E=mc^2$（E就是能量，m就是質量，c是光速）。當物質以光速度來運動的時候，質量就變成能量了。因此他想建立一個統一場來解釋粒子與波的運動。這麼講時，牛頓的力學世界就不真實了。為甚麼？如果物質用光速來運動的時候，那就不再服從牛頓的力學架構，既然超出力學架構，就不能說在這個力學架構中是真實存在。

　　愛因斯坦想弄一個統一場，證明波與粒子是真實的存在。物理學家都是要證明物質是真實存在的。愛因斯坦的統一場始終沒有搞起來，沒有得到承認，又有量子力學出現了。愛因斯坦是完全不同意量子力學的，他說「我的大腦可以理解量子力學，可是我的心不能理解量子力學」，這句話等於是把整個量子力學否定了，可是量子力學繼續在研究。愛因斯坦曾經跟研究量子力學的大師有過很長的交談。愛因斯坦說：你們只根據看得見的事物來作定義，這是錯的。看不見的東西也有它的物理定義，為甚麼你不從這方面去研究？那個研究量子力學的朋友回答他說，你也一樣，你也是光把看得見的事物來作研究，你的物理學從來沒有考慮到用看不

見的事物來下定義，例如你講粒子與波，你還要做實驗，看見那個波才能定義 $E=mc^2$。如果你觀察不到波，你就不敢定義這個公式。愛因斯坦便跟他講了心裡話，他說：我原來是想把看不見的事物（存在而不顯現）做物理上的定義，可是我這樣寫出來，你們都看不懂，我只能把又存在又顯現的東西來定義我的物理學，不是我蠢，是你們蠢。當我這樣講的時候，你們一定不承認。他們這些對話就涉及到佛家所講的「存在或顯現」的四種狀態。

既存在又顯現，我們很容易說，當然是有；不存在又不顯現我們也容易說，當然是無；可是「存在而不顯現」、「不存在而顯現」我們就很難說是有還是無，那只能用如來藏思想來定義了。

量子力學給了我們一個怎樣的世界？是一個微觀的世界。在微觀世界裡研究物理，我們發現根本沒辦法把粒子與波定位。有一個很著名的雙縫實驗：假如我們用電子槍將粒子向一道牆發射，牆上只裂開一條縫，牆後面放一個螢光幕，電子槍發射時粒子穿過這個縫，就打到螢光幕，連續發射，螢光幕上就有光點了；假如我們不是發射粒子而是發射光，在連續發射時，看見的當然不是光點，而是光波。現在我們改一改，假如在牆上開兩條縫做同樣的實驗，當我們用電子槍發射時，按道理，牆後的螢光幕上應該有兩個光點，可是，我們發現有光的干涉現象，這就證明粒子通過雙縫時會變成光波來通過。

量子物理學家於是在雙縫旁邊各自安上一個觀察器，觀察究竟是光波通過雙縫，還是粒子通過雙縫，結果干涉現象又不出現了。即是說，電子槍發射的粒子，老老實實用粒子

的形式通過。為甚麼有這樣的情形呢？結論是，觀察器影響了粒子，因為觀察器原來就是設計為專門觀察粒子的。這是外力，粒子受外力的影響，就保持粒子的形式。

這就是佛家所講的相礙緣起了。

相礙緣起是甚麼？剛才講如來法身，如來法身有一個功能令識境隨緣自顯現，即是，顯現是有條件的。相礙即是局限，即是顯現的條件，能夠適應這些條件，就可以說為隨緣（佛家又稱為「任運」）。每一個生命形態，都是由對相礙的適應而形成，人適應種種局限就成為人的形態：有四肢，有大腦，所以有心識；蚯蚓則不然，它沒有眼，也沒有耳朵，所以它的世界就只是觸覺的世界。

形態不同，所以生命力就不同，這也是對局限的適應。人可以保護自己，蚯蚓便完全沒有保護自己的能力，因此它就有人所不能的本能了。我在網上看到一個笑話，蚯蚓孩子把自己分成兩段，媽媽問：「你為甚麼把自己割成兩段？」孩子說：「我想比賽電子遊戲。」媽媽說：「這樣啊。」就把自己弄成四段。爸爸問：「你怎麼變成四段啦？」回答說：「因為想打麻將！」爸爸於是把自己弄成二十幾段。媽媽問：「你斷成這麼多幹嗎？」爸爸答：「想打美式足球！」蚯蚓身體的每一段就是一個生命，所以當一隻喜鵲去啄食一條蚯蚓的時候，你不必耽心蚯蚓會死亡，喜鵲把蚯蚓弄斷時，蚯蚓另一段身體逃掉，還能保存自己的性命。這就是蚯蚓的相礙緣起──它沒有抵抗力，卻不怕你弄斷它的身體。人知道逃走，可以還擊，這樣就有須要蚯蚓的保護功能，所以我們這個世界很微妙，各種不同的生態都有各種不同的適應，當你的適應完成了，你就能夠存在而顯現，所以我們稱之為相礙緣起。

　　按相礙緣起來理解這個世界有甚麼用呢？當我們適應時，就叫任運。對成立我們的任何條件都能適應，才叫任運，任運成功了就叫任運圓成。我們都是任運圓成的，所以才有我們的個體。如果按佛家這個道理來看，任何事物都有一個本能，就是任運圓成 —— 適應任何局限、適應任何條件，圓滿地成就自己的身體，成為自己的存在與顯現。

　　因此我們說在這樣定義下，緣起是有而不是空。說我們空，是怎樣的空呢？我們是住在空性基上面來顯現，等於螢光幕的影像是住在螢光幕上來顯現的，離開螢光幕它就不能顯現，它一定要依靠螢光幕才能顯現。因為螢光幕定義為空性（零的定位性），它只有定位的功能。所以依附著螢光幕出現的畫面，便同樣有螢光幕性，這就可以說為空性。

　　因此一切世間的基是空性，人是基上面的影像，所以亦有空性。等於水中月有水性，鏡中影有鏡性。我們剛才說過定位，譬喻3270，這些數碼本來沒有性，光一個3，我們不能說它是3000，是因為它的基有定位功能，所以才能夠被說成3000。所以這個3字，同樣有零性、基的定位性。

　　你剛才所問關於空，如果你理解為緣生所以性空，那是錯的，不究竟的，可是現在學佛的人一般都這麼理解。因此怎麼理解如來藏？講如來藏就要牽涉到一點科學，用科學再來解釋如來藏，就容易明白。

　　問：如來藏的那些理論和現代科學理論是相融合、相對應的嗎？是否有些相違背？

　　答：到目前為止，科學從牛頓力學發展到最新霍金的弦

論，可以説一直跟如來藏沒有相違背，反而其它宗教很難適應現代科學的理論。

我現在說霍金的弦論。霍金的弦論其實沒有多少人了解，我也不完全理解。我是念理科化學出身的，所以我對物理很有興趣，到現在我還找物理學的書來看。我的兒子是學天文物理的，在麻省理工做了20年的高級研究員。有時候我們父子聊天時，把物理學與佛學的理論一塊進行討論，我很鼓勵我的兒子能把物理學與佛學結合起來研究。在我們的討論當中，在我看的書當中，都沒有發現有與如來藏思想相反的説法。甚麼叫弦論呢？它其實是想把愛因斯坦及量子力學所要的統一場，用弦論這個形式表現出來。統一場的理論為甚麼這麼要緊呢？就是我剛才所説，如果物質都能服從一個統一場，那麼就可以説這些物質在這個統一場中是真實的存在。為甚麼物理學家一定要研究真實的存在，物質是不是真實的存在呢？如果物質是不真實的存在，那麼我們的研究就不完整了。就是説，你所定的物理學法則不能規範這些物質，這些物質超出物理的統一場，就會變成另外一種形態。現在我們只是講了能量與質量、波與粒子，有沒有粒子與波以外的物理現象？不能否定，説一定沒有，只有波與粒子，那只是因為現在我們的力場只能講波與粒子，講不出第三種存在的狀態。前面講如來藏有不存在而顯現，那麼有沒有一種不存在而顯現的物理場呢？那就如愛因斯坦所講，你們都是要看顯現來定義，這就是從牛頓力學出現以後物理學家一直討論的問題。當牛頓力學出現之後，就有宿命論出現了，英國愛德姆爵士講：「我可以決定任何一個星球怎樣運動。」星球雖然多、雖然遙遠，如果按牛頓力學萬有引力，任何一

個星球應該都可以把它算出來。假如把所有數據研究出來，我們就等於說它一定是這樣運動，所以是宿命論——它不能用第二種形態來運動。假如是宿命論的話，就有很多宗教受到挑戰。如果你說上帝造出來是宿命，那當然沒問題啦。他是上帝都要服從牛頓的力學，那是宗教不能容忍的。上帝為甚麼可以造出牛頓力學可以規範的世界？這個問題在佛家講就不是問題，因為佛家就說是相礙緣起。星球的運動不是宿命，而是它要適應一個存在與顯現的條件。我們既然把一個這樣的力場給它，它適應然後才能顯現。我為甚麼講這個？就是回答剛才那個朋友所講有沒有科學與如來藏思想相違背。這樣理解你就曉得，不能說有違背。現在有一個這樣的力場給你，你要適應這個力場給你的局限，然後才能夠存在與顯現，因此不是宿命，只是適應的問題。霍金的弦論其實也就等於是這個意思。它把所有物質的生起，一切生命、粒子與波等等生起，看成是一條弦在動，因為弦在動，因此有粒子與波，我們只研究這兩種物質的狀態。如果按我們的理解，琴弦在動應該說一定是波出現了，但卻不是。有可能出現的是粒子而不是波。如剛才我們講雙縫試驗，觀察觀察器的時候，我們定性是波的觀察，它就只能適應波，適應的就通過了、不適應的就給牆擋住了；假如我們用粒子的觀察器，粒子就過了，不成為粒子狀態的就不能過，所以也是相礙緣起。弦論很複雜，我不能完全表達，只是它說在弦動的時候有波、有粒子，但基本是波。為甚麼沒有粒子呢？憑甚麼決定呢？憑機率決定。這就可以解釋雙縫試驗，把觀察器定為粒子的時候，有多少成是粒子過，有多少成是波過——靠機率！這機率怎麼定呢？有觀察器與沒觀察器的機率就不同。我們生長在這個世界，原來是能量的世界（波是能

量），可是我們能變成物質（粒子就是物質）。有多少能量可以變成物質呢？說不準。機率！憑機率決定。機率是甚麼呢？是各種不同的條件與局限決定有多少粒子能生起，這就是我們所說的相礙緣起。我們有各種不同的局限，因此適應出來的生命形態就不可計量。適應很多的就變成高級的生命，只能適應一點點的就變成低級的生命。如果按著這個理論與霍金的弦論和佛家的相礙緣起，便會覺得轉基因是一個很大的問題。我不曉得你們對轉基因的看法怎麼樣？

轉基因是甚麼呢？轉基因是由實驗室來決定物種相礙的適應，不是自然的，是人工造出一些條件給它適應。我們不是人造的相礙，我們是天然的，適應天然的相礙。我們哪裡有人工造一些條件的局限呢？沒有！每個人所受的相礙都是天然的。可一轉基因，所受的局限就都是人為的。人為的東西能精密到有如自然天成的嗎？如果從相礙緣起來講，不可能！用霍金的弦論來講也不可能，我們天然的機率不能跟人為的機率相等。無論你怎樣做實驗，怎樣來定所轉的基因，你給它的相礙、給它的局限、要它適應的條件，怎麼可能等於天然對我們的局限呢？所以一定有很多我們想不到的東西，我們想不到的條件！比如我們五個條件給它，有可能就變成六個。因為當這五個湊到一塊的時候，就有另外一個作用生起來；我們不能說給它五個局限，它一定是五個，相當於化學變化，你給五種化合物放在一塊，一定至少有第六種化合物產生，所以轉基因是無論如何不能與自然的機率相比的。按霍金的弦論來說，轉基因就是我們干涉了自然的機率。如果這樣考量現代科學技術與如來藏思想有衝突相違的地方，那恐怕就是轉基因了。我們所談的相礙是自然條件的

相礙，我們並不主張轉基因，因為是如來法身功德，它有一個生機，我們就跟著這個生機來適應我們的條件與局限。如果轉基因，我們就不是靠如來法身功德生起了，恐怕我們一定產生很大的變化，我們的樣子可能像我們現在看到的人猿一樣。最恐怖的，是恐怕我們的心理像人猿。

　　問：既然說如來藏思想和現代科學基本思想統一，很多物理學家和化學家、哲學家，尤其是自然科學家，他們都想把所有學科統一理論，像您對自然科學、佛學方面都非常了解，能不能在一定的情況下去詮釋佛經，把那些統一的理論讓那些自然科學家們能看懂，又有哲學深度，這是一個問題；第二個問題就是，如果從佛學研究來講，如來藏思想非常有用、非常棒，但對普通人來講它是否有實用性？

　　答：第一個問題問得很好。把如來藏思想用現代語言來表達，讓科學家們理解，這個工作一直是我期望我兒子做的。我的兒子是做物理研究的，我們見面時間不多，這次行程我也只有十來天的時間跟我兒子見面，我們聊如來藏思想怎樣在科學上表達，有時候聊個通宵。我的兒子還提出了黑洞的理論等等與如來藏思想有關。他說他想寫一本書，按如來藏思想來解釋物理世界，可是有一個難題：牛頓物理學現在相對落後了；愛因斯坦的廣義相對論其實沒有完成統一場論；量子力學現在還有很多難題與疑問沒有解決；霍金的弦論還剛剛提出，沒有多少回應。所以到底解釋哪一塊理論呢？量子力學現在分成幾派，如果把量子力學每一派都包含在裡邊，那書很難寫，所以我兒子說只能寫個大綱，全書留到他65歲退休以後寫。現在他工作很忙，雖然他一直想寫一

本按如來藏思想來解釋物理世界的書，但為甚麼要到65歲後寫呢？他想思想更成熟的時候才寫。

　　如來藏思想於現代生活有甚麼用？這個問題亦問得好。我在浙大給理工科的學生講過課，當時來的人很多，他們院長就要我多講一點關於人生的問題，讓學生曉得怎麼樣做人。按如來藏思想來講，現在整個世界都是虛構的世界。為甚麼是虛構的呢？因為我們完全落在概念上生活。中國就是因為概念，所以弄出一些問題，美國也是。美國基本上是一個過度消費的國家（我在美國生活過八年，當時住在夏威夷，然後到加拿大住了十四年）。怎麼說美國過度消費呢？他們其實是把物質浪費掉，把物質浪費當成是一種應有的享受。例如：他們本來沒有錢去旅行、享受物質，可是銀行家鼓勵借錢。每一個人都很容易地把房子抵押給銀行，拿一筆錢來消費，銀行故意把利率降得很低很低，所以借錢的負擔不大。所以美國人旅行的時候拼命地享受。平常在家還沒有過度的消費，一到旅行時他們的消費欲就表現出來，現在大概不成了吧，那時候美國人到外國去旅行，到處都把他們當成是高檔的消費者。這種高檔的消費有沒有必要呢？沒有。我可以講是物質的浪費——買回來的東西根本不用，可是買了！我租房的屋主夫婦有很多從香港買回來的東西，我問他怎麼一個箱子放得好好的？他說還不止一箱。他告訴我：「這一箱是香港買的，這一箱是巴黎買的，這一箱是意大利買的。」整箱東西都放著，有時候想起來就找一找，還找不到實用的東西，這就是過度消費，他根本不需要。那麼美國怎樣應付這個局面呢？虛擬經濟。怎麼虛擬？就用衍生工具。甚麼叫衍生工具？把事情說穿就是這樣：你放一塊錢在

銀行，這一塊錢原來是你的，可現在銀行就拿這一塊錢發債券，這個債券叫Ａ；再拿到另外一家銀行，用一塊錢的債券來發債券，變成Ｂ。這其實是不合理的，拿我的錢來擔保，拿去發債券，這一塊錢其實是我的，所以銀行的錢是無中生有。你放在我這裡一塊錢，我拿來發行Ａ，他發行Ｂ，然後再Ａ與Ｂ發行Ｃ，那不得了了，Ａ、Ｃ又有個Ｄ，Ｂ、Ｃ又有個Ｅ，還有Ａ、Ｂ、Ｃ合起來還有個Ｆ，現在是把一塊錢弄成80塊錢。這80塊錢起初的一塊錢還是人家的，可79塊錢就是銀行的了。這叫做衍生工具。我曾經在國際金界做澳洲黃金代理，跟倫敦、瑞士、美國金商直接交易，從1970年到1980年我做了十年。後來不做了，因為我要做佛學研究的工作。做十年黃金生意期間，我學了一點經濟、政治。當時我是第一個華人的國際金商，所以美國有個財政高官要跟我見面，要我到他的別墅住一個晚上，他要了解中國古代的財經思想，我們聊了很久。那時就開始提出衍生工具，我們就談這個話題，那是1970年左右，到現在三十幾年了。他當時就說這個設計有問題，不過你不能反對，因為一反對，所有銀行家就都是你的敵人，因此我們只能給它一個限制，限制成1:8 —— 1塊錢能衍生8塊錢。可是現在卻變成80塊了，所以很多人不就破產了嗎？除了虛擬經濟，還有虛擬的政治。你們看每一黨競選的時候都有政綱提出來，政綱提出來多好聽！讓選民去選他們。以加拿大為例：加拿大現在是保守黨，保守黨歷來不喜歡中國；而自由黨是中國的朋友，自由黨政府一直保持加中友誼，所以在自由黨政府執政時，還舉行過一次「加中建交三十周年」的紀念，這次紀念我也參加了 —— 就是邀請三十個加拿大畫家，每人畫一幅畫，拿到中國展覽，所以那是第一次在中國大陸展覽我的畫。保守黨政

府是怎樣令大家投他們的票呢？他們減稅，分期減兩個百分
點的稅。大家很高興，當然投票給他們，結果減稅還是減，
可是另一邊加的稅比這兩個百分點還要多得多。他們有很多
理由，例如加拿大要提高國防預算了，為甚麼要提高？因為
中國！加拿大的武力與中國相比怎樣怎樣，有軍事上很大的
理由。其實錢用在阿富汗，因為美國不管了，把阿富汗交給
了加拿大，這就是虛構政治了。他把中國看成是一個敵人的
時候，他就有理由花錢來應付敵人。其實加拿大政府花很多
錢來針對中國，美國有些商人就發財了。石油問題也是！現
在他們用低碳經濟的手段，這明顯是針對中國的。所以說這
些都是虛構，理論都是虛構出來的。現在沒有發生，他們說
將來會這樣那樣，將來中國會變成世界第一大國，可是我們
美國不能排在第二，這就是虛構。所以我們現在就生活在虛
構的概念裡面。你們也是，你們每個人恐怕都有很大的壓
力，比在外國生活的人壓力還要大。你們的壓力從何而來？
財富過分集中！外國的財富集中還有一個好處，就是有錢的
人可以弄一個基金來回饋社會，捐助學校、使老人的生活有
保障等等。微軟的老闆拿一千多億出來做基金，做社會福
利。還有戈爾，做了個環保基金，這樣人們就業的壓力相對
來講就減輕了。我在國內，常叫人不要請我吃得太排場，要
吃地道的東西。我今天吃的甚麼？一碗小餛飩，一個饅頭。
我不是不能到高檔的地方去消費，只是覺得不要過度消費，
吃飽就好了。如果你有我這樣的思想，知足常樂，那麼壓力
相對地減少了。你發財是你的事，我這樣生活就知足了。我
在人民大學現在有四十八個研究生，我不是博導，只是給他
們講佛學，可他們對我很滿意。為甚麼？因為我教導他們懂
得怎樣知足來做人。

　　如果你問如來藏思想對人生怎麼樣有幫助？恐怕就是知足與誠意。這樣與如來藏思想有何關係？有關係！當你曉得這是虛構出來的世界，而你如果都是按照虛構世界的概念來思考，你就不會知足，就沒有誠意。要超越這個虛構，不讓虛構的世界影響自己的思維，有獨立的思維，才能維持自己的自主，生活在如來藏的世界，而不是虛構的世界。

　　我太太常常埋怨我。今年過年時她跟我說：「你也76歲了，清茶淡飯我們一生就可以了，為甚麼不在加拿大好好地住著，安安樂樂地生活呢？為甚麼到中國大陸去，這麼辛苦做這些事呢？」我說要培養第二代，這是我的任務。我太太是按虛構世界的安樂，我不是，我是真的安樂、自在。我不是要名要利，我只是覺得有這個機會就把如來藏思想對他們講了，要他們了解在現實世界，如來藏思想是適應，而不是服從，所以在虛構的世界裡邊，我們就要知道如何適應這個虛構的世界，那就是我們生存與顯現。不是服從虛構的概念，只是適應而已。所以我沒有叫你推倒虛構經濟，因為沒法子推倒，可是你不能被虛構經濟欺騙。如果現在我們還要跟美國交易，那麼就要曉得虛構經濟了。虛構經濟是甚麼樣的？中國把這個筆造出來了，物質是中國的，勞力是中國的，交給美國，美國把一張紙給中國，這張紙是美國的債券，這張紙還放在美國人的口袋，因為法律規定美國的債券不能離開美國，只能存在美國的金融機構。說穿了等於我把筆給你，你寫個借條給我，借條還放在你自己的口袋。你說合理嗎？當你明白這層道理，你就知道中國應該怎樣去對付美國的虛構經濟了。現在有很多虛構的經濟學說，如果你陷入虛構的概念，那就不能適應現在的世界了。做人也一樣，

如果不是知足地生活來為自己的目的努力，那麼到我們死時，便會覺得實在是虛度一生。還是以我為例吧，清茶淡飯，研究漢藏佛學，將自己曉得的如來藏思想，結合漢傳的禪宗、藏傳的甯瑪派，傳播給下一代，那不是很有意義嗎？我何必為虛構的世界浪費自己的精力呢！有些朋友說，我在中國大陸其實可以像某位大師那樣，高踞廟堂，讓人崇拜，名利雙收，那就是進入虛擬的世界來生活，那我就不會舟車勞頓跑來與你們講學了。我希望學生能按我所說，明白虛構世界、虛構經濟，不沉湎在虛構的世界，知足、有誠意，先安於現在的生活，然後來尋求突破。

問：我第一個問題，是現在社會比較現實的問題，當然也與哲學、宗教比較接近 —— 生死的問題；第二個是佛教中的如來法身與中國儒學結合的問題。

我是做教育工作的。您原來學化學，後來做黃金生意，再又跟著法王修了20多年如來藏，使您從識境到整個如來藏的智境，達到智境中間，歷經了哪幾次比較大的飛躍？今天您帶了幾十個學生，把他們從現在的識境裡邊，這異化的社會 —— 虛構經濟、虛構政治、虛構文化、虛構教育這樣的世界，提升到如來藏這樣的境界，您怎麼引導他們，經過哪幾個階段？

答：生與死是人生的大事，可是甯瑪派與禪宗的教法一樣，他們說，我們的生死只是分段生死：這一段是生，這一段叫死，死之後到中有，中有以後又到生，又到死，又到中有，不斷地延續下去。甯瑪派是這樣教你的：當你死之後，你其實還是一個中有；當中有變成生的時候，等於中有死

了，你死的時候中有生。當你投胎輪迴了，中有就等於死了，就是說人誕生了。所以平等地看，你這一生的生死，於中有時也有中有的生死。當你死後，你住在中有，你也不願意讓那個中有死，不願意去投胎，但業力非要你投胎不可，等於我們現在不願意死，可是相礙緣起（一度時間的適應）令我們非死不可。中有也是一度時間，所以時間一到就會死。中有死了，人又誕生。可是我們在人間就說生的時候很高興，死的時候不高興。為甚麼不說變成中有的生很高興呢？你這樣思考，人生是一段一段地相續。因此在修如來藏的法門中，有一個教你怎樣往生的法門 —— 就是說最好不經過中有階段，這邊一死，那邊直接往生到一個理想的世界。一般民間就是念阿彌陀佛往生西方淨土，甯瑪派的往生法門不是，甯瑪派不光教你進入阿彌陀佛的淨土，還教你怎麼入胎，教你怎麼選父母，這是整個如來藏教法。其實選父母與入胎就是適應相礙，挑一個條件好的、局限小的，要他們做父母，所以生死是個實修的問題。生死的觀點，則要看一段一段的生死。假如你不經歷中有這一段的生與死，那麼你就選往生淨土了；假如中有的時候你也不想死，那就輪迴了。往生法是很受歡迎的。

回答你佛家跟儒家的問題。儒家是完全在識境中建立生活標準，儒家沒有看到智境，佛家說是智境有功能，所以識境就在智境上顯現。有如螢光幕有功能，所以影像就在螢光幕上顯現。儒家研究的完全是螢光幕裡的事。孔子為甚麼要提出禮樂呢？因為他認為當時諸侯打仗是因為不聽周天子的號令，如果都聽周天子的話，諸侯就不敢發動戰爭，不會大國吞併小國了，因此要尊王。尊王首先要把禮建立起來，才能令

諸侯尊重周天子。可是一到孟子，他已經曉得再提出尊王是絕對不可能的事，所以他就提出仁義，再不提禮了。諸侯有仁義，就不會以強凌弱，以眾暴寡。從儒家思想的發展，就曉得它只是整頓這個識境，希望這個識境合理、和平。現在按儒家的說法來看，還是要提仁義：有仁義就不會腐敗，有仁義就不會騙人。可這樣提出的理論，只是在識境中提出的一個理想，理想當然很可貴，但如果按如來藏思想跳出概念來生活、不給虛構的概念綁住，就比光是講仁義這個口號實際多了。因此佛家並不排斥儒家，不過指出儒家只住在識境，如果曉得如來藏在智境上面有識境自顯現，就曉得我們要適應甚麼東西，儒家沒有真正檢討好我們要適應甚麼東西。因此說如來藏的生活是比儒家提出的理想要廣大些。

至於我飛躍了幾個階段，我教學生又分哪些階段，可以說說我自己的身世。我出生在文化背景很好的家庭，我爸爸在廣州所交的朋友可以說都是有識之士。我家的藏書也很多，書畫、陶瓷、玉器也收藏得很多。我爸爸52歲那年才生我。在我以前，我爸爸生一個孩子死一個孩子。我的媽媽是繼室，我大概有五、六個哥哥和姐姐，他們都死掉了，都是一生下來，不過三個月就七孔流血死的，這是一件很怪的事。迷信的就說，一定有人禁咒，因為我家的產業很大，如果我爸爸沒有孩子，很大的產業就歸人家繼承了。到了我怎麼沒有死呢？每到晚上十二點鐘，我就開始哭，一生下來就是這樣，哭聲不止。要怎樣才能不哭呢？要把我抱到門口。一出門口，我就不哭，就睡著了。睡著的時候，再抱回房裡，又哭。所以我是在街上長大的，這樣到三歲，每天有人輪流抱我出去，坐在門口的台階上。後來我爸爸的朋友就

說，我是自動解禁咒的，離開屋子就沒事，所以我就活下來
了。我爸爸是52歲才生我，我的表哥年紀都比我大，有一些
很出名，周紹良先生是我表哥，大我30多歲，商承祚教授
也是我表哥，他們都是很出名的學者。我沒有念過小學，我
12歲前都在家，教我的是我爸爸、我爸爸的朋友，因此我書
畫、佛學、道家、儒家、四書五經、諸子百家都看看，都是
在12歲以前看的。小說也看，偷偷地看，因為大人不讓看，
《紅樓夢》、《水滸傳》我就偷偷地看。我學文言文是念晚明
小品，還看文言文寫的《聊齋志異》，看完我就懂文言文
了。詩、詞、歌、賦是硬背出來的，背了以後當你想認字的
時候，一看那些詩詞，你就認得那些字。有本書對我很有幫
助，叫《龍文鞭影》，它是四個字一句押韻的，每天背四
句，就等於給我講了四個歷史故事。《龍文鞭影》總共記載
了一千多個歷史故事，再學中國歷史就容易貫穿起來，根本
不用念歷史你就曉得歷史上發生的大事了。像這樣的教育，
我覺得才是教育。現在我也沒辦法，我看見我的子女、孫子
很可憐，我覺得他們學的東西實在不多。所以我是怎麼訓練
孩子的呢？我發現我兒子數學的天賦很好，所以在他初中的
時候我就買來蘇聯大學數學系的整套教科書給他看，每一個
單元，我給他一點概念和指導，如甚麼叫微積分，按著我的
觀點去理解，因此他數學很好，那是我有針對性地教育培
養。為甚麼這樣做呢？因為思維方法不同。按美國的思維，
只能理解美國對數學的思維模式，所以我就把蘇聯的另一套
思維給他，這對他後來一生影響很大。我這樣的文化背景，
起初來到香港實在不能適應，住下來不久還是想回廣州，但
文化大革命開始了，當然就不能回大陸了，就一定要適應香
港的生活。我當時很艱苦，這又要講誠意了。我在一家很大

的英商洋行工作。因為我是念化學的，所以我在黃金部門做事。那時候澳洲政府派人來找那家洋行作代理，洋行的人與英國的金商已經有來往了，不想把澳洲的這件事接下來，就派我去應酬。我那時候還不曉得原來老闆不願意做這個生意，所以我還花了很多工夫，用誠意跟澳洲人介紹整個香港黃金市場怎麼運作等等。結果他們對我說：「我曉得你沒錢，可是我給你開一家公司，你做我們的代理。」這下我走運了！錢是澳洲給我的，我只是出一個人，我就替他運作了十年，沒有騙過他一毛錢，所以我說再不做代理的時候，澳洲的人就出乎意料了。問「為甚麼幹得好好的就不幹了呢？」我把黃金生意推掉來學佛，是我一個很大很大的抉擇。那時候我才45歲，我就退休了，以後全心地跟敦珠法王學到1984年，才將全部教法學完。法王吩咐我，找個清淨的地方，躲起來重新讀經修法。那我便去了夏威夷，按照如來藏思想重新讀經，果然，就理解到以前不能理解的經義了。正像呂澂先生那樣說，無經不說如來藏。用如來藏思想來理解一切經典，就能得到妙解，所以，我計劃挑二、三十本經論，按如來藏思想來講解，出版一套叢書，我相信這套叢書，對後學會有很大的幫助。

　　這就是我人生最大的跳躍了。若果繼續做生意，尤其是參與朋友的地產生意，一定發財。但我選擇學佛這條路，這些年我不做生意才把整個如來藏的見地與觀修學通，你也可以把它看成這就是我的財富。

　　到了夏威夷對我來說也是一個飛躍。

　　有一個學佛的人向美國政府告密，說我是中國政府的特務，於是FBI派人跟蹤我，所以移民局不敢批准我移民，我

在夏威夷一住八年，不經美國政府批准不能出境，人說等於坐牢，我卻利用這段時間來自學藏文與梵文，學到1993年，就開始學翻譯了，現在我的翻譯已經受國際認同。高崎直道教授稱讚我為現代的三藏，那就譬喻我為玄奘三藏法師，那是盛譽，愧不敢當。

不過，去年眼科醫生說我的水晶體超標了，要我保養視力，所以我的弟子就不讓我繼續翻譯，說由他們翻譯，讓我修改，我就輕鬆很多。

那為甚麼我現在又開始講課呢？是因為人民大學的事，令我不能不講，我不培養下一代，就沒人承繼漢藏佛學，是將漢傳與藏傳聯繫起來的佛學，所以這次講學也是我人生很大的決定。我是前年才開始的，那時74歲。見到馮其庸教授，他問我多少歲，我說74歲，他說：「我沒想到你這麼老。」我是屬豬的，那年他86歲也是屬豬，季羨林那年98歲也是屬豬。所以他很奇怪，說：「我們三頭豬把這個事情搞起來了，季教授是老豬，我是中豬，你是小豬。」我74歲，也才是小豬啊！所以這是我人生很大的抉擇，現在把擔子挑起來。既然到了中國，浙江大學請我講課，我講了。你們南京大學請我講，我也講了。如果你們覺得對這個話題還有興趣，將來或者有機會，你們還可以給我出出主意，我還可以繼續做些講座，照你們有興趣的話題來說。

今天的話題就結束了，彼此珍重。

2010年4月在南京大學對師生的講話。

如來藏漫談 —— 初步認識如來藏

　　各位法師，各位居士，我今天跟大家聊聊關於如來藏思想。

　　如來藏思想是佛家最究竟的法門。我的傳承是甯瑪派，甯瑪派其實和漢土禪宗是同一源流。在我們祖師的著作裡面公開講禪宗是大密宗，就是說甯瑪派的教法和禪宗的教法相同了，不但相同，禪宗還是大密宗。

　　再說中國內蒙古黑水城發現了二百五十多萬卷的文書，大約有七、八成是佛教的，其中有禪宗的文書，也有密宗的文書，最有意義的是有禪密交流的。我們從這些文獻裡面可以看得出，當時漢傳佛教和藏傳佛教怎樣在西域（那時是在西夏王國）交流的。我們現在正做這些資料的研究，如果得到研究成果，就可以令我們重新認識唐代、宋代的佛教。

　　事件的緣起是這樣的，北京大學的季羨林老教授和人民大學的馮其庸老教授聯名寫信給胡錦濤主席，說這個事情是一個大事，要成立一個機構來處理這個事，要不然我們發掘出來的文書都沒用了。現在我們是把西夏發掘出來的文書與被外國拿去的敦煌文書交換，他們那時拿著很多敦煌的文獻，很多複印本都不肯交給我們。我們拿西夏文書的複印本和他們交換，他們就換了。現在我們手裡換過來的文書跟我們自己的文書，你想不到會有這麼大的數目，兩百五十萬件，七八成是佛教的，那麼便最少超過兩百萬件！如果現在還是按照目前佛教或者佛學的現狀發展的話，我相信我們沒法子研究這些文書，只是放著。可是外國就不同了，他們拿

到這些文書，好像日本京都大學，他可以組織十個教授十個博士，一塊來搞這個研究。

馮其庸先生就派人到加拿大，說服我到北京去幫他訓練一些研究的人才，我就在北美加拿大建立了一個漢藏佛學研究中心，邀請一些國際學者參加，現在有二十多位國際各大學的學者，都是很有名堂的。與北京的人民大學合作，就搞了一個漢藏佛學研究中心。我那個是北美的，這個是中國的了，去年就在北京成立了。國家對此很重視。

如來藏思想的傳承是由印度無垢友尊者傳到西藏的，他與蓮花生大士互為師徒，蓮花生大士雖然也是如來藏的見地，可是他把這個叫空行心要，無垢友那個教授叫上師心要。上師的意思是以上師為主，其實一直是傳釋迦牟尼的教法。蓮花生大士那邊主要傳的是大日如來的教法，是報身佛，我們這一邊是化身佛。釋迦牟尼是三轉法輪的教法，三轉法輪其實主要是傳如來藏，按照我們傳承的講法是這樣的：般若，二轉法輪的《大般若經》是基；瑜伽行是道；如來藏是果。二轉法輪只傳這個基，三轉法輪傳道與果。你可以看《般若經》，在《般若經》裡邊，凡是講到與修行及觀修有關的，一定是彌勒菩薩出來問法的，所以彌勒菩薩所傳的瑜伽行，就是以傳佛家的道為主了。如果理解二轉法輪和三轉法輪，如來藏是不應該有爭論的，所以一直漢傳佛教的華嚴宗、天台宗、禪宗以及律宗、淨土宗等等，他們的基本見地都是如來藏。只有玄奘法師傳來的唯識宗沒有強調如來藏作果，因為他傳的是陳那菩薩的教法，陳那菩薩當年從瑜伽行那一派就分出唯識宗來。

如果按我們傳承的評價，在陳那菩薩所傳的瑜伽行教

法，對其後印度教商羯羅的「無二論」，有很重要的影響。如果你看過印度教的文獻，你就曉得商羯羅所傳的「無二論」，其實是經過他們三代的努力創造出來的，也可以說是根據佛家的如來藏思想來改裝，改頭換面的。我們講法界，他們就把它當成是大梵了。如果按我們的批評，他就是偷天換日，把我們所講如來的法身改成梵，把佛的智改成大梵的智、大梵的境界。他的「無二論」一出，就向所有印度佛家的道場挑戰，而且是十分嚴厲的挑戰。我在你的廟前一豎這個幡杆，把辯論的題目掛出來。若你出來應戰並輸了，整個寺廟要改信印度教；如果印度教輸了，他把舌頭割掉。當時商羯羅在很多佛寺辯論，把他們辯輸的，就把他們變成印度教。那時「正理」是印度邏輯的一個傳統，傳說是足目仙人傳的，他講正理的時候，一個王妃用眼來挑逗他，他就不看王妃，把眼睛移在腳底了，所以叫足目。如果按正理來辯論的話，就沒法把印度教的「無二論」和佛家的不二法門明顯地分別出來，就沒法子和他們辯論，所以自陳那時代開始，即已改用「因明」與印度教辯論。因明的心學是唯識，甚麼是心學？心學就是見地，你根據甚麼來定你的正量？根據甚麼來定這個非量？當時陳那提出的唯識，就是為了一個最根本的辯論，聲是常還是無常？如果按大梵，成立大梵「無二論」，他一定要成立聲是常，如果聲不常，大梵就不常，因為大梵的聲音就是嗡（oṃ）字，所以oṃ就是代表大梵。現在的印度寺廟前都有一個大大的oṃ字，這就是他們的標誌。如果聲不恆常，還有甚麼大梵呢？陳那因此就用唯識來立量，按照唯識來立，只有聲是所緣境才是正量。如果聲是所緣境，那麼聲當然是無常的，由此，就不能用瑜伽行的法相來立量，只能用唯識來立量，因為用唯識立量，才能說到心識

與所緣境的關係。陳那發展唯識，然後把它當成理論，根據這個理論的立量，結果在辯論的時候就把印度教頂住了。陳那菩薩那個時代，唯識是佛教的普遍學說，成為主流。唐玄奘剛好在這個時期到印度，他跟戒賢論師所學的就是陳那的唯識，就這樣傳到中國來了。玄奘根據陳那的唯識，著《成唯識論》解釋世親的《唯識三十頌》，這可以說是唐玄奘最重要的著作。唐玄奘傳過來的唯識沒有反對如來藏，唐玄奘自己也沒有反對如來藏。

民國初年，支那內學院呂澂先生在講《入楞伽經》的時候說，無經不說如來藏，只是用法異門來講，講空性，講實相，都是法異門，其實就是講如來藏。所以唯識宗絕對不反對如來藏。可是當時支那內學院反對《大乘起信論》，日本人提出《大乘起信論》不是馬鳴菩薩寫的，是中國人自己寫的，是偽作，呂澂先生和王恩洋先生就寫了很多文章來質疑《大乘起信論》。其實，如果《大乘起信論》站不住腳，就會給中國佛教帶來重大危機，華嚴宗和天台宗就都站不住腳了，所有持《大乘起信論》為根本見的宗派，都站不住腳了。所以真偽的問題還應該研究。要注意的是，儘管呂澂他們反對《大乘起信論》，可是他們推崇如來藏。

支那內學院的唯識傳到香港，羅時憲先生就根據否定《大乘起信論》來否定如來藏，我跟他一直有爭論的，我說，羅公你一生有功有過，你說唯識說了四十年，講唯識是功，可是你否定如來藏，是很大的過失。1993年，我初到加拿大，去咸美頓拜候羅公，和他談如來藏。羅公原來說早上和我談到中飯，然後他要休息。結果一談，就一直談到吃晚飯，晚飯後還再和我談兩個多小時，深夜十一點鐘才讓我

走。羅公完全沒有聽過甯瑪派如來藏教法，他老是以為
《大乘起信論》一心二門的見地錯誤，所以如來藏就錯誤
了。因為按照唯識，無漏只能熏習無漏種子，有漏種子不能
熏習成無漏，而《大乘起信論》卻用了熏習一詞，可是不談
種子。那麼怎麼樣熏習呢？不施設種子就不應該說熏習，即
使說熏習，也不能由無漏來熏習有漏。所以，他們質疑《大
乘起信論》了。

這個名言叫熏習，他們認為不通，可是按如來藏的說法
就可以認為通。因為他所用的道名言熏習未必等於唯識宗的
道名言。不同宗派對一個名言可以有不同的定義，因此才叫
做道名言。所以，由心生滅門轉成心真如門，並不一定要照
唯識，要熏習種子，而且種子根本就是假施設。每一個宗
派，都有自己的假施設。不能將自己的假施設強加於別的宗
派身上，要人根據唯識的假施設來解釋一切其他宗派。羅公
同意我的說法，而且認為甯瑪派的如來藏學說，的確可以說
是甚深秘密，因此約期再談。可是不幸的是，羅公因為動手
術，隨即病情轉重，不久往生。結果他無法全面了解如來藏
思想。

香港唯識宗的影響還不算最厲害，最厲害的是台灣的印
順法師。法尊法師有一篇文章說，當年翻譯過宗喀巴的論
典，交人幫忙潤文，可是這個譯稿始終沒有發表，現在也拿
不回來了，所以要重新翻譯。這些論典，其實就是印順法師
三系判教的基礎。三系判教的說法，在港台兩地影響甚大，
現在也影響到大陸，就是「虛妄唯識」、「性空唯名」、
「真常唯心」的三系判教。「虛妄唯識」是判唯識宗，「性
空唯名」是判中觀宗，如來藏則是「真常唯心」。既然真常

唯心，就變成外道了。所以印順法師說 tathāgatagarbha（如來藏的梵文）就是外道思想（為甚麼呢，不明）。他的影響很大，台灣有些學者，將如來藏的經論，稱「真常」系列，態度相當否定。

　　還不止，又來了一件影響很大的事，日本兩個教授，袴谷憲昭及松本史朗原來是高崎直道的弟子。高崎直道是日本的如來藏專家，他來多倫多訪問我時，曾經慨嘆，他教如來藏，但是他教出來的兩個學生，卻反如來藏，說如來藏違反緣起。他的弟子有一本書叫《緣起與空》，中山大學一個地理系的教授把它翻譯過來了，影響中國大陸相當大，很多人看完以後，也覺得如來藏思想錯誤。印順法師那邊大概就影響了一些學者。日本反如來藏叫批判佛教。他們的理論是甚麼呢？佛教是可以批判的，批判剩下來的就是真的佛教了，所以就否定很多東西。印順法師有一個弟子叫李元松，他搞一個現代禪，公開地講打倒禪宗、打倒密宗、打倒淨土、打倒華嚴、打倒天台。都打倒了，那剩下來的叫現代禪，不是古代的禪，是現代的禪。那時候批判佛教變成是港、台與日本的主流，整個佛教也可以說是所剩無幾。

　　我最奇怪的是香港和台灣的佛教，華嚴宗、天台宗和禪宗的道場，都沒有人起來保護自己的如來藏思想。我跟香港一些大法師聊到這個事，法師就說「他們是魔，魔我們不管」。我說你要降魔啊，他說這個事我們不幹，我們守戒律就是佛教了。那就等於不要爭論，只要我守佛的戒律就是佛教徒了。這個當然不能說他錯。這樣的結果，大概在90年代中葉就造成一個反如來藏的高峰。

　　公元二千年，高崎直道告訴我，反如來藏的兩位教授可

能看過我的書，他們開了一個研討會，會上他們就說，如果有人拿著我們以前所寫的理論來批判如來藏，那是他們的事，與我們無關。那就是在學術界面前糾正自己對如來藏的態度了。

我們講的如來藏到底是甚麼如來藏呢？如來藏也有分次第來傳播的，《大乘起信論》一心二門那個如來藏，不是究竟的如來藏，可是我們認為他並非錯誤，這個一心二門，在藏地有另外一個名稱，叫「他空見」。甚麼叫他空呢？格魯派的宗喀巴大士就這樣形容它：說一個抽屜，把抽屜裡面的東西都拿出來，抽屜空了，這就是他空。這麼一形容呢，當然誰都曉得是錯見，因為不能說這個抽屜裡面不放東西就是空，抽屜的本體就不空了。然而這樣的形容，西藏主他空見的覺囊派一定不承認，他們認為法身不空、法智不空、法界不空，這倒有點像唯識宗，依唐玄奘的翻譯，是圓成實性不空，圓成實性的梵文是 pariniṣpanna-svabhāva，意思是「圓成」，「實」字是唐玄奘加上去的，由此可見唯識宗是將圓成性的事物看成不空，其他的緣生法則是空的，所以法界不空，法界是圓成的，法界中顯現出來的事物（一切法）則是空的，那才是他空見。

不過如果按照唯識宗的講法，遍計自性空，依他自性空，圓成自性不空。可是他空見呢，他們認為自己超越唯識，因為他講的圓成自性只是說無漏界的圓成自性，不說有漏界為圓成自性，所以唯識宗和他空見有很大的爭論。他空見認為唯識宗是誤解瑜伽行派的意思，加以強烈批判，將唯識宗完全否定。這是在西藏的情形，漢土的唯識宗當然不知道，因此沒有駁論，這些我們暫時不說它了，倒是覺囊

派跟格魯派則有很大的爭論。其他宗派則有對覺囊派同情的論說。

　　覺囊派名為他空大中觀，甯瑪派則稱為了義大中觀。凡名為大中觀的宗派，都主張如來藏思想是佛家的究竟見。小中觀是講空性，小中觀是二轉法輪所說，三轉法輪則說如來藏，以及說觀修如來藏的瑜伽行。這是印度傳來的判教，這個判教是由清辯論師所公開。他有一篇論解釋龍樹的中觀，就把中觀分為大小，現在有些人誤會了，說是甯瑪派的分別，其實不是。

　　依如來藏學說，如果從究竟觀修，沒法子現證空性。空性只能是一個見地，所以釋迦說，空性只是假施設。現在最大的誤會是把龍樹的緣起誤解了，龍樹說緣生性空，我們把它怎麼解釋呢？因為是緣生，所以就性空了，反對如來藏的人就是這樣說性空的。所以一切法緣生就說一切法無自性空。其實這並不是龍樹的說法。證據在甚麼地方呢？龍樹有一篇《法界讚》，有一篇《七十空性論》，還有一篇《釋菩提心論》，法尊法師把《七十空性論》翻譯了，我做了一篇注解。《法界讚》是以前宋代施護翻譯，可是翻譯得令人失望，可能當時是施護口譯，筆記的人不了解，他就拿著一兩個名詞來造句，等於自己編譯一樣，因此並不能表達原典的意義。如果用梵文的《法界讚》來校堪施護的翻譯，你便會發覺他的翻譯完全不著邊際，所以我就依梵文將它重新翻譯。梵文和藏譯是統一的，依藏譯與我的新譯，便會知道龍樹所說的緣生性空其實即是說如來藏。

　　其實這個四重緣起，在華嚴宗也有傳承，可是他把四重緣起並列，當成是不同宗派的見地，好像阿賴耶緣起是唯識

宗的，華嚴宗是法界緣起等等，那就沒有把四重緣起放在觀修的層次。

我們傳的四重緣起，第一個叫做「業因緣起」，業因緣起容易理解，就是通常講的因緣和合了。這個是棉，是纖維的組合，因緣和合而成；這個房子是磚瓦木石因緣和合而成。如果按甯瑪派，這個業因緣起我們是放在十二因緣來講。無名緣行、行緣識、識緣名色等等，甯瑪派特別有一個教法，就是龍青巴尊者寫的一篇論，裡邊講到甯瑪派如何修十二因緣，這就是業因緣起的觀修。可是我們不放在密法的範圍裡邊，是學密法的前行。因為西藏的制度是這樣，先學顯宗，顯宗是按初轉、二轉及三轉法輪來學，學完理論才進到學密法。

密法方面，我們從第二個緣起來修，叫「相依緣起」，相依緣起有點像唯識，就是心識跟外境相依了，外境是心識的變現，可是我們這個心識，沒有外境就不能起功能，所以外境依心識而變現，心識依外境而起用，彼此相依，所以稱為相依緣起。

在觀修方面，觀一個壇城與一個本尊，這就是由心生起來的外境了，這個外境其實就是心的行相，由心性顯現出來。由此觀修，就了解心識與外境彼此相依。這時候，就成立一切法為相依有，因為超越了業因緣起，所以由業因緣起而成立的有就被否定。至於相依有，當然亦應該否定，但卻不是在這個層次。在否定業因有時，先要肯定相依有，所以只能說業因有空，不能同時說相依有亦空，瑜伽行派特別強調這點。彌勒菩薩在《現觀莊嚴論》說「善取空」，就是強調這一點。

　　第三重緣起是修「相對緣起」，由相對有來否定相依有。當我們成立相依的時候，住在相依緣起來修的時候，我們要認識到相依不是空，相依而成有。事物怎樣成為有呢？因為心識和外境相依，因此成立一切法為有，可是我們不能永遠住在相依緣起，否則就永遠住在識境。所以就有須要超越相依有。

　　我們不能住在相依來修相依有空，亦不能住在相依就說相依有空，小中觀所犯的毛病就在這裡了。因為緣生，它就空了，那就跟瑜伽行派的說法有重大抵觸。凡是我們觀修的境界，假如一修就說這個境界是空，那就等於沒修，因為你只是從理論來否定它，不是現證它的空性，你根本沒有證到空的境界。因此說緣生性空，並不是「因為緣生所以性空」，那只是推理，不是現證，只是瑜伽行派所說的惡取空，嚴重違反善取空的理趣。

　　其實禪宗也是這樣，禪宗從來沒有說過緣生所以性空。如果是這樣的話，他就很容易完成他們的參修。他們的參話頭，是先承認有。如果一開始就說我是空的，那還問甚麼「誰是我？我是誰？」我都沒了，你還問我是誰，問一個沒有的東西是誰。（笑）一定要「我是有」，可是，我是誰呢？這個有是如何而有呢？那才可以問我是誰？念佛是誰？這個誰是如何而成為有，然後再去觀察這個有，這才能說是「參」，否則，只是自討麻煩。

　　甯瑪派也一樣，絕對不會說，因為緣生，所以性空；因為相依，所以性空，不是！成立了相依有，就否定了業因有，業因有變成空了，同時成立事物是因相依而成為有。那現在第三步，事物是因相對而成為有，所以相依有就空了，

超越它了。

　　甚麼是相對？心性跟法性相對。法性無漏，心性有漏。法性是佛的智，心性是凡夫的心識。因此在這個階段就成立智識雙運，智是佛所證的智境，成佛要證這個智，這是《入楞伽經》講的。我們的世間是識境，人在世間，由心識的功能變現所住的識境，但是這個識境，須要依附一個基礎才能夠成立，這個基礎就是法界。不過要注意，法界其實並不是一個有相的界，它就正是佛內自證智的境界。因此，識境是依附這個智境而顯現，由是成立了智識雙運界。雙運的意思是「不一不異」。

　　甚麼是「不一不異」呢？彌勒菩薩的《辨法法性論》說法與法性不一不異。法是指世間一切法，法性是指智境。一切法依智境而成立，所以永恆不能離開智境，這叫做「識境無異離」；另一方面，智境上有種種識境自顯現，可是智境不曾受到這些識境的污染而變為不清淨，這叫做「無變易」。因此，無異離與無變易就是智識雙運的定義，也就說為不一不異。

　　當這樣理解時，就成立了如來藏，所以第三重緣起就與華嚴宗的如來藏緣起是相同的。如來藏是甚麼？如果根據《入楞伽經》和《寶性論》，就是佛內自證的智境，是如來法身。如來法身不是一個個體，甚麼人成佛都證到同一境界，這個境界叫佛內自證智境，那就即是如來法身了。

　　《入楞伽經》還有另外一個名詞，這個名詞古代翻譯不出來，我根據梵文來翻譯的時候，就把它的意思翻譯出來了，叫佛內自證趣境。趣是六趣的趣，我們這個世界就有六趣，即是六道，這是凡夫世間的境界。梵文智境就叫「jñāna gocara」（羅馬注音），jñāna 是智，gocara 是境，另外一個字 "pratyātmagatigocara"，gati 是趣，可是古代也把它翻譯成智，於是兩個都是佛內自證智境，把《入楞伽經》的意思弄亂了。把兩個名詞分開，佛內自證智境當然是智境，佛內自證趣境，就是佛的後得智境界。成佛時證到根本智，那就有了內自證智境，同時而起後得智，就有了佛內自證趣境。這個趣境，即是佛用後得智來觀察世間的境界。所以也就是智識雙運的境界。由此境界，才能說「色即是空，空即是色，色不異空，空不異色」，我們也可以說「心性即是法性，法性即是心性，心性不異法性，法性不異心性」。心性成立色，法性施設為空，這就是事物的相對緣起。當這樣觀修時，就不會將智境與識境相對，佛與凡夫相對，心性與法性相對，由此，相依有便自然空。不一樣也不不一樣的兩種東西，怎能說他是依呢！（笑）

可是這樣來成立如來藏還不究竟，最究竟的我們叫「甚深秘密緣起」，第四重緣起。這個在甯瑪派當年只有金剛阿闍梨才能夠受這個教法，還要發誓不能跟別人講，可是對有根器的人亦不能不跟他講。你看啊，不能公開講，可是又要講，這就是戒律了。如果根據蓮花生大士的授記，在鐵翼行空的時代就可以公開第四重緣起。

這個教法的第四重緣起叫「相礙緣起」。相礙緣起有四重：外、內、密、密密。我很簡單地講一講。

外是講甚麼呢？為甚麼聲音不能變成顏色？顏色不能變成聲音？在古代很難理解。在現代很容易，那一段波是光，那一段波是聲音，那是我們的相礙。我們受到一個局限就不能把光看成聲音，也不能把聲音看成光了。這個波段就只能

變成顏色，這個波段就只能是聲音，另外一波就變成熱了，就叫外相礙。

第二重是內相礙，為甚麼我們的耳朵不能看見光，眼睛不能聽見聲音，那就是《楞嚴經》的講法了，《楞嚴經》觀音菩薩講六根圓通嘛。有人否定《楞嚴經》，舉出很多問題說《楞嚴經》是假的，可是甯瑪派的傳承說《楞嚴經》是真的。其實也很容易理解，《楞嚴經》所講的法門都是甯瑪派所講的相礙緣起法門。《楞嚴經》說的六根圓通，觀世音菩薩用耳根圓通來示例。那就是甯瑪派所修的聲音陀羅尼門。聲音陀羅尼，就是觀世音菩薩在《楞嚴經》所講的修法了。六根圓通，眼可以看見聲音，六個根都圓通，就六個根都可以聽到聲音，沒有六根的分別了。如果一個人能夠講到《楞嚴經》的境界，他一定是一個大修行人。一個大修行人又怎會去偽造佛經呢？所以《楞嚴經》不可能假。

有人說《楞嚴經》的楞嚴咒是抄襲大白傘蓋咒，那有甚麼問題？大白傘蓋就是觀音菩薩的化身，用觀音菩薩化身的咒，來修觀音菩薩所說的六根圓通，有甚麼不合理？你聽一聽禪門唱頌楞嚴咒，聲韻悠揚，那就是用唱頌來修聲音陀羅尼，有甚麼不合理？所以，《楞嚴經》用大白傘蓋咒來做楞嚴咒，不是抄襲，是有這個需要。我們甚至可以這麼說，修觀音菩薩的內聽，其實可以用大白傘蓋咒來修。我寧願承認《楞嚴經》是真經，因為除了《楞嚴經》之外，沒有另外一本佛經說修六根圓通，說修相礙緣起。

內聽就是六根圓通，不圓通就是相礙緣起的內相礙，圓通就超越這個礙。

第三重相礙是密相礙，就是心性和法性的相礙。佛、

菩薩當然證本覺，凡夫其實也有本覺的，就是禪宗所說的第一念了，我們在日常生活中碰到一件事，往往會有一個第一感。可是我們馬上轉念頭，深思熟慮，以為自己三思而後行，結果就變成第二念、第三念⋯⋯無數念。甯瑪派給本覺一個甚麼定義呢？離開名言與「句義」概念的覺受就是本覺。

我們在日常生活中其實是按概念來定義一切法的，亦根據這個概念來認識一切法。別人告訴你這是西瓜。「哦，這就是西瓜」，於是我就按這個概念來定義西瓜。所以我們心的行相顯現出來的其實不是實相，是概念的相，這就給我們造成相礙了。如果能夠離名言與概念，你的心性就是法性，你的覺受就是本覺。離名言與概念聽起來很容易，可是要修到能夠離名言和概念，實在很難！十地菩薩，一地一地觀修，都是修這個。所以每一地菩薩，在彌勒菩薩的《瑜伽師地論》裡，都說有二種愚，一種粗重（執著兩種愚就是粗重）。由兩種愚得到一種覺受，粗重的覺受就是相礙。所以要離這種相礙，要生生世世修持，直到八地才能離開。

最後我們講密密相礙。我們先講甚麼叫存在，甚麼叫顯現。有，就是存在與顯現。分四種：一種是有存在也有顯現，第二種是沒有存在也沒有顯現，第三種是存在而不顯現，第四種是顯現而不存在。最後一個最難理解。如果說存在而不顯現，我們還容易理解，跟我們不同的時空世界，就是存在而不顯現了，我們看不到他，可是我們可以理解他，像如來五方佛的報土，阿彌陀佛是淨土，我們也可以說存在而不顯現，沒有對我們顯現，可是我們學佛一定要相信它存在，我們不會否定說沒有這個淨土。可是顯現而不存在，這才是最究竟的空。我們舉個例子，例如乾闥婆城，在

沙漠分明見到一座城市，有道路、行人、車馬，可是近前一看，整座城市消失。又如陽燄水，近前一看，水相消失。這些都是顯現而不存在。

如來法身對我們來說也是存在而不顯現，法身亦稱為法界，這個法界分明存在，一切識境都依著法界而成顯現，可是法界本身則不顯現。這就是密密相礙。由密密相礙，我們說一切法是相礙有，由此就否定了相對有。

相礙有是甚麼意思？一切法的成立都要適應局限，這些局限便是他的相礙。例如人，一定要成為立體，就是適應三度空間的局限；人會因新陳代謝的增長或消退，而有少年、中年及老年，就是適應一度時間的局限。這便是最高的緣起，牽涉到時空問題。

說到這裡，四重緣起已簡單地介紹過了，一切識境成立可以依四重緣起來認識，最究竟的認識是由相礙緣起來看有情世間與器世間的成立，所以說，識境隨緣自顯現，所謂隨緣，隨的就是相礙緣起，其他三個緣起都不究竟，都可以被相礙緣起超越，因此一切法是相礙有，亦稱為任運圓成。任運就是適應，圓成就是圓滿成就，我們這個世界，毫無例外，都要適應局限才能夠圓成。

識境圓成依於智境，那就是如來藏的境界。各位同學，對佛學有興趣，一定要認識如來藏境界，同時要認識成立識境的相礙緣起。能夠有這兩種認識，看佛經時就能生妙解，所謂妙解即是不依文字來理解，能不依文字來認識佛的密意，那就是很大的突破。祝各位進步。

2010 年 3 月在杭州永福寺對復旦大學學生的講話。

二談

如來藏境界 —— 如來藏・科學・人生

這篇文章，是筆者於2010年3月在浙江大學的講話紀錄。聽眾只限於研究生，但校外佛教人士亦可參加，所以當時的聽眾有不少出家眾。聽眾人數每講增加，反應相當好。講座主持是陳耀武院長。

第一講：如來藏與科學

謝謝陳院長的安排，這次有機會和大家談談佛家如來藏的思想，我看到有許多法師、教授也參加了，感謝大家到場。

這次我講的主題圍繞著佛家的如來藏思想，這是佛家最根本最究竟的思想，同時也談一談科學與如來藏的關係。在此並不是說現代科學就是如來藏思想，只是講從牛頓的力學發展到愛因斯坦的「統一場論」又發展到量子物理，再發展到現在的全息論或全像論，科學的發展對其他宗教思想提出了不少的疑問，但卻越來越證明如來藏思想符合物理的發展，科學也一直不能把如來藏思想推翻。所以，我們就可以比量一下如來藏跟科學之間的微妙信息。講完這話題之後，我還會講修如來藏的人是怎麼生活、怎麼思維的。

如來藏思想也可以說就是禪宗的思想。禪的生活，從19世紀末期日本鈴木大拙教授講日本禪，結集入《鈴木大拙選集》，風靡到美國，也影響到歐洲，後來慢慢到20世紀就發展成嬉皮士，現在美國一些思想也受日本禪的影響，所以我也談一談如果根據如來藏思想，我們應該怎樣生活、怎樣

思維。我不講一般日常的東西，在人生發展過程中，總有幾個關鍵性的決定，會影響到人的一生，決定對了，人生就會順利。然則在重要關頭如何思考？我準備用切身體會來講一講我自己是怎麼用如來藏思想來思考的。

我不僅是學佛，香港人曉得我的出身，都會覺得很奇怪。在1970-1980年，我是第一個華人國際金商，做國際黃金買賣（不只是一間金鋪，是用我公司牌子打的印記hallmark，全世界金商都承認的）。我代理澳洲和新幾內亞的黃金，這樣做了十年。在此期間，我是活用如來藏思想經營的。別人看了會很奇怪，除了做黃金生意，我也是書畫家、術數家，我做過香港報業的總編輯，也做過雜誌總編輯，還是香港很有名的美食家（也是法國美食會的會員）。那時我在港台兩地報紙開了六個專欄講書畫，在美食方面，現在在中國很出名的阿一鮑魚，是我將我家做鮑魚的方法告訴他，他經過半年試製，然後成功的。還有XO辣醬，是我給半島酒店出的方子，那時我是半島集團的飲食顧問，他們在半島酒店開一家高級中菜館（名叫嘉麟樓），那時，我就將家廚的「麵撈」教他們做，那就變成XO辣醬了。所以大家覺得我的身份這麼複雜還學佛，一定學不好。可是，我把自己的人生交給佛學，學了四十多年，靠幾位上師的指導，特別是敦珠法王的指導，我總算是把如來藏思想弄通了。因此，發表了一些著作，還從事梵文、藏文的繙譯，這就令那些批評我為「雜家」的人想不到了。我之所以介紹我自己，是要告訴大家，我在從事這麼複雜的行業（而且在每個行業都達到一定的地位）、在這麼複雜的背景中，就是用如來藏思想來思維，用如來藏思想來生活的。

如來藏思想是很高深的佛學，按漢傳來講，也就是禪的
生活，這和鈴木大拙所講的日本禪完全不同。這次的課程，
我準備先從科學來講，然後從科學發展講到如來藏思想，到
底甚麼是如來藏思想？怎樣用如來藏思想來生活、來思維？
這樣講，其中最難的一段就是要簡單介紹如來藏思想。

如來藏思想是很深的，在佛學上叫做甚深祕密。怎樣把
甚深祕密進行表達，這是個難題。這方面就以我的理解去
講，我們可以用多些時間研討，有問題我們可以互動一下，
我希望你們能基本上了解如來藏思想。現在我們就從科學開
始講起。

牛頓的物理學解答了「物質到底是甚麼？」在牛頓力學
以前，很多哲學家都討論這個問題，希臘的三個大哲學家都
討論過物質的問題，從蘇格拉底開始，講物質是由原子組
成，原子是真實、實在的。關於「實在」，佛家可以和他討
論，到底甚麼才是「實在」？可在蘇格拉底時代，是把「實
在」當做最基本的實物單元，這在佛經裡有個名詞「極微」
（如果你們在佛經中看到這個「極微」，就可以理解為蘇格
拉底所說的原子了）。到底原子是不是真實的？蘇格拉底有
兩個學生，柏拉圖和亞里斯多德，柏拉圖把原子引向了理念
方面（物質是心造成的）；亞里斯多德把原子引向了物質方
面（心也是物質）。如果按西方哲學，亞里斯多德最早傾向
於講唯物論，因此在一幅傳統的希臘繪畫〈希臘學園〉裡，
亞里斯多德手指向地下，代表物質方面；相反，柏拉圖則手
指向天，代表理念方面。

心，在希臘的哲學裡，也被亞里斯多德講成是有物質的
性質，心與物都是物質，心是抽象的物質；柏拉圖把物質看

成是由心造成的，因此就形成了兩派。後來哲學家的思考一直圍繞著柏拉圖或者亞里斯多德，離不開心靈和物質對立的範圍，一直到牛頓力學出現。

　　牛頓把基本粒子定性了──是實在的。為甚麼實在？因為由基本粒子構成的物質都絕對服從他的力學法則、服從他的力學定律，因為有這個共性，所以可以說，一切基本粒子都服從牛頓力學的三大定律。既然都有這個統一性，因此，一定有一個物質上的實在，至少在力學這個範疇裡，它們一定實在。實在是因為，如果不實在，它們就不會總都是絕對服從力學的原理。這樣一定位，似乎就解決了從希臘以來哲學家的爭論，找到物質實在的根據了。如果光是牛頓力學，我們這個世界就是眼前所見的世界（可以通過眼睛、通過儀器來觀察的世界），然而牛頓力學的局限，就在於他的力學只能用在我們眼前的這個世界，只能以地球為中心來研究力學的定律。

　　到了愛因斯坦，就把牛頓力學擴大，擴大到超越我們這個時空的絕對性來看力學法則，因此，我們才可以說看到能量與質量互變。也可以這樣說，牛頓力學的基本粒子只是一個質量點，力學的法則就是一個質量點的法則。能量與質量的互變，卻是相對論的基礎，愛因斯坦的學說就等於否定了牛頓力學上物質的絕對存在，只能說是「相對存在」。牛頓力學上的物質如果成為波，那麼這個波到底是不是實在的？有沒有統一的規律？是否如基本粒子有牛頓力學的規律這樣，所有的能量與質量都有統一的規律？所以愛因斯坦要研究「統一場論」，「統一場論」是把牛頓力學擴大，擴大到不光是基本粒子，能量也在這個場裡面，遵守一個物理學的

規律。如果這樣的一個「統一場」來建立起來的話，能量與質量便都是實在的了。

可是愛因斯坦的「統一場論」又給量子力學弄得複雜了。量子力學不是今天我們主要要講的，直到現在，量子力學與愛因斯坦的「統一場論」之間的矛盾還沒完全解決。這個「統一場論」到現在還沒完全建立起來，因此，只能講，我們這個世界的物質，它的真實性、實在還是不確定的，我們不能說這個物質世界是完全實在的。

有些也研究佛學的科學家認為，如果不能確定物質是實在的，就可以否定唯物。否定唯物，我們就可以說物質是空性，等於佛家所說的空了。這樣的講法，按如來藏思想即使不說他錯，也可以說他講得不徹底、不究竟。「物質的真實性不確定」用佛學如來藏思想來講，還不能說它是空性，這要按如來藏的四重緣起來講，按如來藏的「唯物辨證」來講。前面我們談科學，不是為了講相對論、量子力學，是講科學上的問題怎樣用如來藏思想給它一個評價，科學是我們的一個導論、一個引言。

講到「空性」，有一個概念叫做「不生不滅」，這個理論從晉代時傳入中國，晉代的文人喜歡清談，俗語也叫吹牛皮，因為當時一旦說錯話，就可能被殺頭，越是出名的文人越容易有危險，為了逃避這種不必要的危險，他們只有清談。清談也叫「談玄」，當時最熱門的話題是《易經》，《易經》在晉代發展成另外一個系統，原來漢代的《易經》是用象數來講，可是到了晉代就用玄學來談了。佛經的「不生不滅」傳到中國，剛好演變為他們「談玄」的話題，而且與無極、太極合起來談。當時把佛家的「不生不滅」就變成了很

多中國人自己發表的理論，最後鳩摩羅什用「空」來講「不生不滅」，將文人的談玄引入正軌。現在用我的語言來表達鳩摩羅什的意思，就如我們人體不斷地新陳代謝，即有些細胞死了，但同時也有些細胞生長出來（注意是同時），那麼每一個新陳代謝的狀態就是不生不滅了。為甚麼？因為身體的狀態不是恆常的，每一剎那都在變，有些細胞死的同時，也有些細胞生長出來了，在人這個整體來看，不能光說人的細胞在滅，也不能光說人的細胞在生，因此，可以說「生滅同時」。既然是同時，就不能說在這個時間是生，在那個時間是滅了。學物理學的人聽起來可能難理解，可學哲學的人就明白這是個基本理論，凡是「同時」的東西就離開兩邊，生與滅都同時，這一個時間就不能說是生時，也不能說是滅時，只能說是「不生不滅」，這在佛學上又有個名詞，叫做「雙運」。同時就是「雙運」，生在運作、滅也在運作，當生運作時，滅也同時在運作，二者互不妨礙，也互不分離，就叫做「雙運」。我們講「雙運」，用我們的手來舉例比較容易理解，我們的手掌和手背是雙運的，手掌這邊不能離開手背這邊，手背這邊也永遠不能離開手掌這邊，兩個是同時、並存，所以我們叫它是「雙運」。如果按鳩摩羅什「不生不滅」來講「空性」，用「生滅同時」來講「空」，在佛經來講那是古學。「古學」是與唐玄奘傳過來的佛學相對而言，當時唐代玄奘傳過來的佛學就叫今學。

　　唐玄奘傳過來的佛學叫唯識宗，唯識學說用現代語言來講就是非常精密的心理學、心理分析。用心理分析來講「空」就不是鳩摩羅什所講的理論了，是講所有現象都是由心變現出來的。這一聽起來好像很難理解，但我舉個例大家就容易明白。比如現在這個世界，我們是人，看到是這樣的

場景；可如果拖一只小狗進來，小狗看這個世界這個場景，就一定跟我們人看到的不同，所以是「變現」。小狗的心識變現出它的世界，人類的心識就變現成我們看見的世界。還可以舉蚯蚓為例，蚯蚓沒有眼睛和耳朵，它是怎麼感覺我們這個世界呢？牠的世界就是一個觸覺的世界，用觸覺來感覺這個世界，所以牠變現出來的世界一定和我們的完全不同。從這裡就可以看出唐玄奘所講的佛學道理，是著重講從心識變現出來的世界，所有東西都是由心識變現出來的，世界就沒有本體。如果有一個本體，那麼人、各種動物、各種生命感覺出來的世界就是同一的了，就等於是牛頓的力學——所有基本粒子有一個共同的特性，就是都服從牛頓的力學原理，沒有一個例外。那麼根據牛頓力學就可以講基本粒子是實在的，因為它們有一個共同的、不變的特性。如果所有物質都能服從一個法則、一個原理不變，那它是不變的、是實在的。可是從唐玄奘的理論——世界是從不同的心識變現出來的，那就等於說有各種不同的力學架構，等於說是一個不統一的場了；如果用愛因斯坦的說法來講，「實在」是一個統一場，可現在根本找不出一個統一場：蚯蚓心識變現的世界、小狗心識變現的世界、人類心識變現的世界完全不同，那麼就不能放在一個統一場裡面。既然沒有一個統一場，就只能說沒有本體了。

假如我們把科學與古代的佛學這樣聯繫起來思維，是很有意思的。現在西方喜歡中國佛學的人不是哲學家，反而是物理學家。在多倫多，我的弟子只有一個是文科的英國文學教授，其他都是理科的教授、工程師、核子發電工程師等。尤其是核子發電工程師對佛學特別感興趣，為甚麼他們會對佛學那麼感興趣呢？正如我前面所講，他們是從「統一場

論」、「牛頓力學」就聯想到佛學的理論上去，他們很容易理解，說到沒有本體，他們馬上可以接受。

如果放在如來藏思想來講，我們可以更精闢一些來考量。因為如來藏思想有個「相礙緣起」。「相礙緣起」可以說是超越物理學，也超越西方哲學，也超越其他佛家宗派思想的甚深秘密。

現在還是先講這個，研究基本粒子就要關係到粒子的壽命問題了。剛才我們是從唯識、從「統一場論」來講本體，現在我們從另一個物理學的角度來看：如果一個粒子是實在的，它就應該「不生不滅」。因為「實在」就沒有變動，那即是佛家的「恆常」，不變的恆常，「不生不滅」就是恆常。現在我們考量鳩摩羅什的「雙運」，其實並不是說不變、也不是說恆常，只是「生滅同時」，生滅還是變、生滅還是不恆常，所以鳩摩羅什稱之為「空」，不叫恆常。好了，現在我們來設想，假如一個有本體的東西，它應該怎樣恆常、怎麼不變？量子力學發現很多粒子，我不知道到底有多少種基本粒子，大概有二千多至三千種，很多基本粒子壽命都有一個特點——都是非常短，短到不可思議、短到我們沒法想像。比如，介子僅可以存活10^{-28}秒。你想像得出這是多久嗎？我彈一下手指都不止這些時間，我彈一下手指，這介子已經是好多代了。介子的壽命短到這個程度，在我們就要用如來藏思想了，只有用這個理論，才能評價這麼短的壽命存在。如來藏思想有個理論，物質是「有」（首先不說它實在不實在），如何成立「有」？「牛頓力學」、「相對論」都沒有解決這個問題，量子力學其實也沒有解決這個問題，因為「有」在物理學上還沒有一個完美的定義，好像剛才所講，

當我們發現一個粒子，它壽命是這麼短的時候，我們就說這個粒子「有」了，因為它到底有一個壽命。可是當我們如果看不到這麼短的壽命存在時，我們就不把介子的存在當成「有」了。按照量子力學的觀點，能觀察得到的我們認為它有，觀察不到的就說它沒有。這也符合如來藏的定義物質有，如來藏的思想中「有」的意思是：存在或者顯現。這裡有四個狀態：既存在亦顯現、不存在不顯現、雖存在不顯現、不存在而顯現。這是所有其他佛家宗派都不討論的問題，只有如來藏思想才討論。

這個思想是釋迦牟尼三轉法輪時的密義，到現在大概已經近三千多年了。如果了解「牛頓力學」、「相對論」與「量子力學」講物質的實在與不實在，再回頭看釋迦牟尼講如來藏，我們很驚奇：從「牛頓力學」、「相對論」與「量子力學」我們發展了那麼久的物理學，還不如三千年前釋迦牟尼給出關於物質的定義。物質是「有」還是「無」？這就要看怎麼定義那個「有」。

1、「既存在亦顯現」於是「有」，因為存在而且顯現，很簡單，我們現在就是了，我們現在在這裡存在了，也在這裡顯現了。

2、「不存在不顯現」於是「無」。如來藏思想主要是講不同的時空，你們很難相信釋迦牟尼居然講到不同的時間與空間，但根據佛經，的確是這樣。我們是三維的空間與一維的時間，釋迦牟尼講到超越三維的空間與一維時間的時空。因此不同時空是存在而對我們不顯現。「不存在不顯現」是甚麼呢？是在任何時空裡面都不能顯現成為「有」，成為事物，這就暗示印度教的「梵」。釋迦牟尼是按「梵」來講

的，這又要講到哲學的理論了。佛家講法界，在印度教講「梵」，人與世界是「梵」造出來的。如果還有這個世界以外的時空，它說也是屬於「梵」，因為它也有「梵」性，這就比基督教說的要廣大得多了。耶和華只是造我們這個世界，卻沒有說耶和華可以造一切世界，因此，相對論的發展讓耶和華的說法有些站不住腳了。可是「梵」不同，印度教說，我們這個世界是大自在天造的，大自在天利用這個「梵」身來造我們這個世界，另外不同時空的世界，是他化自在天造的，不同的神造不同的世界。因此如果成立N個世界，「梵」可以成立N個天來造它們（這跟基督教不同，基督教只有一個耶和華，耶和華還不能造其他的上帝出來）。因此，釋迦牟尼把這個「梵」，定義為「不存在不顯現」，那是等於否定它了。

　　3、「雖存在不顯現」於是「有」，因為存在。就例如別的時空的人，雖存在，但不對我們顯現。這個需要大略地講些「相礙緣起」了。「礙」是局限、是條件，一切生命、一切世界都要適應它的局限、適應它的條件才能成為「有」。像我們人類，是三維空間的，所以我們一定要成為立體，才能存在與顯現；如果我們不能成為立體的，就不能在我們這個時空存在顯現了，所以在我們這個世界沒有一維空間、二維空間，也沒有四維、五維、N維空間的生命，只有三維空間的生命，所以我們世界的事物，凡是事物一定要立體。不立體就不能在我們這個世界裡成為「有」，而且所有事物都要服從一維時間，所以我們這個世界的東西會舊、會破，這就是一維時間在我們這個世界顯現的規律。我們這個世界是這樣，別的時空世界也是有它們的規律，我們也不能到別的時空世界去存在與顯現，是故一切時空都只是存在而不顯

現，只顯現我們一個時空。

4、接下來難講的是「不存在而顯現」，屬於「有」，因為它顯現。剛才我們說「存在或者顯現」，所以這個「不存在而顯現」也可以說是「有」。這個「有」怎麼去理解？它超越了西方哲學，也超越物理學，也超越一切其他佛家宗派。這可以用隕星來做例子。這也很令人吃驚，在古代三千年前說「雖不存在而顯現」的隕星。現在一說你們都明白了，我們看天空很多星，這些星對我們顯現了，可你敢說所有的星都存在嗎？我們現在看到的星光，是很多百萬、千萬年前的光，不是現在發出的光。那麼這幾百、幾千萬年前的星現在還一定在嗎？也許它已經隕落了，破了、滅了，可是它過去的光我們還能看見，所以對我們是顯現但不存在。甯瑪派這樣來講存在與顯現的時候，我大吃一驚，沒想到三千年前居然能這樣理解星空。如果我們用廣義相對論和量子力學，我們也可以找出一些例子來講不存在而顯現，假如我們站在粒子的角度來觀察，粒子存在但不顯現為粒子，顯現為波，我們是站在質量這個立場；如果我們站在能量的立場上，觀察它是有還是沒有？它不顯現為波，可它顯現為粒子。那麼也可以解釋「不存在而顯現」。粒子不存在而顯現為波，波不存在而顯現為粒子。我是這樣理解佛家所說的，所以即使我們這個世界的科學，特別是物理學已經進步很多了，從牛頓的力學到愛因斯坦的相對論，再到量子力學，但其實相對法界的物理來講，我們還是小學生的水平，我們了解的實在不多。從哲學上來講，如來藏思想就廣大得多了，因此我們對佛家思想不能不讚嘆。

講到「存在與顯現」，我們就回到了本題。當你這樣定義如來藏思想講物質的「有」，用「存在與顯現」來定義的

話，我們來看牛頓物理學存在的問題，牛頓所講的基本粒子雖然統一了力場的規律，但牛頓力學只能研究「既存在也顯現」這一方面，「雖存在不顯現」、「不存在而顯現」就不在牛頓物理學的範圍了；如果從廣義相對論來看物質的「有」，物質怎麼樣是實在，它頂多是還涉及「雖存在不顯現」這一方面，它未涉及到「不存在而顯現」這部分，所以「統一場論」還不是如來藏所說的場論。如來藏場論包括四個部分來講「有」與「無」是怎麼樣分別的。為甚麼佛家思想這麼重視這個「有」與「無」呢？那是講「空性」的問題了。

現在要講一講「空」，把前面其他內容先按下不表。「空」的梵文是 śūnya，在漢文翻譯是「空」，按梵文的意思，其實是 0（零）。在數學上首先發明 0 的是印度人，不是阿拉伯人。阿拉伯人是從西域學到 0 的，因為有印度商人來西域行商，彼此就有民族的文化交流了。歐洲人從阿拉伯人那裡學到 0，就以為 0 是阿拉伯人的發明。因此講「空性」（梵文是 śūnyatā），「空性」應該翻譯成「0 性」，但漢譯為「空性」，0 不代表任何數目，所有數目是 1-9，0 是用來定位。如 1378，這 1000 因為是 1 後面有三個 0 在為其定位；300 是後面有兩個 0 為其定位，70 是後面有一個 0 為其定位。這些就是「空性」，也就是「0 性」了。雖然沒有數碼，可是所有數碼由它定位，這樣的性質就是「空性」，所以「存在與顯現」等於定位。有 0 作定位，同時有數碼顯現，那就是「有」，如果沒有數碼顯現（寫不出來），那就是「無」。因此 1378 是有，0000 是無。

我們說一切法、一切事物都有空性，等於我們說一切數碼都有 0 性（都有 0 在背後定位）。1000，因為 1 後面有三個

0定位，它就可以被說成1000了。所以0性就是空性了。因此如來藏所講的空性思想，就是我們所講的，事物就等於拿0來定位的一個數碼。一切事物都要由0給它一個定位，存在顯現的定位，這存在與顯現的性，當然就是0性。因為憑甚麼來定位？憑那個0性，一切數碼都要憑空性（0性）來定位，那個數碼才存在與顯現。不然，給你一個3，它可以有很多變化，3^{-1}、3^{-100}、3^{100}，那個3的數位就完全不同了，這個性就是空性。因此，在空性中不是沒有，在空性中事物無量無邊，因為數碼有無量無邊的變化，我們可以從負無限大次方到正無限次方來定位，這個意義，你們念物理學的當然了解，所以在空性中，有無量無邊的一切法，可是一切法都是空性，因為都要靠這個0來定位。我們要是把這個空性（0性）弄清楚，就可以弄清楚如來藏思想了。如來藏思想其實等於說，一切事物的存在，其實背後都有一個「定位」，那就是如來法身，法身是0性，所以一切事物（佛家說「一切法」），就都是0性，是即「空性」，這一點，將來再詳細講，現在你們可以來提問題。

＊　＊　＊　＊　＊

　　問：「不存在不顯現」的時候，能否定義為「空性」？也就是「無」的狀態，有沒有「空性」？

　　答：「不存在不顯現」就是「無」，「無」不等於是「空」。「空」不是「無」，「無」不是「空」，「0」不是「無」，「0性」不是用來定義「無」的，所以在這裡，不能用「空性」來定義「不存在不顯現」，不能說「不存在不顯現」就是「空性」，反而我們定義的「有」，所有的「有」都

是「空性的有」；所有數字都要定位，才能成為「有」。比如一個數字5，你說的時候就已經給它定位了，表面的5是其背後的「0」在支持，它顯現為5，是因為這個定位而成為「有」了；再比如說55，55是靠其背後的兩個0定位而成為55，55就成為「有」，55就存在與顯現了。因此，物質靠空性的定位，而成為「有」，「空」的作用也在於此，而不是去定義「無」。沒有數碼，就不能說0定位。

問：我能不能問個課外的問題，南師南懷瑾與您都是由道入佛的，所著所論都有一慣制，你們是否同門？是否有相應之處？密宗中上師的認證有沒有？有沒有一個評審委員會，是不是和我們現在教育的認證一樣有潛規則？

答：上師的認證是傳承，一代傳一代，比如我的上師敦珠法王把如來藏法門傳給我，既有師傳，又是阿闍梨，這就是傳法的「潛規則」。南懷瑾先生的著作比較通俗，我不敢批評，有時候他說的比我的吸引力大得多。可我很大膽地說，他沒有拿一個甚麼體系來評價定位其他的佛家宗派，我是有的。我是拿如來藏思想把《周易》、術數、書畫那些來定位，以至我談飲食，也是放在如來藏的行持裡面來定位。所以我的系統是比較一貫，可是趣味性就小得多了，他的趣味性很高。

問：剛才您提到隕星的例子我有些疑惑，隕星已經滅亡了，但它的光過了幾百萬光年被我們看到了，那麼我們看到的是不存在，但我認為我們看到的是光，光它是存在的，因

此我們看到的還是存在而顯現的。您能不能再舉個其他的例子？

答：「不存在而顯現」中陰星的例子，我講的不是光，講的是那個星球，星球的光你可以說：光還是存在的，可是其實光它不存在了，因為如果星隕滅了，它的光也不存在了，我們看見的光是過去式的光，過去多少年前的光，所以不能說它存在了。如果因為你還看得見那個光，就覺得它還存在，這個觀點剛好是如來藏相礙緣起的一個要點，目前看見的光我們只能說它顯現，因為這個光實在不存在了。這一點恐怕你把時空混淆了，把過去和現在混淆了。我們是在一度時空裡面生長，要服從過去、現在、未來這樣的規律。不能說陰星已經滅了，光還看得見，就說我看見的那個光還是存在的，那是你定位定錯了。既然陰星已經滅了，當然那個光也不存在，可是過去的光還顯現在我們眼前，這個問題，下一課講相礙緣起，大概就可以讓你明白。

我們是同時生存在不同的畫面裡，現在只是出現一個畫面，好像今天的這個畫面又存在又顯現，那是相礙緣起，其實有好多畫面我們是可以挑選的，比如你們其中的一個人是想來但沒有來，有些人不想來的又來了，那不光是緣份，是對畫面的選擇，選擇到就這麼多人，出現這個畫面又存在又顯現。其實同時出現了很多畫面，但其他的畫面「存在而不顯現」。另外還有一種情景是「不存在而顯現」，那只能用星空（指陰星的光）來講了，或者用量子力學質量的互變來解釋了，所以不能說現在看見那個星還是存在，只能說它顯現。

如果要舉眼前的例，可以說「陽燄水」，遠處看見水相，走近便不見水，這水相便是不存在而顯現。

問：海市蜃樓是「不存在而顯現」嗎？

答：是！海市蜃樓可以說是「不存在而顯現」，可是也不能完全這樣講，因為它到底要有一座存在的城市來做顯現的基礎。至於陽燄，跟海市蜃樓不同，它只是水的狀態是「不存在而顯現」。陽焰是存在的，可是陽焰水的狀態是「不存在而顯現」。整個陽焰，如果你跑到前面去看它還是陽焰，是存在的，只是陽焰水的形態是「不存在而顯現」。

問：「不存在不顯現」是不是有甚麼形式？

答：「不存在不顯現」是「無」。「無」沒有甚麼形式。

問：用如來藏的思想，怎麼去理解氣候的變化？

答：那就要用到「相礙緣起」了。「相礙緣起」的「礙」就是條件，現在顯現出來的氣候，就是各種條件的適應。如果條件改變，那氣候也就改變了。

關於「空」，我主要是想你們了解，如來藏思想是怎樣去定義那個「空」，我剛才說 0 等於定位，這個定位的性是 0 的性，這也就等於我們所講的「空性」了。這是如來藏講空性與其他佛家宗派不同的地方，他們一般講得很簡單，因為緣起，所以性空，性空是因為緣生。我們不是這樣說，我們說，因為緣起，事物存在顯現，如是而成為「有」，超越這重緣起才可以說是「空」，這些將來我會講到的。但現在我想讓大家了解如來藏的「空」與其他宗派講的「空」，我已

經舉了兩個宗派的例子了，鳩摩羅什與唐玄奘，其他還有很多宗派。

　　問：我想知道怎麼去理解「夢」？

　　答：這是另外一個話題了。我們分「夢位」與「醒位」，依我們，把「醒位」當成是真實，當成是「有」；「夢位」在我們醒了以後就說它是虛幻，定位為「無」。按如來藏思想，其實「夢位」與「醒位」是平等的，我們現在這樣定義是不平等的，因為是站在「醒位」上來定義，說醒著是「有」、夢是「無」，假如我們是站在「夢位」上來定義，我們就會把「夢位」定義為「有」，「醒位」定義為「無」。如果你夢中中了幾千萬的彩票大獎，你很希望這個夢不醒，那個夢就「有」了，一旦醒來，從「醒位」的定義，夢就變成無，虛幻了。如果平等的定位，應該超越「醒位」，不要站在「醒位」來定義「夢位」，要超越這兩個位來看它。如果超越兩個位來看，兩個是平等的。夢中的真實與「醒位」的真實相等，在夢中也一切真實，所以兩個是平等的。分兩方面來講兩個都是真實，也可以說兩個都是虛幻，我們這樣定義，是為了修「夢幻定」。修「夢幻定」你們一定會以為是晚上修夢，白天修幻吧？剛好錯。我們是白天修夢、晚間修幻。要把白天「醒位」當成「夢位」來修、來理解，我們就覺得我們這個世界是虛幻的，在晚上夢裡邊一切法虛幻，白天也是等於夢一樣虛幻，這樣就是「夢幻定」的原理。

　　問：剛才講「有」和「無」的時候，您是在「醒位」還

是在「夢位」來定位的？

　　答：當然是在「醒位」定位，因為這是人的習慣。

　　問：唯物主義認為，物質的基本屬性是物質性，那麼您是怎麼理解「空性」及其基本屬性的呢？

　　答：我講如來藏思想，人定位為「唯物辨證」。我們這個世間是心識的世界（我喜歡用一個譬喻）就等於螢光幕上面的影像；如來藏的基，是佛智的境界，或者嚴格點，稱為「佛內自證智」，這不是一個事物，只是一個境界。我就把它譬喻作螢光幕了。在螢光幕上面有影像顯現，在佛智的境界有心識顯現。假如我們老是住在影像的世界不出來、不超越這個世界，等於我們住在心識的世界裡長期不斷地輪迴，那麼我們就可以把這個境界當成百分之百的真實，所以是唯物。牛頓物理學也要服從這個規律，因為他的力學定律，無非也只是螢光幕上影像世界的定律。所以也可以說，我們心識的境界不能離開牛頓物理學的世界，而愛因斯坦的物理學已經離開我們這個世界來看了，量子力學離得更遠，因此，在這個世界裡是百分之百的真實。可是如果住在螢光幕裡的人跑到螢光幕外去看，就會覺得螢光幕只是影像、是虛幻，不真實了。你在螢光幕裡面生活，覺得螢光幕裡面的世界真實，離開螢光幕就看出螢光幕的生活是虛幻的。剛才你問「空性」，我這樣來回答你，你住在螢光幕世界就不能離開螢光幕來認識「空性」，就只能用定位、0的定位來講。現在講「空」，我只是講如來藏思想與其他宗派不同的地方，其他宗派的人也是站在螢光幕裡面講，鳩摩羅什就說我們螢光幕的世界是不生不滅的，所以叫「空」；唐玄奘說我們螢光幕

的世界是心識變現的，所以是「空」；那我也以站在螢光幕裡
面的角度講，如來藏說「空性」就是「0性」，用數學來講，
它是定位的功能。這個有定位功能的0，就是「空性」了，不
是「變現」，也不是「不生不滅」，只是「0性」。怎樣定位
呢？我們就從「存在與顯現」的定位，那四種「存在與顯
現」，就分出「有」、「無」。「無」反而不講它是「空」，因
為「無」不是「法」，不是事物，就不在我們的討論範圍。
現在大家認識上最錯的就是把「空」當成「無」。我們這樣
一定位，就有一個作用了，就是把「無」不當成是「空」，
假如把「無」當成是「空」，那就不是佛家所講了，是錯誤
的理解，現在不能正確評價如來藏思想的人就是對這一點弄
不明白。「不存在不顯現」這個「無」，是絕對的虛無，這
個虛無不在我們討論的範圍裡面。我們討論的是「有」，每
一個「有」都有一個定位的性在它背後，我就用數碼舉例
了。因為受定位而成為「有」，因此我們就把它叫做「空
性」了，其實是0性，我只是用科學上、數字上的話來解
釋，所以「不存在不顯現」就是「無」，不是「空性」，這一
點希望你們了解，這也是如來藏思想很突出的地方，區別於
其他宗派的地方。「有」與「無」的定義也與其他宗派不同，
這其實是定義「有」與「無」的最高思想。「有」就要看它的
「空性」；「無」我們只把它看成是與「有」的相對，只是一
個概念。如果將「無」也看成是事物的狀態，那就不可以
學，不可以修。所以落到「無」那邊，叫做「斷見」，絕對錯
誤。然而說有，我們還是站在我們這個世界來看這個世界，
還沒講到超越我們這個世界，等於我們住在螢光幕來看螢光
幕裡面影像的世界這樣來講「空」，還沒有跳出螢光幕來講
那個「空」，因為所有修行的人都不能離開螢光幕，都不能離

開我們這個世界。不能說我學佛、修法就離開這個世界來
修，那是不可能的，我們一定要住在我們這個世界來修行，
所以學佛要講次第，次第高了才能讓心識離開螢光幕（不是
身體離開）。剛才有一位女士插話說，我講的是二元的世
界，沒有離開二元就不究竟了。是！現在我講的還是沒有離
開二元來講０性，將來會講離開二元的。現在我用科學的話
題來開頭，目的就是講無論科學怎麼發展，如來藏思想都是
可以站得住腳的，不會被科學否定，不像其他的宗教，一
旦科學發展了，它們就站不住腳了。當相對論出現的時
候，基督教、天主教、猶太教的上帝等於被否定了，可是「
梵」還沒能給否定；不過到了量子力學，大「梵」也就被它
否定了，然而佛家的如來藏還沒被否定。因此，物理的世界
不是如來藏的世界，可是如來藏的世界和現在物理的世界一
點衝突都沒有，這就是如來藏思想的優越性了，比其他宗教
要高一點。好，現在還是可以用科學來解釋一點如來藏思想
的特點，接下來我就正式地講到底甚麼叫如來藏思想，用科
學的定義怎麼來理解如來藏思想。

＊　＊　＊　＊　＊

現在我可以講到物理學家霍金（Stephen　Hawking）了，
他有一個「弦論」，沒有多少人能完全明白他的理論。「弦
論」提出機率，企圖將愛因斯坦提出的「統一場論」用他自
己的理論來完成。「統一場論」是想用一個力場的架構來統
一粒子和波，統一質量與能量。粒子有粒子的規律，波有波
的規律，那就不統一了。愛因斯坦的 $E=mc^2$，好像已經把能
量（E）跟質量（m）統一，可是，一個粒子到底真的顯現為
粒子嗎？一個波真的顯現為波嗎？根本不能確定。我們看起

來是質量，例如人體，卻可以通過科學儀器將之看成是光，譬如紅外綫攝影，那麼，對不能確定為質量或能量的事物，又怎能建立它們的統一力場呢？因此，霍金提出「弦論」，弦的震動，產生出來的一定是波，然而，卻有一個機率，碰上了，由弦生出來的波卻可能顯現為粒子，這樣，他的統一力場就可以包容確定與不確定的一切事物了。或者可以說，這個「統一場」是由機率來決定事物存在，用機率來定義它顯現，這個「存在與顯現」就統一在一個「弦論」裡面了，不過它不叫「統一場」，那麼它就比愛因斯坦的「統一場論」更要廣大了，愛因斯坦的「統一場論」其實還在二元世界、識境上的，只能將我們這個世間的粒子與波統一，可是「弦論」的範圍就大了。可以超越我們這個世界，那就是宇宙的定義了。我們把宇宙定義在我們可見的範圍內，所以說我們看到無限的空間都屬於宇宙了，其實宇宙沒有這麼小，不同的時空都有不同的宇宙了。我們是一度時間，三維空間。如果是一度時間，四維空間、五維空間呢？那我們就看不到了。那這個就不在愛因斯坦的研究範圍了，但卻可以在霍金的「弦論」範圍，因為「弦論」範圍涉及到「存在與顯現」了。無論甚麼時空，一定是由存在或顯現而成為有，因此涉及存在與顯現，就可以包容一切時空。因此，霍金的「弦論」比愛因斯坦的相對論更廣大，更複雜了。所以霍金也講「時間等於零」，他所說的，是與如來藏思想配合的。如來藏有一點是不同意霍金的，就是機率的問題。機率是不確定的，只是有幾分幾機會顯現出來，有幾分幾機會不顯現出來，那是放在數學角度，當然整體上他講得很複雜，不像我所講，可是都放在數學的範圍裡面來看「存在與顯現」，那這個觀點就有局限了，即是佛家所說的「有所住」了，只

住在數學概念範圍裡。怎麼樣來定義那個機率呢？他有很複雜的物理理論來解釋，但這都不是我們談的範圍，如果機率的概念用如來藏思想，「空」、「有」或者「有」、「無」，那是可以理解的，如果按霍金的理論，說他的統一場不確定，那怎麼看「存在與顯現」呢？就是碰巧了，我這樣來形容（當然這樣形容，霍金不會這樣認同，他也會認為有很複雜的理論支撐不能說是碰巧，可其實還是等於說碰巧）。碰到這個是「存在又顯現」，碰到那個是「存在不顯現」，這些與如來藏思想相通，可是碰巧這個「巧」，到底怎麼樣才有這個巧呢？如果用佛家的思想講很容易理解，就是「業力」的問題，也是「緣起」的問題了，那就與霍金的物理理論立足點不同。現在我們講講緣起的問題。

我講的還是這個世間的，沒有離開這個世間，是站在這個世間來看這個世間，所以現在還是二元論，還是談相對。

緣起，最高的叫「相礙緣起」，「礙」是甚麼？「礙」是條件與局限，一切生命形態都要適應這個局限才能存在或顯現，所以這些「礙」我們要去適應它。這個適應有個佛家的專有名詞 ——「任運」。「任」就是適應，「運」就是運作，適應地運作。所以我們不能給它固定。比如蚯蚓沒有眼睛，我們就不能說生物靠眼睛來看世界，如果這麼一定下來，蚯蚓就不能存在與顯現了，所以要任運。人有人的任運，蚯蚓有蚯蚓的任運，蚯蚓沒有眼睛，蚯蚓就有蚯蚓的運作了。一切生命都要適應它的相礙，能夠這樣適應就變成 A，另外的適應就變成 B，A 與 B 完全不同，人就和蚯蚓完全不同。這個適應是憑甚麼呢？憑業力。要理解佛家思想一定先要這麼理解。輪迴是佛家最根本的觀點，如果否定輪迴就根本不要

學佛了，佛就是要你不再輪迴，脫離輪迴的世界。我們每一
生的輪迴，都有每一生的業力，這些業力有共業也有別業，
因為我們共業相同，所以我們輪迴就變成人了；因為有別
業，所以每個人的背景不同。因此我們這樣的適應與任運，
就是看業力問題了。蚯蚓的業力只能令它適應它的局限，因
此它就成為蚯蚓；我們的業力就令我們適應人的局限，我們
就變成人了。當然如果我們做壞事，我們就失去人的共業，
就可能變成餓鬼、地獄的眾生；如果做好事有善報，就可能
成為天人。可這些都不離開適應與任運這個範圍，所以我們
永遠是住在我們自己的識境裡面，這就不能脫離了，永遠困
在螢光幕裡面不能離開，所以說我們有如螢光幕中的影像，
困在螢光幕裡面輪轉了。要離開螢光幕，如果按如來藏來
修，得到離開螢光幕這個果，那就是如來藏教法的目的了，
也是所有學佛的人的希望。現在這麼一講，你就知道了，學佛
千萬不要求加持與得到好的福報，如果是這樣來學佛，你就一
定還是一層一層地綁自己，越綁越重，就一直困在這個識境裡
面。你們如果回答我說能發財、長命這樣就夠了，可是你不知
道，在這個世間你不斷地輪迴，不斷地求福報，那才是霍金所
講的機率的問題，你會有百分之幾得到福報，百分之幾不能得
到福報。假如我們能夠求心安，那怕不解脫，可是我們的心靈
得到安樂，那麼學如來藏的修法就有用了。如來藏的教學能
令人解脫，離開螢光幕。你還不能離開螢光幕，也不是令你
能升官發財，它只能引導你，讓你用正確的思維方式去思考
人生的問題，因此得到安樂。得到安樂其實對人而言，也就
夠了。我的老師敦珠寧波車授記我的時候，給我六個字：「長
壽、安逸、自在」，這樣實在夠了，他沒有說我有錢，可是得
安樂自在，錢就不是問題了，總有飯吃吧？！不會睡在馬路

邊吧？！這樣得安樂自在就夠了，因此，他是鼓勵我修如來藏的行持了，修這個行持其實就可以得到自在。

　　現在我們就從霍金的機率看看與「存在與顯現」的關係。物理學家從「存在與顯現」來研究「有」，大概霍金是第一個，我近年研究如來藏，就特別注意他了。他在這裡就得到一些結論了：事物不恆常。沒有恆常的事物，如果有恆常的事物，那個事物就一定永遠存在與永遠顯現，不需要靠機率了，要靠機率就等於不恆常。這就等於佛家的思想了，佛家講識境不恆常，不恆常，用霍金的說法，就是我們的存在本來不穩定，我們的顯現也本來不穩定，因此，我們就看見生滅的現象，一旦住在生滅顯現這個相裡面，把生滅當成實有，我們就看不見事物的空性了，等於我們看到數碼1-9，我們忘記1-9還有一個空、一個0性來定位，有0性，它才存在與顯現，所以它不實在。數字不實在，就因為它要靠0性/空性在背後給它定位。我說3891，不實在，沒有這三個0在後面給它定位，這個3就不能說成3000，要靠這個空性給它定位，因此，我們不能說這個3000是實在的。所以說3000雖然是存在的，而且也是顯現的，但是要靠這個0性也就是空性的定位，它才存在而顯現的。也可以說，它要靠一種符號給它定位，我們也把這種定位叫做空了。也可以反過來這麼講，在識境裡理解識境的「空」，如果從最高的層次來理解，是很難的。幸虧你們學數學，還容易了解這個0的解釋。這個0性你們慢慢就會想明白了。假如一定要我們用機率來講，同一個0，要排在前、後、左、右，排在哪裡就是機率了。只能這麼理解，可這樣理解很機械，因此，我們不把霍金的機率看成是與「存在與顯現」的如來藏思想相等。用霍金的理解，等於用物理學來證明我們說「有」、

「無」這個定義是符合現代的物理學，也就是說物理學發展到霍金還不能把如來藏的「有」、「無」推翻，可其他佛家宗派就不是了，其他宗教就更不是了。按霍金這樣講機率，那上帝不能存在了，梵天也不能存在了，剛才說梵天可以有無數個天來創造世界，可是按機率，那還創造甚麼？如果一個天能夠造所有世界，就不是機率的問題了。現在把「存在與顯現」按機率來說，那就證明世界不是一個天造出來的，天本身也不是能造得出來的了。理解這一點，大家就明白機率等於把印度教最根本的理論也推翻了，可是沒有推翻佛教，現在大家都談「存在與顯現」，而且我們修如來藏就是修「存在與顯現」。為甚麼總是講到「存在與顯現」呢？因為我們觀修如來藏，修法的時候就是用「存在與顯現」來修。

休息時，有位同學說通過看書來修「拙火」，結果一塌糊塗。這是命該如此。誰讓你看書來修？修「拙火」是甚麼，是「存在而不顯現」，「拙火」是我們的生機，在我們的人體就是暖了，「拙火」是一個源頭，對人來說，「拙火」是不顯現的，只顯現為我們身體的暖，現在我們把身體的暖與大自然的暖融在一塊，一起來修，那麼把它就修成一個「拙火」了。修成的時候，怎樣令「拙火」發揮功能？沒有書能說得明白，因為書上把它神化的時候，就說那個「拙火」是「又存在又顯現」的，可是無論你怎麼修，「拙火」是實在不存在的，但它卻可以在心的行相上顯現，虛幻地顯現，這一講起來話就長了，它不是我們日常生活經驗能夠把握的東西，因此，不能亂修。可是很多人寫書，就根據自己的理解把「拙火」寫出來，這些作者的理解層次不一定高，也不一定得到了證實。所以你按書來修，容易亂。

　　可我們要理解修法所依到底是怎麼回事，就要理解「存在與顯現」的問題。現在我們回到一個很根本的問題裡面。現在有門學科出現了，從心理學、從大腦的結構，還從一些物理現象，有一個叫「全息」（Holographic principle）（大陸翻譯成全息，港台翻譯成全像）的概念，就是說底片上的一個蘋果，如果把照片均分成四份，按原來的規律，一份底片上就只有四分之一個蘋果顯現，但全息攝影就不是了——把全息攝影的底片均分成四份，但每份照片上還是整個蘋果顯現；再繼續分下來，分成無限小，這無限小部分的照片還是整個蘋果顯現。我們身體的基因，每一個基因都應該是獨立的，可按照全息理論，每一個基因都應該是全身的基因。按照這樣的「全息」現象，那麼，每個人都應該是周遍法界的個體，因為按照全息理論，法界每一個角落都應該有你這個人。這就等於佛家如來藏思想的「芥子須彌」，即一座須彌山可以在一個芥子裡面顯現；反過來，須彌芥子，芥子亦可以周遍須彌山。在全息攝影，一座須彌山被分到芥子這麼小的照片上還是整個的須彌山。那麼這個還是講外境。講到我們的思維方式，人的大腦分左右兩邊，每一邊還分成很多區，每一區還有各種功能，我們的鼻、眼、耳等每個與大腦還有一個特殊的聯繫通道。可如果按全息就不是這樣了。為甚麼要講全息呢？因為觀音菩薩在《楞嚴經》中講到六根圓通，六根圓通的意思是耳朵可以看見光、眼睛能聽到聲音、舌頭也可以看見光等等。你們不要認為《楞嚴經》所講是很玄的境界，這個境界科學已經把它證明出來了。現在的科學講，在我們的大腦上有一點，叫做TPO[1]，信息傳到這裡就過不去

---

[1]　Temporal-parietal-occipital lobe junction，詳參 "Hearing Colors, Tasting Shapes" by Vilayanur S. Ramachandran and Edward M. Hubbard, Scientific American Magazine, May 2003。

了，所以耳朵只能聽到聲音、眼睛只能看到光，如果信息能通過、超越 TPO 這一點，那麼光、聲、熱、味道這些都可以讓這個 TPO 來感覺到，這樣就可以六根圓通了。過不了TPO，六根就不可以圓通，這個已經被科學證實了。我當時在多倫多教過弟子，在密宗有個六根門頭，六根門頭在大腦哪一點，我把位置都給他們講了，我們修就修這一點，很多弟子也修了。幾個月後，雜誌上就有人發表那個 TPO 了，我一個弟子看到那篇發表的論文，就拿來給我看，說老師幸虧你講早幾個月，如果你六根門頭的位置講遲幾個月，我還會以為你是抄人家的。你講的六根門頭恰恰正是雜誌上發表的TPO 位置。你看多巧！科學論文還沒有發表的前幾個月，我就根據如來藏修法告訴他們六根門頭就在這一點，位置一點不差。你們想不到我當時的反應，我流淚了，為甚麼？佛簡直都不能光是用「偉大」兩個字來形容，佛在幾千年前就把六根門頭傳下來了，一直傳到我，我知道六根門頭的位置，可不能告訴你們，但現在告訴你們也不違戒律了，因為那個TPO 的論文都發表了，已經不是秘密了，以前不准，只能對有根器的人才能傳。下一課我把六根門頭的位置告訴你們。為甚麼佛傳的六根門頭與 TPO 的位置一點不差？那就證明觀音菩薩講的六根圓通不是騙人的，他真的修到才說出來的。為甚麼我提這個問題出來，就是因為全息攝影的問題。TPO 等於全息，聲、光、熱、味道、氣味、觸覺、感受到的軟硬都是全息了，所以眼睛可以感覺到軟硬、舌頭也可以看見光，這還不是全息？首先有一個外境刺激我們的器官，信息進入大腦，大腦有一個分別，將這些信息分別為光、聲音、熱等等，這就是心識的作用了，等於大腦起功能和作用了，這個作用叫做「識」的作用。眼識、耳識等等作用，這

個作用我們馬上給它一個概念，所以我們要輪迴，我們永遠是這樣的。心理受到一個外境刺激，我們一定給一個概念給它：這是紅光、這是貝多芬的第二樂章，我們給它一個概念，就成為佛家所說的分別了，這個分別不能說它是錯的，因為我們的確是這樣生活。按這樣發展下去，大家可以看，從這個假想概念的分別就變成我們心的行相。所以我們看東西，並不是如實地認識它，我們給它加了兩個外來因素，一個叫做分別，一個叫做概念。首先作分別，然後給概念。筆，你們馬上根據概念認定這個功能、形式、基本結構等等，就靠這個來認識了。這個相，就是依著一個外境的刺激，然後起心識分別，再假想心的概念，就變成心的行相了。當我們這樣看的時候，如果用唯識來講，就可以說我們看到「唯識變現」，也可以按華嚴宗所講的「一切唯心造」，是心把行相造出來，因此「存在與顯現」的問題就與此有關了。不是機率的問題了，是到底我們有些甚麼概念？概念在佛經裡面叫「句義」（通俗地講叫做「概念」），我們被很多「名言」／概念綁住了思維，首先我們這個識有分別的功能，這是光、這是聲音，然後我們加一個句義上去，因此，我們認識的世界，就是有分別與概念兩個外力加上去的世界。這兩個外力就等於量子力學的「測不準」原理了。量子力學講甚麼東西都沒法測得準。我拿一個尺來量這個紙多長，那時候就加了個觀察儀器（那把尺）上去，一加這個儀器，整個真實的長度就量不出來了，只能量到一個相對的長度，就是受觀察儀器這個外力影響後的長度，就是說加上分別與概念的長度了。我們觀察事物，測不準。這個「測不準」，在我們這個到處都測不準的世界，相對來講卻是真實的，可絕對來講卻是不真實的。因為絕對的長度你測不出來。這就即是

説，要把我們那個分別與概念去掉，然後才可以看到真實。

好，現在就講到了如來藏重要的一點了，整個如來藏得到一個結論，「存在與顯現」是與我們的分別有關，與「句義」有關。我們受「分別」、「句義」的限制來看「存在與顯現」，住在我們的世界就用我們這一套分別、句義，不同的時空則應該有不同時空的分別、句義。因此，一切識境的事物也可以説測不準。從整個法界來講，就不是機率的統一場論了，是名言、句義的統一場論了。因此，你要超越這個「測不準」，想要看到事物的實相，就要脱離分別、句義。因此，佛就講《入無分別總持經》，這本經很重要，可是很少人講這本經、重視這本經。入無分別才是開始進入解脱道，離開分別，離開名言，來認識這個世界，這樣就跟剛才我們所講的，我們把這個定義為粒子、把這個定義為波，其實還是按名言、句義來做分別。所以離開這個分別、句義，才能進入如來藏的統一場論，不是愛因斯坦的統一場。將來的物理學，恐怕要往這邊發展了。這就等於螢光幕上的人脱離螢光幕來看螢光幕的世界，那就脱離分別句義了。我們現在看電視，其實都是看見影像，本來應該是看到實相的，可是你們看不到，因為你們一看，這個是誰，是哪一個演員，比如張國立、王剛，你們馬上分別了——王剛一定是和珅，不會是好人。你馬上落在分別、名言、句義裡面認識，這就等於你沒有跳離螢光幕去看螢光幕。如果真的跳離螢光幕去看螢光幕，就等於是脱離分別與名言句義了。如來藏的場就等於是一個絕對的場了。這就脱離二元了，我們的世界是二元對立。我們這個二元是怎麼搞出來的？我們落在分別、落在句義才有二元的對立，所以變成心與物的對立。可你看事

物的對立，主要是靠分別與句義弄出來，所以變成心的行相
與實物的對立。如果我們脫離這個，就沒有這個對立，這些
都不存在了，那我們就應該看到一個全息的世界，六根圓通
的世界，說起來很玄，可是道理很容易明白。我們先有分
別，然後把它分類，如果沒有這個分別，修的時候修TPO，
那麼就是全息的世界了。英國做了一個試驗，用飛機載一個
孩子在倫敦上空飛行一次，之後讓他把整個倫敦畫出來，他
畫了一個大的商業區，這個畫等於和照片一樣，非常如實，
這棟樓有多少個窗口，他就能畫出有多少個窗口，這棟樓有
多少層，他就能畫出有多少層。人家問你怎麼記得住呢？他
說我不是記的，我是感覺出來的。這是件真事，有部影片就
把那個孩子的畫影印出來對比，可能你按照相片畫還不能畫
得這麼清楚，為甚麼？因為他是全息，等於全息攝影了。他
大腦裡一個細胞，就可以把整個大腦功能發揮了。如果是這
樣，以後DNA的研究也會改變了。一個DNA等於所有
DNA的功能，也可以說一個芥子裡面有整個須彌山，我們一
顆心有整個法界，這樣才能體會到如來藏的施設到底是怎麼
樣，這是超越我們識境的世界，也是超越我們輪迴的世界。
所以我從科學方面來講如來藏，就到此為止，明天我正式定
義如來藏。今天所講的你不理解不要緊，明天聽下來，你就
能大概理解到底甚麼是如來藏了，了解如來藏之後，你就知
道怎麼用如來藏思想來生活和思維了。

　　好了，今天說的，就到此為止，謝謝。

第二講：如來藏的修持與人生

今天正式談如來藏思想了。關於如來藏，漢傳、藏傳及西方的學者一直以來都有很大的爭論。連如來藏的名字，西方學者及日本學者都有不同的意見：這個「藏」字怎麼解釋？「藏」字的梵文是 garbha，西方學者傾向於從語言學角度來解釋，現在比較權威的翻譯，第一是「礦藏」、第二是「種姓」、第三是「子宮」。爭論比較大的是「種姓」，從傳統的解釋，說種姓就是說如來的血統了，可是西方學者覺得每個眾生都是如來血統很難理解，一條小蟲、一隻小螞蟻都是如來血統，他們總覺得不妥（在台灣，則因為garbha一字，甚至說為外道思想）。西方學者傾向說礦藏：如來等於是礦藏裡面的摩尼寶珠，藏在礦石裡面，我們把它挖掘出來就看見如來了。子宮的說法，是指可以孕育如來。

至於西藏，如來藏思想受到格魯派創始人宗喀巴的影響。在宗喀巴時代，人們是怎麼評價如來藏的呢？宗喀巴不提如來藏，說「我對這個教法『等置』」。「等置」是佛學上一個名詞，就是平等地放下來。不加以批評，就這麼放下來，這就是等置。後來黃教第二代弟子、繼承了宗喀巴傳承的克主杰就講甯瑪派的教法原來很好，可現在時機不對，因為蓮華生大士的根器很利，當時他來傳法，可以講大圓滿，講如來藏。可是現在人的根器不好了，所以這就是宗喀巴當年等置甯瑪派教法的原因。可是發展到五世達賴喇嘛時，因為他學甯瑪派教法，那就刺激到一些格魯派人士的不滿，由是格魯派末流便這樣說：人都有一個如來法身。這就等於說每個人都可以成佛了。這不合理，因為不是每個人生下來就可以成佛，假如是這樣，那就不須要修持。因此，說每個人

都有一個成佛的可能性，我們還要經過觀修，然後才能將「可能性」變成事實，才能證到如來法身。這就等於不承認眾生本具如來法身，只是有一個成如來法身的可能，受此影響，西方學者就把如來藏看成是孕育如來的子宮。

如果按傳統解釋成種姓，即我們都有如來的血統（在一般佛家的經論裡都講「眾生皆有佛性」），就不是孕育如來，所以不能同意西方學者的説法。對如來藏的爭論很多，我就不一一介紹了。

他們懷疑如來藏，我只想指出一點，他們理解的如來藏其實並不是佛經裡如來藏的本意，所以他們批判的只是自己假設出來的如來藏，這是近七、八十年越走越偏的一條路了。漢傳佛教除了唯識宗、藏傳佛教除了格魯巴，其他佛家宗派都是拿如來藏作為自己的根本見地，華嚴宗有華嚴宗不共的見地，天台宗有天台宗不共的見地，説到底他們的根本見地不能離開如來藏，所以今天我就講講屬於根本見地的如來藏。也就是説，漢傳跟藏傳佛教對如來藏是怎樣定義的？因為各宗各派用不同的名言來説，所以説出來的根本見地就有點差別。在這麼多的宗派裡邊，大概只有漢傳佛教的禪宗，是完全符合印度傳承的；藏傳佛教只有甯瑪派、薩迦派與噶舉派，是直接從印度傳下來的如來藏，其他宗派多少摻入了自己的意見，所以我今天是根據甯瑪派的如來藏思想來講。

甯瑪派的如來藏我要先講它的傳承，因為每一個法如果沒有一個傳承，這個法門就容易被受爭議。如來藏思想在佛經裡邊是文殊師利菩薩（文殊師利也叫妙吉祥）與維摩詰居士兩人最先弘揚的，那時候他們還不把它叫做如來藏，叫做

「不二法門」，等一下我解釋如來藏為甚麼叫做「不二法門」。雖然有一本《妙吉祥真實名經》說的是如來藏的觀修，但他們所傳的，可以說主要是在見地方面，見地即是觀點、基本理論，正式把這個修法在人間公開的，是甯瑪派最早的祖師「俱生喜金剛」。他是一個王孫，他母親是個公主，沒有結婚就懷孕了，於是孩子生下來後，她叫保姆把他丟在灰堆裡面，想弄死他。可第二天保姆再去看他，看見他不但沒有死，還有母牛給他餵奶，那個孩子還很高興地在灰堆裡手舞足蹈。保姆於是把他撿回王宮，見了國王說起這個事，國王說把他養起來，給他一個名字叫「灰堆歡喜生」。國王養了很多學者，各種哲學流派的學者都有，俱生喜金剛七歲的時候就要求跟這些學者辯論，結果所有學者都被他辯敗了，他贏了，學者把花冠往他頭上戴，從此他正式地修法、看經論，一直到他二十歲左右，來到中國五台山住下來，後來就成了大成就者。因此，甯瑪派如來藏的傳承與中國漢地有很深的淵源。唐王朝與西藏和談，西藏提出一個條件，就是一定要唐王朝送一幅五台山詳細的地圖給他們，由此可以看出，當時西藏對中國五台山是非常非常重視的。俱生喜金剛就是在五台山成就的。在他晚年，還有另外一個印度學者，叫文殊師利友（妙吉祥友），他一直學密宗，在定中看見金剛薩埵叫他到中國五台山找他的上師。文殊師利友就來到五台山，看見一個老頭在耕田，旁邊一個老婦坐在旁邊田埂上，他去問這個老婦討一口茶喝，那個老婦不給他，說：「這個茶不是隨便喝的，這是甘露不是茶」。他靈機一動馬上頂禮了，就問：「誰是俱生喜金剛？」老婦沒答他，就說「你今晚就住在我家吧！」住在老婦家，他突然看見滿室的光明，看見原來小小的一個客廳，以大日如來為中心，金

剛界和胎藏界兩個壇城的本尊坐得滿滿的，都是佛、菩薩，他起來剛想頂禮，這個老頭就出來了，還拿著煙袋抽煙，問他：「你在向誰頂禮呀？」他說：「我向佛頂禮。」這樣一答，壇城就不見了，老頭子說：「你應該向我頂禮，不是向佛頂禮。」（將來我再講你就知道，這是如來藏的密意了。）文殊師利友向他懺悔，請他給自己灌頂，壇城才再度出現。文殊師利友一直跟他學佛，後來俱生喜金剛圓寂了，文殊師利友覺得自己還沒有學到家，就向天高呼：「上師，你還沒有把口訣告訴我。」天上就出現三行金字，現在傳下來的三行金字，我們把它叫做「三金句」，整個如來藏的要義與修如來藏的道，都包含在這「三金句」裡邊了，等下我還會講，那時你們就曉得如來藏的重點在甚麼地方了。

　　文殊師利友一直住在五台山沒有回印度，印度有個王子聽到金剛薩埵叫他到五台山去，他的法號叫吉祥獅子，吉祥獅子的壽命很長，有書記載（我所翻譯的《心經究竟義》，公元七、八世紀時在西藏很流行，是由他的弟子無垢友傳到西藏的）他在中國與印度住了兩百多年，可是吉祥獅子晚年從五台山回歸印度，因此從他開始，觀修如來藏的上師便不在五台山，變成在印度了。無垢友是在印度皈依吉祥獅子的，雖然無垢友沒有住在漢地，根據我們宗派的傳說，無垢友是到過五台山去遊戲示現（就是到五台山玩一玩，見一些人等等，不在那裡傳法），所以如來藏與五台山的關係很大，現在五台山還是文殊師利菩薩的道場。這就是如來藏法門的傳承。

　　俱生喜金剛是公元55年出生，大概是公元80-90年左右（具體不知道是哪一年）到了五台山，這是公元一世紀的時

候，所以現在有的人說無上密是從公元七世紀才有的，這話絕對站不住腳，公元55年我們的第一代祖師既已出生，如果說寧瑪派的教法與觀修，是到公元七世紀才有，那就相差了五百年，《三金句》、俱生喜金剛的著作都不可能存在。這些論典的存在，就徹底推翻了日本學者的說法，他們說寧瑪派的密法是公元七世紀才成立的。說寧瑪派是公元七世紀才出現，是惡意的誹謗，因為印度教在公元七世紀時出現了一個性力派（是印度教，不是佛教），性力派是主張男女雜交來修道的，完全是邪門、旁門左道，說寧瑪派的教法在公元七世紀才出現，受性力派影響，這是有意的影射說寧瑪派就是這樣的一個宗派。那是日本一些學唐密、東密的學者有意的誹謗西藏的無上瑜伽密。後來幸虧在印度發現俱生喜金剛的碑記，然後才可以把所有祖師的年份確定下來，這樣便很有利於澄清誹謗。

好，現在講無垢友到西藏的傳承。這個傳承現在變成了西藏敏珠林寺的傳承。寧瑪派一直沒有大的寺廟，在五世達賴以前，行者都是在家觀修，都是小小的僧團、小小的一班人跟上師一起修，到了五世達賴喇嘛的時代局面就改變了。五世達賴喇嘛起初極力反對寧瑪派，說寧瑪派的經典都不可靠，是自己造出來的，寧瑪派傳修法的儀軌也不是印度傳來的。很多學者，包括薩迦派的學者，一齊聯手攻擊，可以說是把寧瑪派貶到一無是處了。可是後來五世達賴喇嘛到了青海一個廟，因為下大雨的緣故被羈留在廟裡邊不能走。雨一下就是一個月，五世達賴喇嘛就到處在廟裡找東西來看，他發現裡面有個小房間鎖起來的，他叫人把房間給打開，發現都是梵文的貝葉經，在梵文貝葉經裡，找到很多寧瑪派的密

續，用梵文寫的。他看著慚愧了，說：「原來是真的。」因為這個不可能造假。雨停了他還不走，派人回拉薩把甯瑪派現傳的藏文密續拿來對比，發現是一模一樣的，所以後來他公開地講：「我們批評甯瑪派是錯誤的，甯瑪派的確是印度傳來的，的確是從釋迦牟尼一直傳到無垢友，然後從無垢友傳來的，不是偽造的，是有文獻根據的。」因此達賴喇嘛就學甯瑪派的大圓滿，因為貝葉經說的就是觀修如來藏的法門，也可以說即是大圓滿教法，從此格魯派便只有達賴喇嘛跟甯瑪派學，其他的，當然還是學格魯派的教法，這個傳統，一直到現在這一代達賴喇嘛還保存著，所以這一代的達賴喇嘛是敦珠寧波車的弟子，敦珠寧波車是教他大圓滿的上師。

　　大圓滿教法在古代一直不公開，只是口耳相傳，這就叫做「口耳傳承」。為甚麼不能公開呢？因為如來藏要講不同的時空。為甚麼要講呢？因為要說平等性。這個平等，不是男女平等的平等，而是不同時空世間的平等，所以就要說時空了。如果在古代講時空的問題，恐怕人們都聽不明白，說不定還會被人誹謗。又如現在我們說用能量、質量的互換來解釋六根圓通，這要用愛因斯坦的研究來作我們的根據，這就比較容易理解了，可是如果我講的，聲音可以變成光，光可以變成觸覺、可以變成味道，試想想，在古代一定會說我在胡說了。甚至，佛預言「楞嚴先滅」，果然，《楞嚴經》就被否定了，說是假的經，其實《楞嚴經》正跟如來藏教法相通，可是，人們執著一些繙譯出來的經文細節，就把它否定了，種種情形，如來藏教法在人的知識水平還難以理解時，的確不適宜公開，只能是「甚深秘密」。為甚麼說現在可以把如來藏的秘密公開呢？因為這些秘密如今都可以理解，可以理解就不會被誹謗，所以你們應該曉得，現在你們所聽

的，是千多年從來沒有公開的如來藏教法，當然我在書上也已經公開了。

到底甚麼叫如來藏呢？我喜歡用譬喻來讓你們了解。我用電視的螢光幕來譬喻。如果我用名言來講如來藏，可能聽不明白，舉個例，就容易明白了，我是根據《入楞伽經》來講，佛內自證智境是如來法身，這個首先要弄清楚。我們老是說法身、報身、化身，那如來的法身到底是甚麼呢？是一個境界，是成佛那時候自己現證的境界，這個境界叫做「智境」，叫做智境是為了與我們識境作分別。我們的心在想、眼在看、耳在聽，都是識境，都是用心識分別出來的境界。如來所證的是智境，也是一個境界，並不是一個個體，可是我們翻譯成名相就說是「如來法身」。為了讓報身、化身、法身統一，所以把這個境界稱為身，這個境界也正是佛經所說的不可思議境界，這是我們在識境裡想都想不到、議論也議論不到的這麼一個境界。為甚麼我們議論不到呢？因為這個境界我們簡直沒法理解，也是我們看不見的境界。不過這也不奇怪，我們的心識境界其實也不可思議，你在想甚麼，是你的一個識境思維的境界，我也很難解釋你所思議，你所思維的世界，所以心理狀態其實都可以說是不可思議，何況還是佛內自證的境界。那麼也就是說，無論甚麼人成佛，他都要現證這個境界，所以法身如來是沒有個體的，只是境界。那麼我們為甚麼見釋迦牟尼佛是個體呢？我們見的不是法身而是化身，投胎成化身，所以已住入識境，成為像我們一樣的人了，他要服從我們這個世界的規律，要像我們一樣有眼、有耳、有鼻、有手、有腳，所以說是化身。還有一個看得見的是報身，在西方淨土的人，就可以看見如來的報身了，報身與化身我們叫做色身，法身與色身相對，可是色身分兩

種：報身與化身。法身可以說只是個境界，但成了色身便有個體，這種差別，是研究如來藏時一定要知道的，如果把如來法身也當成是個體，就沒法解釋如來藏了。法身看不見，不能顯現，其實在《金剛經》裡就講過：「若以色見我，以音聲求我，是人行邪道，不能見如來。」為甚麼是邪道？要看見如來的形象，要聽見如來的聲音，即是邪道，因為形象與聲音都是我們識境範圍裡邊的事，不是智境範圍裡邊的事，我們拿識境來衡量智境，所以是邪道，因此，不能見如來。如來是不能見不能聽的，他只是一個證智的境界。從這裡就曉得，其實釋迦牟尼在講二轉法輪的《金剛經》時，他已經有講關於如來藏的見地了，只不過沒有用如來藏的名相來講而已。不過是用空性來說，這就叫做「法異門」。法異門即是用不同的名言、不同的見地，來表達同一個意思。法身境界不可見，可是它存在。此外，如來法身一定有一個如來法身功德。所謂的功德，即是功能，功德等於功能，因為是佛的功能，我們就尊重一點，不把它叫做功能，而是叫做功德。這個如來法身功德是大悲，因為如來大悲，所以才有世間生起，這個大悲在甯瑪派叫做大樂，許多密續也有同樣的叫法，它們是同義詞。站在眾生來看佛，說佛有大悲，所以才有我們這個世間生起；可是眾生因為佛生起我們這個世間，所以我們就得到成立世間、成立生命的樂，這是一件事情的兩面。這個樂是大樂，為甚麼大？因為它周遍整個法界。

　　甯瑪派還有另外一個名相叫做「現分」，說的也是如來法身功德。即是說，大悲、大樂、現分三者是同義詞，是如來法身同一功德的三個不同名言。為甚麼要建立「現分」？為了修道，如果光講見地，理論就夠了，可是要修，就要建立一個修道所用的「道名言」。這個「現分」用通俗的解釋就是

生機。這是講如來法身這個境界，因為他有生機，靠這個生機，所以才有不同的世間、有不同的眾生生起。如果沒有這個生機呢？我們就生不起來。禪宗、華嚴宗其實也是這麼講的，他就說一條小草都是如來法身，那就是講都有如來法身功德，它才能生長出來。所以在法界，周遍地都看到如來法身功德、如來法身的生機，我們把它看成是佛的大悲，可是是自己的大樂，因此，就可以按生機這個含義來觀修。

甚麼叫如來藏？現在給如來藏第一個定義：如來法身與如來法身功德雙運。甚麼叫雙運？昨天我解釋了這個雙運：手掌與手背就是雙運，它們不異離（不能分開），也不同一，這就是雙運的定義。你不能說手掌與手背是同一，可是手掌與手背也不能分開。佛經裡很多時候說到不一不異，那就是講雙運了。

如果再回到我們剛才所講，如來法身就是佛內自證智境界，那麼如來法身功德就可以說是佛內自證智境界的功能，從這裡引申出如來藏第二個定義：因為有如來法身功德、有生機，所以生起世間。在佛經裡邊，世間分兩種：一個是有情世間，有情世間就是所有生命；第二個叫做器世間，器世間就是所有的事物。一切事物如石頭、土地等等。有情世間與器世間都是靠如來法身功德生起的，如果沒有生機，水都不流、石頭腐朽。這個桌子也是有生機的，所以它會變舊、它會壞，甚麼時候生機斷了，它就桌不成為桌了，所以一切東西都有生機，都有如來法身功德，正因為我們所有世間都是靠如來法身功德生起的，靠佛內自證智功能生起。我們剛才講的雙運，是如來法身功德與如來法身雙運，現在我們也可以說是如來法身與世間的識境雙運。通俗來講，如來法身

是一個境界，在境界上有功能，所以有各種世間生起，我把它譬喻：如來法身等於一個螢光幕，螢光幕有功能所以就有影像生起，這樣就是如來藏。所以如來藏可以有兩重意義：第一重是如來法身與如來法身功德雙運，譬喻為螢光幕與螢光幕功能雙運；第二重是佛內自證智境界（也即是如來法身）與由其功德生起的識境雙運，譬喻為螢光幕與螢光幕上的影像雙運。我們分兩步來理解如來藏，也分兩步來修證如來藏。

我們把剛才所講再說一次，不要怪我嘮叨：如來法身與如來法身功德雙運是第一步；如來法身是智境，這個智境與所生起的世間（識境）雙運，那是第二步來理解。我用如來法身的「智」與識境的「識」，給如來藏一個名相：「智識雙運界」。這名相令人更容易懂得如來藏。智識雙運界是靠如來藏的功德、如來法身功德生起成為世間，才有這個智識雙運。識境代表了如來法身功德，智境代表如來法身。到這裡大致上如來藏的定義講完了。

剛才講的是關於如來藏的基本定義，這是禪宗與密宗甯瑪派都同意的定義。禪宗是印度傳來的，絕對沒有問題；甯瑪派的教法也是印度傳來的，這也一點問題都沒有。其他的薩伽派、覺囊派、噶舉派都是印度後期的教法，這也沒有問題，可是格魯派是宗喀巴大士自己在西藏開創的，所以他就沒有按如來藏思想來發展他自己的教派。現在我介紹的是傳統的如來藏在佛教的定義，可這在當年是甯瑪派的「甚深秘密」，是不公開這麼講的，上上根器或者可以自己去看經，自己領會出來，像我這樣的根器，便只能靠上師口傳，我現在是公開講這「甚深秘密」了。

現在繼續講如來藏，就要講為甚麼我們要修如來藏的那

個智境？現在我把觀修的脈絡給大家講出來。上一課我們講了如來藏的「見」，這一課就講「修」了。這在佛學是很要緊的，因為釋迦牟尼講「有說有修有證」，那是在釋迦牟尼的正法時代。有說，有見地講，就有修了。有修就有證了。現在我們恐怕是「無說無修」了，當然也就「無證」了，這是末法時代的特徵。現在我就把「有說」也講，「有修」也講，就希望維持正法。這不是我自大，是因為我既然接受傳承，那就有解釋法門的任務，因此我講完「說」，還要大概地講修持的脈絡，講清楚之後，你們就大概明白如來藏到底是怎樣了。

　　佛有三轉法輪，初轉法輪是講小乘。聲聞乘證的果最高是羅漢；也有講緣覺乘的十二因緣。所以聲聞是四諦的法門，緣覺乘是十二因緣的法門。甯瑪派不是不管這個四諦、十二因緣小乘的教法，可是如果按定位，聲聞小乘教法完全是講識境，講世間的識境。四諦是「苦、集、滅、道」，「苦」是世間的苦，「集」是世間的苦之集，然後我們要「滅」這個苦，通過修道，這四個是為世間識境而建立的，完全圍繞著識境。緣覺的十二因緣講無明→（緣）行→（緣）識→（緣）名色……老死，那當然是講我們的一生了。我們是怎樣從老到死、從無到有到出生都包括在這十二因緣裡。這當然也是講識境了，我們就把它放在前行法裡面修。龍青巴有一本《心性休息導引》（我已經把它繙譯出來），裡面就有修苦等教法，所以不能說藏密不管小乘教法。

　　講到這裡，我要交待如來藏觀修的三個部分：前行、正行、後行。可是整個法可以是加行法，這是另外一個體例。甯瑪派以及所有秘密傳的法全部都是加行法，沒有正行，只

是加行法裡分為前行、正行、後行而已。正行法是甚麼呢？就是直指教授。不教你修法了，這和禪宗一樣──直指行人而不立教法。加行分四：外加行、內加行、密加行、密密加行。這四部加行，上師也配合見地來教，每部加行有不同的見地、有不同的修法（叫做道）、有不同的證量（叫做果），這樣是給你一個理論按此來修，然後得到這個層次的果，所以是「見、道、果」，也叫做「基、道、果」，有人把它翻譯成「根、道、果」。四部加行法大概來分，按螢光幕的例子來講，如來的法身等於電視的螢光幕，如來法身有功德就等於電視螢光幕有它的功能，因此，如來法身上面有識境顯現，我們叫做「識境自顯現」，特別要注意那個「自」字，自顯現的意思是沒有甚麼造它出來，所以沒有造物主，也沒有一個梵天給我們一個自性，讓我們生起。所以印度教、外教與佛教的區別就在於自顯現的「自」字上面。自顯現也不是隨便自顯現的，要「隨緣自顯現」，跟著緣起來自顯現，關於緣起那部分我會專題來講，現在暫且不提。可是你要知道，如來法身因為有如來法身功德，所以就在如來法身的境界上面有識境隨緣自顯現。這是佛經裡面的名相，知道自顯現是很重要的，不是識境顯現而是自顯現，而且這個自顯現還不是隨便的，是隨緣的自顯現。這裡面就有佛家很深的緣起道理。因此我們都是隨緣自顯現，我們這個世界是隨緣自顯現，不同時空的世界也是隨緣自顯現。關於不同時空的世界，當時釋迦牟尼沒有講，因為在二千多年前是沒人能理解的，所以他是用譬喻了。天台宗有一本很根本的經，叫做《金光明經》，比《法華經》還要根本。現在唯識宗的人說《金光明經》是偽經，那就等於把整個天台宗都否定了，講到這裡我們說句題外話。我不是對唯識宗有偏見，唐玄奘把

唯識宗傳過來也很偉大，可是到了民國初年有些學者我覺得
他們的路子大概走偏了，他們否定的東西實在太多了，很多
佛經他們都懷疑，都說是假的，那麼等於是一代一代不斷製
造假的佛經出來，這樣看佛教恐怕有偏頗，因為等於說佛家
有許多造假的學者，然而，所為何來呢？不理解這本經，或
者在這本經找到一些毛病（自己認為是毛病），就說是偽經，
態度是否慎重呢？恐怕有時是翻譯的問題，好像《楞伽經》
我重新根據梵文翻譯，我就覺得前人的翻譯有問題，我就把
前人翻譯的名相改了。我下面有校注，把原來的梵文引出
來，說古代哪一本翻譯是怎麼翻譯，哪一本又是怎麼翻譯，
如果按梵文的意思，我自己覺得應該如何翻譯，我解釋了為
甚麼我這樣翻譯，把翻譯的名相重定，我寫得清清楚楚。我
改動前人的翻譯是有我自己的根據的，我也把根據講出來，
你可以不同意，可是我沒有騙人，因為我把原文都寫出來
了，而且還提出我的意見。這樣處理佛經繙譯的時候就發
現，假如我們挑剔的話，又可以根據不好的舊譯，說這個經
是假的了，怎麼是這樣，這一句是外道，這一句是斷章取義
來理解某一本經，然後作偽，這樣根據漢文來挑剔，相信很
多經論都有問題。所以他們說《金光明經》是假的。其實不
是！整個《金光明經》是怎麼樣呢？敲大法鼓，應該出來的
是聲音吧？不是，出的是金光明，這就是我們昨天說的六根
圓通了，這裡有個表義，觀音菩薩在《楞嚴經》裡講六根圓
通也給一兩個說唯識的人否定了，說有問題了。那麼六根圓
通現在找出科學根據了。你看佛，按六根圓通的原理，說敲
大法鼓出的是金光明，在金光明裡顯現不同的世界，這就是
講不同的時空了。其中一個世界就是「散脂鬼神」。甚麼是散
脂呢？我們人是聚脂，如果脂肪散掉了，我們的身體就散掉

了，那就沒有我們的身體了。可是散脂鬼神的壇城裡，它的脂是散的，舉此為例，你們就知道在某一時空的生命是可以散脂的，剛好和我們聚脂相反。《金光明經》還講有許多壇城，如果光按文字來理解，把那些鬼神和壇城裡的眾生看成是三度空間、一度時間的生命，那就看不懂《金光明經》了。這裡邊講的，我們想都想不出來的，這些鬼神、生命、天人等等。如果我們用不同時空，用不同時間、不同空間，比如說四度空間、五度空間、N度空間以至N度空間來理解《金光明經》裡所講的生命形態，我們馬上就懂得《金光明經》所講的意思了。金光明是法界的光明，等於是法界的生機，這個生機用光明來表達，在這個法身功德裡生起不同的壇城，就是不同的生命形態，我們這樣去理解，《金光明經》就實在偉大了，幾千年前釋迦牟尼居然可以這麼講，等於我們講愛因斯坦的相對論、講量子力學的世界，這還不偉大？！當然他不能用科學的語言來講，可他講的就等於是愛因斯坦的相對論和量子力學的世界，還有現在研究的全息科學，我們就覺得釋迦牟尼實在是遍一切智。用幾千年前的語言和譬喻，來講幾千年後科學研究出來的東西，還不是牛頓力學這麼簡單，超越了我們這個時空來看這個世界。為甚麼這樣呢？這在佛家的修持裡面是很重要的。

現在回到我們的主題 —— 修持的脈絡上，如果用我們的傳承，用我們的道名言來講，禪宗的道名言與我們不同。現在就按甯瑪派的名言來講。其實我們是修「三個自解脫」，強調「自」，等於禪宗裡一人問法師：「如何解脫？」法師說：「誰縛汝？」沒人綁你，就沒人能解你，是你自己綁自己，所以只能自解脫。我們這個是和禪宗完全相同的。這裡舉個禪宗的公案，一個老禪師愛耕田，另一個走過來問：「我現

在沒有這個我了，可是為甚麼我還是不覺得解脫？」耕田的禪師指著他就說：「我就在這裡！」沒有這個「我」，就給回一個「我」給你。「我就在這裡」的意思是甚麼？「我」就是如來法身。你沒有識境中小的自我，可是如來法身還在你的身上。那就是還有如來藏我、還有佛性，這個是大我。整個如來法身顯現無限個世界，有無限的世界在法身的境界上顯現出來，憑功能／如來的功德顯現出來。你現在覺得沒有自我、無我了，還不解脫，你覺得無我是沒有識境中的我、把識境中的我否定掉了，你覺得惘然，那怎麼樣呢？那好，你就住在如來法身吧！脫離識境，你就要住在智境！其實還不是，你還要住在智境與識境雙運的境界裡。我講這個禪宗公案，如果按小乘證這個無我，還不是究竟的，還要證如來法身功德與如來法身，那才究竟，那時候證的可以說是一個大我，整個法界周遍都是我。好了，當成立這個我的時候，如果我們覺得我們這個世間與別的世間不同，相比之下我們的世間好一些，那麼就不平等了。不平等就不能成立一個大我，每個人、每個世間都平等了，我們融合起來才是一個大我，其實世間法也是一樣的。一個家庭真的成為一個大我，裡面一定要平等、要融洽、一定要融合，如果你跟我鬥、我跟你爭，一個家庭儘管大，但就不是大我了，而是很多小我組成一個家庭而已，所以平等性是非常重要的。

　　佛是怎麼證悟的呢？禪宗是怎麼證悟的呢？按我們的道名言講，他首先要「心性自解脫」，這就等於說我們的心不要給名言、概念所綁。我們不能解脫，是因為我們自己用名言、句義來綁自己，因此我們這個世間有很多煩惱，如三毒（貪、瞋、癡）等等。為甚麼會綁，因為我們覺得這樣就是我了——我思故我在。西方哲學的我，就是小我了，是心性

的我。說不客氣的話，在座各位都是給心性綁住了，當然在我們的人生中會感覺到很多不平，用世間的倫理評價，我們覺得有很多不公平。為甚麼這個社會這麼不公平呢？因此就很嚮往一些概念，好像美國講人權、自由、民主這樣就很好了。可生活在美國、加拿大的人，又有他們另外的感受，和你們大陸人的想像完全不同。我在美國、加拿大都住過，舉一個電費的例，1993年我到加拿大時很便宜，每個月不感到有壓力，可現在我感到壓力了。電燈都要隨手關掉，不敢浪費了，因為電費從我到加拿大已經提高三倍了。為甚麼呢？是因為國家把電廠賣給了私人；一條公路，收費四年加價加了七次；還有種種官商勾結的情況非常嚴重。舉個例，加拿大醫院要把所有病人的檔案存入電腦，可以上傳到衛生廳，這樣不管你看哪個醫生，都可以把你的病歷找出來，就方便了醫院，就不要從家庭醫生那裡找你的病歷了，一按電腦就可以調出來。可是花了三十二億加幣，最後宣布這個電腦網絡系統還是弄不成。這麼簡單的東西，如果按懂電腦的人的說法，我一個弟子是高級電腦工程師，他說，給我三億加幣做這個網絡系統，我就發財了，我保證把它做出來。可是政府花了三十二億，最後宣布放棄，說做不成。三十二億加幣，二百多億人民幣啊！所以我們做小市民的人面對這些，也只能說命該如此，可按如來藏思想來看，我們就應該知道，這是相礙緣起。在最後一講，我準備多花一些時間給你們講相礙緣起。相礙緣起的「礙」是條件、局限，也就是說，我們受騙是因為給他們條件的限制太少。我們覺得國外投票選舉的制度很民主，可現在加拿大當政的政府，在競選時對民眾承諾不加稅，以致連我自己都把票投給他，可現在我平均每個月交的房地產稅有一千多加幣，等於一萬多人民

幣,這就是當初競選時承諾不加稅的政府。說實在話,我喜歡住在大陸,壓力也輕多了。你們常說官商勾結,在國外只是化過妝的官商勾結;你們說一黨專政不好,加拿大有四個黨,我也找不出一個好的黨。從相礙緣起講,他們的相礙、他們適應的條件,我們沒辦法估計,因此,他們反而變成我們生存條件的局限了,我們的日子越來越難過。所以我也思考過,為甚麼全世界都是這樣呢?問題不在制度。競選時的承諾、定了多少制度來限制權力,當政者都有辦法合法推翻。因此,根本的改變不是制度,而是人心。如果能改變當官的人的心理、大企業家的心理,那才能改變整個相礙緣起的結構,用誠意來做人、做官、經商,那老百姓的生活就舒服得多了。

按相礙緣起來分析,中國的問題是整個中國文化傳統的失落;在國外是資本主義發展到了極端,他們拿自由、民主、人權作為口號,其實是謀私利。因此我覺得佛教在這方面要有個教育的任務了。我們老輩人是相信因果的,因此,我們都不敢做壞事,都尊重因果,尊重生命。可現在的人不相信因果,還把佛教思想看成迷信,整個中國文化傳統的失落就弄成整個社會不安,這是大事。如果每人心裡都覺得不平,那心性就被綁住,一直綁、綁、綁,綁到歪路上去。香港出現「憤怒青年」,他們喊的口號是解放香港,為甚麼走到這個歪路上了呢?就是不懂得怎樣看心性自顯現的問題。如果大家都了解到現在社會的問題不是在於制度、個別官員,而是人心、道德,那麼即使我們現在不能一下子讓所有的人都相信因果、人心向善,可是我們可以從自己做起,從影響周邊的人做起,慢慢就會形成影響力,我們不是無能為力。到了大家都怕因果的時候,社會就大為改觀了。只要人

心好了，可以不要立法，光立法是沒用的。

　　現在我講「心性自解脫」。我們一直被心性綁住，心性好了做好人，心性差了做惡人，可是這些好惡都是綁。我們心性要解脫，怎樣解脫？我們要知道心性就是法性，這句話在《心經》裡面就是「色即是空」。我們心性是識境，識境就是「色」，法性就是如來法身，所以是「空」。知道了「心性就是法性」還不行，還要修，得到現證，我們的心性就解脫了，禪宗叫做「見性」。見性不是見到心性，而是證到了心性真實的一面，它的真實就是法性。看識境，識境的基還是螢光幕，看螢光幕的影像，螢光幕的影像是甚麼性？就是螢光幕性。你看鏡裡面有個影子，這個影子是甚麼性？它就是鏡的性，就是基的性。也就是說，既然我們的基是如來法身，因此，我們也是拿如來法身的法性作我們的心性。所以第一個心性自解脫，我們就住在法性裡面。

　　第二步，是「法性自解脫」。住在法性為甚麼不對？為甚麼還要綁？智，還綁在螢光幕上面！剛才講你知道了，住在螢光幕裡的人知道了自己還住在螢光幕，可心有所住，就住在法性裡面了。那時法性就變成你的句義，變成你的概念，禪宗說這個就是「重關」。住在法性不好嗎？有所住就有句義，落在一個句義裡面，就沒得到自解脫，還是被綁住。為了離句義、離分別，我們還要法性自解脫。法性自解脫是八地菩薩之前要做的。

　　法性自解脫之後，八地菩薩到十地菩薩就要修「平等性自解脫」了。從法性解脫出來，有甚麼可住？他就住在平等性，不是無所住，佛才無所住。住在世間一切平等這個句義／概念裡面。住在不同時空的世界、周遍法界都平等，住

在這個境界有甚麼不好？不好！還是句義。凡有句義、有概念，都是相對法（說平等就有不平等和它相對了），住在相對法就不能成佛。因此要「平等性自解脫」，然後成佛。「平等性自解脫」是「金剛喻定」的要點，「金剛喻定」要證的就是「平等性自解脫」。

修止觀，不是一個定，而是一系列的定，一系列的「夢幻定」、一系列的「首楞嚴定」，然後到「金剛喻定」。按通俗的講法，住在螢光幕裡面的人，心想離開螢光幕去認識這個世界，他要通過兩個步驟，第一：首先認識螢光幕的功能。等於我們住在這個世界，是住在如來法身上面的一個識境。我們怎麼來認識如來法身呢？首先認識如來法身的功德，就是首先來認識這個法界的生機，再現證這個生機。第二：從螢光幕的功能（如來法身功德）去認識螢光幕，等於通過如來法身功德去認識如來法身。這樣等於我們把所有的名言、概念都去掉了，把所有的分別都去掉了。有人問，我們為甚麼要證那個智境？因為不證那個智境我們就要輪迴。證了之後才能解脫。怎樣認識呢？先從功能來認識，然後再證螢光幕。所以心性自解脫到法性，住在法性是認識功能的過程，就是認識如來法身功德了。當你認識如來法身功德，你就心性自解脫了。心性自解脫的同時，你就住在法性裡。住在法性裡，是六地菩薩。然後法性自解脫，就開始認識螢光幕。到八地菩薩，就真的現證見到螢光幕、如來法身了，那時候就自然住在平等性裡面。最後平等性自解脫，就是說我們在螢光幕裡現證，一切螢光幕的影像是平等的，可這個平等的概念我們也不要執著。不住在這個平等的概念裡，就自然感覺到平等了。舉個例，一家人如果真是融合的，就不會有一個概念，我跟誰是平等的；如果是好朋友，就不會說

「老張，我沒有和你過不去啊！」說這話的時候，其實已經有過不去了。如果根本沒有，就不用說這句話了。所以平等性自解脫，是最美妙的自解脫。

今天我大概地把如來藏的見地與觀修講了。下次我就把「隨緣自顯現」的「緣」分四重緣起來講。最後一課歸結到相礙緣起來看我們這個人生。

對了，我上次答應告訴你們「六根門頭」的位置，如圖所示。

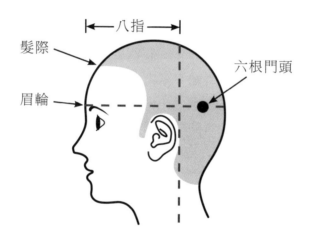

當你感覺到煩惱時，就想六根門頭這個位置放光（甚麼顏色隨你的根器，想到是如來法身功德給我們的光），然後整個事情會改變的。比如你跟我辯論，你總是反對我，好了，我不和你爭，就坐下來，還看著你，想著我的六根門頭放光，用六根門頭來聽你講話，然後有一個意念，怎麼回答你，這樣一、兩分鐘，問題就會比較容易解決。如果你覺得事情很嚴重，不能對著他當面修，你可以到旁邊方便的地方修兩、三分鐘再出來。你要知道感恩，這是如來法身功德加

持的。

　　如果你生活上發生甚麼困難，有甚麼重要的事情發生，你就這樣用六根門頭的方法來祈禱，也有不可思議的效力，可一定要：第一、感佛的恩；第二、懺悔；第三、發願。你們平常用六根門頭來修，放光、然後懺悔、發願，臨死六根門頭就發揮功能了。真是不可思議的，特別是到人生關鍵時刻的抉擇，你就會得到正確的決定了。我平常這樣修，對我人生的幫助很大。而且這原本是一個很秘密的法門，現在我把它公開了，我是要承擔責任的。

　　希望你們找到六根門頭的位置，想到那裡是一點，像芝麻大小，其實應該像芥子，放光。放光時甚麼都不做，就是感佛的恩、懺悔、發願，平常靜下來就是這樣修。有事時就利用六根門頭放光去應付、去思維、去抉擇，對你們一生一定有好處。如果你真的感覺到這個教法對你們有好處，你就回報佛教吧！

第三講：如來藏思維 —— 四重緣起與人生決定

　　前講所説，用修六根門頭來決定你思考的問題，可以説一定是正確的，這樣跳出來的念頭也可以説是禪宗所講的第一念。我們日常生活不是，加上了世俗的名言、概念在裡邊，一個一個念頭翻來覆去在你腦海中打轉，你就把握不住重點，我們就思慮過度了。孔子説「三思而後行，再思可矣」，説明孔子也不讚成念頭打滾無盡，所以第一念就已經夠了。平常人不止三思，四思、五思以後就令事情太複雜了，反而解決不好。對人生的大事，想要多了解不是不好，但了解很多之後，恐怕還是難以決定，這就叫做「以心轉境」。這時最好用六根門頭來決定。我一生很多重大的、關鍵的事，也是靠六根門頭。

　　前面講過，我在三十幾歲的時候，一邊做生意一邊學佛，生意是代理澳洲的黃金買賣，那時黃金市場大漲大落，一個決定可以發財，一個決定也可以虧很多的錢，所以做金商特別是國際金商，在倫敦、在瑞士銀行，流水都上億的，因為是二十四小時（香港、倫敦、瑞士加上澳洲剛好是二十四小時）不停的，那怎麼睡覺呢？幹這行很多人十年八年身體就垮了，而我是等各方面的情報資訊匯集來，根本不去分析那些資訊，是把所有的資料都放在心裡面，然後我修六根門頭，坐五分鐘後，我就打電話通知是買或者賣。在黃金生意方面我不敢説很大的成功，可是我可以説，我從1980年就退休了（退休的意思就是我完全把精力放在佛學與翻譯著作上，1980年我出的是通俗的佛學書，在台灣出了一系列叫《談錫永作品系列》，都是通俗的佛學，那時候其實也寫得蠻多的），之後我沒有賺錢，就是靠做黃金生意那十年，憑

六根門頭賺的錢，讓我到現在還有飯吃，我在加拿大的房子還蠻大的，有一個大的花園，我的書房差不多有100平方米，所以生活得很舒服，這都是靠六根門頭賺的錢。現在大家都曉得我不跟別人要錢的，我弟子的錢都不要，我不接受人家供養，大家只是拿些普洱茶、鐵觀音來給我，我就當成是很好的供養。

　　我只希望跟你們結緣，據我的了解，你們學生在中國大陸唸書的壓力，恐怕比在國外唸書的壓力還要大，北京人民大學的學生我也給他們很大的壓力，可是他們都應付過來了，這就和我教他們用如來藏的思想來思維，也包括一些呼吸、用六根門頭等等，這些都有直接關係。數一數他們的課程你們就曉得他們的壓力：他們要學古漢語、要學英文以外的一門外語、要學西藏文、古藏文、梵語，還要學西域的一門文字。所以你們壓力大是沒有問題的，我現在這麼講只是鼓勵你們，多修六根門頭，而且有機緣的話，第四課我教你們很簡單的呼吸方法，把呼吸的方法與六根門頭配合起來，即使你們壓力再大也可以減輕，對你們更好地學習與將來的工作都有點用處的。

　　現在我們就講如來藏的主題。我已經把如來藏的定義告訴過你們了，因為有不少人新參加來聽講，所以現在很簡單地再複習一下。如來藏的基是甚麼？是佛的內自證智境界，佛成佛時自己證到的智。這個智其實可以説是心理狀態，因為是佛所以我們就不能説是佛的心理，這樣説，佛就像凡夫一樣了，所以我們説佛的智。這個心理狀態是個境界，我們就把它叫做智境，智境我們是説不出來的，只有佛覺到。就像我們吃糖，糖的味道説不出來；我們聞到花的香也説不出

來，只能用名言來表達它：這個是桂花香，那個是玫瑰香。那麼大家有個共識了，這個味道叫做桂花，這個味道叫做玫瑰。這些桂花香、玫瑰香我們就叫做名言，就等於建立了一個概念，這個概念在佛經裡邊叫句義，有個名言因此有個句義，我們是這麼生活的，所以我們說得出來，可是這些名言與概念用在佛的智境裡邊完全沒用，沒法把智境形容出來，因此智境是不可見、不可思議的。幸虧智境上還有一個功能──如來法身的功能，但這個功能我們叫如來法身功德，不叫做功能叫做功德，因此佛的內自證智境我們就叫如做來法身。如來法身與他所具有的功德雙運。雙運是不相離、不離開，可是兩個不相同，又不相同又不相離，就叫雙運，就是如來法身與如來法身功德雙運。這個功能是甚麼呢？我們說是生機。如來法身就是法界，法界無限無邊，可是無限無邊的境界裡邊就有一個生機，各種世間就靠這個生機生起。這個世間分有情世間與器世間，有情就是生命，器世間就是實物（如山河大地等等），那就構成各種不同的世間，包括各種不同的時空。我們是三度空間、一度時間，還有其他不同的空間與時間都包括進來，都是靠同一的生機生起。生機是同一的，都是如來法身的功能。如來法身與這些世間雙運。我們把這些世間叫做識境、如來法身叫做智境，那麼智識兩個境雙運，我們就叫做智識雙運界。一切世間都在智識雙運界裡，就是如來藏。

我剛才所講的範圍很大，一個一個世間，其實我們每一個人都是一個法界，每一個人都有如來法身，因此，我們可以把自己當成是（也根本實在是）如來法身與如來法身功德雙運的一個個體，我們的身體就是智識雙運界。現在科學上

剛研究出來一個全息理論，全息世界是怎麼樣我前面也講過了，我怕有些人以前沒有聽，現在再大概地講一下全息的攝影。比如拍攝一個水壺，這個照片拍出來，我們把它分割，一定有空白的畫面；也有水壺佔比例多的畫面，可是按全息攝影就不是，分割後的每一個畫面都顯示出完完整整的一個水壺。這令我們感覺到這個物質的世間不可思議了，因為如果按我們自己識境的境界觀察，是應該分開一塊一塊的，可是假如打破我們的識境，用全息來觀察，我們的每一塊都是一個整體，那就是佛所說的一個芥子都含有三千大千世界，所以我們自己的心識包含著整個法界，也包含著法界的功德，所以如來藏（如來法身與如來法身功德）就在我們心中。可是我們習慣於識境的生活，落在名言與概念，因此就不能全息攝影，只能拿著名言與概念來攝影。因此，我們這個鏡頭就成一部分、一部分，如果打破我們的概念，我們就曉得所有信息都是全面的，那就超越了我們識境的思維。因此，如來藏思想可以超越我們識境的思維。當你超越識境思維得到全息的時候，你的一心就是法界的；法界每一點都有你的一心在裡邊，你的心周遍法界。

再講一次，你的一心包括整個法界，法界無限無邊都在你一心之中，那是全息。全息也可以從另一方面看，整個法界中每一個、一點、一塊、一份都有你的一心，所以你的一心周遍法界。這樣的時候你就感覺到根本就沒有一個所謂自我。甚麼叫自我？落在名言、概念裡強烈地感到有個自我，可是當你曉得你的一心已經周遍法界，整個法界其實就是一個大自我，所以通過如來藏也就很容易修佛家的「無」。

漢傳佛教的禪宗與藏傳佛教的甯瑪派都是修如來藏的，

修持是很重要的。怎樣修呢？禪宗有禪宗的方法，我現在介紹甯瑪派的方法。甯瑪派是按四重緣起來修，就是我要講的主題了。四重緣起，按甯瑪派的道名言，第一個業因緣起、第二個相依緣起、第三個相對緣起、第四個相礙緣起。對我們來說最要緊的是相礙緣起。相礙緣起是十地菩薩每一地每一地都要修，這一地的相礙超越了，進到二地，二地的相礙也超越，進到三地一直到十地，到佛就離緣起了。佛是離所有緣起，所以菩薩跟佛的分別是菩薩落於緣起，佛是完全離緣起。菩薩不是落在前面三個緣起，而是落在第四個相礙緣起。因此，我們在修持上，相礙緣起是特別重要的理論。這個四重緣起與華嚴宗之所傳有點相似，不完全相同。為甚麼呢？華嚴宗所傳的四種緣起是平排的，他們沒有把它看成是修行的次第，他們不要先修一重再修第二重，他們是拿最高的緣起做見地來修，這個我們暫時不介紹。我們甯瑪派四重緣起是一個次第，觀修是一個過程的。我們首先要建立一個見地，即建立一個「抉擇見」，拿這個抉擇見來觀修，在觀修的時候得到一個決定，那個決定的就是決定見，決定見比抉擇見的層次要高。要不然這個觀修便沒有用了。從低的見地開始觀修，然後得到否定這個見地的高層次的見地，這就是觀修的功能。如果再修下去這個決定見就變成下一次第觀修的抉擇見，然後得到一個更高層次的決定見。每一個決定不光是見地，它還是一個境界，心理的狀態，這個境界我們就叫做現證，因此抉擇 → 觀修 → 決定 → 現證，每個次第都是這樣。

　　大家不要以為我這麼講對你們沒用，其實你們生活應該是這樣的：我現在唸書想唸哪個課程，唸理科的話，是唸化學還是物理，當你抉擇以後，你要觀修，就是學習，然後你

在這門功課裡邊得到知識，這些知識就是你的決定，你就有一個決定的境界，你的層次就提高了。我是唸化學的，初中唸的化學的決定見肯定跟高中不同、跟大學不同，那時候我在化學科學這方面的決定見一直是提高了，可是是拿初中的基礎來作高中的抉擇觀修、高中的基礎做大學的抉擇觀修，大學一、二年級基礎的作三、四年級的抉擇觀修，大學的學士決定變成博士的抉擇，都是按這條路來發展的。其實整個人生都是這樣，不光唸書，不唸書的人，也都是一步一步的抉擇，再由抉擇而決定，再而現證，倘若一切成功，那就叫事業有成。這過程，也等於是一步一步的自我否定，所以說人是沒有定性的，一個農村的小孩可以變成大學者。決定就是否定了前面一段，如果你不是不斷地否定自己，現在就還是一個小孩子。你否定了小學，唸初中；否定初中，才可以唸高中；否定高中，才可以唸大學、唸博士；唸完博士你還要否定自己才能深入地研究，要不否定的話，你永遠是初始狀態，所以我們要不斷地否定，人生就是這樣。有人說我所講的就是辨證法，我覺得，不如說如來藏教法與辨證法相應。人生如果不懂如來藏思想，便容易犯錯，那要怎樣抉擇 → 觀修 → 決定 → 現證呢？我先從大綱來講：首先我們拿著業因緣起，住在業因緣起，因此一切法都是業因有；然後否定業因，就住在相依有，那些事物是相依而有；否定相依有，事物變成相對有；再否定相對有，我們就住在相礙緣起，事物就變成相礙有，那就是十地菩薩的境界。超越十地菩薩，是佛，就離一切緣起，所有緣起都否定掉了。這其中最要緊是相礙緣起，它裡邊有四重相礙，叫外、內、密、密密。所以整個修法過程是第一超越業因、第二超越相依、第三超越相對、第四個住在相礙裡邊修外、內、密、密密四部

相礙，然後離礙。整個如來藏就是這麼修。

　　這裡暫停十分鐘，你們有甚麼問題可以問。現在講到修持了，如果對如來藏的概念、基本見地、四重緣起等等這些有疑問，我再講下去，你們很難明白，問題重重。這些都跟你們人生有關的，我希望你們把整個概念弄清楚。

✳　✳　✳　✳　✳

　　問：藏密博大精深，我想請教您這個龐大的體系，您有多少時間在這裡跟我們分享下去？

　　答：我自己從見地到修持到現證，是從1974-1984年花了十年的時間，而且在這以前我修密宗也修了十多年，在修密宗以前，我接觸經教也十多年，算起來整個四十多年，所以我不可能在幾個課程中把四十多年的東西都掏出來給你，只能講如來藏的見地與一些修持的原則。當你了解後，再看看我的書，你就可能改變思維、改變人生的態度。我不是誇自己，我第一系列的書（台灣出版的《談錫永作品系列》），在香港的監獄裡邊是很多人看的。有一個被判無期徒刑的罪犯，他居然在監獄裡開課講如來藏的思想。他寫過信給我，要求把我的錄音帶送到監獄裡給他聽，監獄也特別批准，我就把一系列的錄音帶都送到監獄裡面。他後來寫了一封長信給我（那時我在夏威夷），說他有希望出獄，出獄以後他還是要按如來藏的思想生活，可是他怕給我添麻煩，他不來見我，只在信裡說，很感謝我改變了他的一生。他還說他手下的一些兄弟都有改變，不止這樣，還影響到其他的人都有改變，這些人叫他做代表來感謝我。現在這個事情曉得的人也不多了，大概是二十世紀八十年代的事，到了1990年左右他

就出獄了。其實我把如來藏基本原則告訴他，教他怎樣思
考、怎樣生活、怎樣呼吸、怎樣觀六根門頭，還怎樣做一些
很簡單的觀想。我叫他拿著三個原則：第一個是感佛的恩；
第二個是懺悔；第三個發願。我教他拿這樣來修效果還不
錯。後來他出獄以後，監獄裡就沒人發心講如來藏了，香港
政府來問我，願不願意到監獄裡跟犯人講，可是那時我已經
在加拿大了，不能再到香港的監獄講了。說了這些，我覺得
我只能把最要緊的原則告訴你，教你們普通的修法，我不能
把整個體系、怎麼觀修都告訴你，可是我給你們一兩種實用
的方法。六根門頭這是個實用的方法，六根門頭不是傳法，
也不是宗教的迷信活動，是人生修持上一個動作。如果你們
真的練到不要想就知道六根門頭在哪裡（就像問你的鼻子在
哪裡？你不用再量度半天、想半天才知道），你就可以修六
根門頭了，真的把六根門頭修好，你也等於給修如來藏打下
了很好的基礎。

　　問：我之前看過談老師的書，談老師在講到如來藏思想
的時候，如來藏內自證智境用本體來講是不是更合佛法？我
自己也有點疑惑，內自證智境會不會偏於主觀？在如來的內
自證智境，是否主客雙運的，主觀客觀也就是說不存在的，
在佛內自證智境裡面，我們這個情器世間是如何存在的？或
者兩個關係是怎麼樣的？還有，如來的內自證智境跟我們凡
夫私心是甚麼關係？

　　答：這個關係到一些基本觀念，佛家任何人如果建立一
個本體一定錯！因為有本體，這個本體就會變成我，任何本
體都會變成我，我並不是自己的意思，是成立一個實在的物

質世界，那跟佛所講的無我剛好衝突了。批評如來藏的人理解錯了，他們以為我們把如來藏講成是有本體的，所以在我的書裡邊就強調禪宗沒有建立本體，甯瑪派也沒有建立本體，只是建立一個境界，這個境界是佛的智境。境界不能說是本體，境界是不能說「有」與「無」的，不能說「空」與「有」的，一個境界絕對與本體物質世界完全不相幹，沒有人會說自己的心理狀態是物質的世界，所以否定本體等於承認「無我」，在「無我」這個基本概念上來講如來藏是最要緊的事。

第二你講內自證智境偏於主觀，那你就錯了。在這個智境裡不是二元對立的，它否定二元對立。剛才我講了相對緣起，在相對緣起的世界裡邊是二元對立，唯心、唯物，主觀、客觀。可智境是絕對的，與相對相反，絕對不能說主觀、客觀對立。

你第三個問題，我們在智境識境雙運的境界裡到底凡夫是怎樣生活的？我們一定還是在識境裡面生活，如果說在不可見、不可思議的世界裡生活，那你就不是凡夫。凡是凡夫一定受識境的支配，不能脫離識境的緣起。剛才我說一重一重的否定，只是在否定它成為有，所以我剛才講否定相依有、相對有，那是否定甚麼呢？否定因為相依所以物質世界實在、因為相對所以物質世界實在，是否定物質世界的實在，並不是否定相對、也不是否定相依這兩種狀態（相依和相對是狀態），因此我們一定在識境裡生活，也就是說在相對的世界生活，所以你剛才講主、客觀、二元等等，是識境裡面的東西。

如果你真要成佛，學佛最難的事是要完全脫離緣起，就

是脫離物質世界的種種名言與概念。為甚麼說名言與概念這麼重要，要把它徹底否定呢？我們的相對是從概念上來建立的，建立了一個「美」，自然一個「醜」跟它相對的；建立了一個「善」，就有「惡」跟它相對。這在我們這個社會、識境上是絕對真實的，我們一定要服從它的法則來生活。就等於我舉的例，螢光幕上面有各種影像的世界，住在這個世界生活的人，只能按照這個世界的規律來生活，所以每一個螢光幕世界對螢光幕的人來講是真實的，他們的識境是真實的，我們要按照他們的倫理法則來生活，不能違背。可是住在螢光幕的人如果要想提高自己的心識狀態，不想長住在識境裡邊（因為長住在識境裡邊就不斷地輪迴），要提高自己的層次，那麼，心就要逐步地離開螢光幕來看螢光幕（不是永遠住在螢光幕來生活，這心也就永遠住在螢光幕裡，如果是這樣的話，你的思維、你的智慧還是螢光幕裡邊人共有的，頂多你比他聰明點、他笨一點，其實都是一樣的，聰明與笨的人都相差無幾，都是螢光幕的人思考自己螢光幕的世界），如果你的心能夠離開螢光幕來看螢光幕，就看得全面而且清楚了，因此我們才要了解智識雙運，就是說住在螢光幕的人，要了解自己原來只是住在螢光幕裡邊，就開始了解自己給綁在螢光幕裡，連心都綁住了。了解智識雙運，就知道雖然你的身體被螢光幕綁住，你的影像被螢光幕綁住，可是心提高了，認識到原來我是住在螢光幕（原來我是住在法界），原來我是住在佛的內自證智境界裡邊，這樣，整個心理層次就得到提高。你們看禪宗的公案，學佛有成就的人，你就覺得他的心比一般人高，所以他們自在，反過來就覺得我們自己非常不自在：你可以發財，發財也不自在；你可以升官，升官自在嗎？受的限制還少嘛？因此，我們在識境裡邊做人，

心是永遠不安的，在這個不安的狀態下，覺得自己成功，只是相對一些不成功的人，你感覺到自豪而已，跟佛的心理來比，我們的層次相差得太遠了，所以追求怎麼證佛的智，才是我們最終的目的。

當然我們不敢說這一生學禪宗、學密宗，我就可以成佛了！成佛是很漫長的過程，要一生一生的提高、一生一生的現證，直到成佛為止，在這個過程裡，首先要有一個很明確的見地：我們住的、認識的只是識境，我們所有思維與行動是受識境局限的，這些識境就是概念、句義、名言，我們是給它們綁著來生活、思維的。我們住在心物二元的世界，相對的世界，想追求證一個絕對的世界。在絕對裡邊就沒有主觀、客觀的分別，所以智識雙運界是甚麼呢？就是螢光幕與螢光幕的功能雙運，也可以譬喻作螢光幕與螢光幕上面的影像（畫面）雙運，現在我講你們聽，並不等於你們已經住在智識雙運界，還要修、要現證，真的現證到我是住在智識雙運的境界裡邊，那麼你就曉得有個我追求的世界。釋迦牟尼也曾像凡夫一樣生活過，可是他成佛以後，就跟做王子時的心理狀態完全不同了：當王子完全是生長在一個識境裡邊，成佛以後在智識雙運的層面裡邊，就是說他按識境來生活，可是他曉得智境才是我的基，這整個智境其實是通過識境顯現出來的。我們不離智境，雙運就是不離，所以你們也不離智境，可是你用名言與概念把自己蓋住了，因此，智境雖然與你共存，好像螢光幕與螢光幕的影像共存，可是你不曉得我們其實是住於智境，這才是我們最大的無明，因為這個無明我們就不斷地輪迴，所以就心與物相對，用二元這樣的思維覺得沒有矛盾。

　　你最後一個問題，如來的內自證智境跟我們凡夫私心是甚麼關係？我們在觀修中分幾個過程來心理改造（按佛來講，是分五個步驟）：第一個資糧道。資糧道就是學佛的見地，現在我們講見地為主，就是要你們了解佛法；第二加行道。加行道就是你能夠開始按見地來修了；第三個見道。見道是初地菩薩，就是說他已經開始見到如來藏——住在螢光幕世界裡的人見到螢光幕了（我們見到法界了）；第四修道。修道是二地菩薩到十地菩薩修的，分九個次第，一步一步離開相礙（他們是住在相礙緣起裡邊裡生活），雖然同住在螢光幕，可是他們心理提高得很多了。我們不曉得我們是受甚麼相礙，可是十地菩薩分九個層次，每一地能見到不同的相礙，從相礙緣起離開，最後就進入佛地，叫做無學道。無學道有兩個位：一個因位、一個果位。無學道這兩個是位，不是次第，不是道，因位是成佛的因，所以這個也叫無間道，無間道就是說無間隔而成佛，在因位上證金剛喻定，他就無間成佛了；第二個果位就是已經成佛，得到佛的果了，我們也可以說得到如來藏果了，如來藏果就是他證到了智識雙運界。

　　現在就講講他怎麼證？佛所證的叫做「自然智」，也叫做「根本智」，為甚麼叫做「自然智」？因為這個智是沒人能給下定義，我們講不出來、不能形容它，因為我們用識境的語言來形容它，怎麼形容都是錯的，智境的境界講不出來、沒法表達，所以我們就講這是本來如此的智，叫做「自然智」。證自然智的同時，他就得一個「後得智」。「後得智」是識境的智，這是佛用「後得智」來認識「識境」。釋迦牟尼成佛以後，他因無間成佛的同時，就有「後得智」，有

「後得智」就看到我們這個世間、看到我們生存的這個識境了。也就是說螢光幕的人成佛，他就能同時用跟我們不同的觀點來看螢光幕裡邊的世界，用不同的觀點來看我們這個世界。你看見他好像跟我們一樣平平凡凡地生活，其實他生活的層面已經是跳離螢光幕來看螢光幕了，所以他表現出來的生活舉止跟凡夫大概一樣，他也變老，可是他心裡的狀態比我們高很多了，因為他跳離這個螢光幕來看螢光幕，所以他回答問題時，就表現出他的智慧出來。

佛有沒有私心呢？你可以說這是「後得智」的境界。你如果把層次壓低，當成是識境的心理狀態，你就可以說是他的私心，他自己本人的心，可是這個心並不應該用「私心」來形容，這樣好像有點不相應。為甚麼？因為佛所想到的東西一定不像我們私心所想到的東西一樣，對同一事件，他的反應恐怕也比我們高尚很多，所以在生活層面有時候我們看到他的智慧表現出來，可是如果沒有碰到特殊的情況，我們就感覺不到他的大智。

我的老師是敦珠寧波車，在美國、日本，在法國或者德國，都承認他是大學者，可是我接觸他二十多年，我曉得那時候他到香港，尊重他的人其實並不多，誹謗他的人卻有。他曾經要我帶他到香港最複雜的下流社會的街道上走，我就把他帶到「廟街」（現在一講到「廟街」，香港的人還是「哇」一聲，因為裡面複雜得很，甚麼人都有，許多下流社會的人都在那邊），從街尾不坐車步行，我曉得他是在修加持，一定有作用，他才會叫我帶他到那裡去，他看見賣東西的，也拿東西來看一看，看完以後還要買，不是他要買，是賣的人要我們買，除非我跟商販爭吵，當然還是買了算了，所以看

甚麼東西就買甚麼東西。有些東西的確不適合出家人買，可是看了就被商販要求買。中國大陸好像也有這種商販吧？我帶著法王還能和小販商吵架嗎？之後，傳言就很多了，這哪還是個法王？買這些東西，要到廟街去逛街、逛夜市。那時我也受很大的誹謗，帶法王去這些地方還不是有罪？可是我曉得他一定是修加持法，他沒有念咒，就是像普通人那麼走，可是應該也有加持力。現在的廟街跟我當年去的廟街已經是兩回事了，現在雖然下流社會的人還在那裡活動，可是有他們活動的規律了，跟那時候不同了，上世紀七十年代的廟街跟現在的廟街完全是面目全非，最近回香港我也有去逛過，再去看過。法王是大修行人才敢這樣做，如果不是大修行人，就不敢像平常人那樣，去逛一條這麼複雜的街道了。還有他住的酒店，有個夜總會，香港的夜總會都是有女人陪跳舞的，法王當然不適合到那裡去。有一天我們吃過飯，走樓梯下來回他的房間去，他聽見音樂就想進去看看。他要去，我們當然也跟著去，他去了坐下來一看，就問我們不是演戲，怎麼都是兩個人跳？我說這裡跳舞都是兩個人跳的，他坐一會兒，喝杯茶就走了。他一出來，剛好就跟香港以支持佛教出名的四位太太碰上了──我們走出夜總會，她們剛好從樓梯口走上來，她們首先看見我，再看見敦珠法王，再望一望夜總會，馬上掉頭就走，原來應該頂禮敦珠法王的也不頂禮了。從此我給人罵了好多年──這個談錫永，把法王帶到廟街，還帶到夜總會去；這個法王也是，廟街跟夜總會能去嗎？！因此來拜見法王的人，也慢慢絕跡了，幸虧法王從來不要求供養，如果他靠收供養，一定很失望。他是在智境，他的生活層面是智識雙運界。廟街又如何？還不是識境自顯現？它的緣起是怎樣，就顯現成怎樣的街道，緣起怎

樣，香港人就有怎樣的夜總會。其實它們還不離智境，這麼骯髒、混亂的地方都不離智境，所以廟街、夜總會的人與我們平等，我們也是以智境為基顯現出來的識境，他們生活的層面同樣沒有離開過智境，所以我們不能說他們這樣的人我們就不理他、疏遠他、不接近他。不是！我們平等地看待。法王的生活我是最理解的。法王說法時，是打坐來講，我在座上來聽，這邊坐一個翻譯，那時候我三十多歲，嗜好太重，不能不抽煙，法王就特許我拿一個很大的煙缸放在旁邊來聽他講，我一邊抽煙、一邊聽、一邊修，抽著煙來修，法王笑了，可是旁邊的喇嘛看到我那樣子，哪有人敢在法王面前這樣抽煙的啊！我是唯一的例外。為甚麼他這麼縱容我呢？因為他曉得識境自顯現，抽煙變成我的習氣了，所以他教我，你抽煙就當成是供身體裡邊的五方佛，供五輪。現在我抽煙其實是每根煙只抽兩口，浪費金錢，可是寫文章、有時候寫畫，手不拿煙就沒法子寫，這是從十二歲開始培養出來的習慣，所以你看法王這麼開許我，是住在智識雙運界之所為，那就是他拿平等性來看，他認識識境的緣起、尊重緣起，然後這樣生活，你不能說他還有相對，他是心物相融，他是雙運的境界，這個境界，不是我們拿西洋哲學來分析他的心理狀態可以分析得出來的。有些人問我，是不是念心理學來指導人家學佛更好，我並不覺得這樣。如果你學到一大套西洋的心理分析，從弗洛伊德開始，一直到現在二、三十年換一套的理論，我們學哪一套理論來教人家學佛呢？都不適合。他們是從名言與概念來建立自己的學術，我們要從智識雙運界來認識我們的心理，所以跟西洋的心理學應該沒有甚麼關係的。有人專研究密宗的壇城，還寫過一本書專講西藏密宗的壇城與心理學的關係，理論講得很好，可是我覺得

只是一家之言,對修道並沒有好處,所以剛才那位先生所提的問題,大概是拿心理學來看我們所講的智境與識境、智識雙運,放在心理學是甚麼地位,怎麼去解釋它。我覺得不用解釋,只是自己如實的生活的心理狀態,這個心理狀態,我們通過對見地的認知,通過修持,就可以有把握生活得很好了,不要按西方心理學的概念來生活,我的看法是這樣。

問:談老師你好,您提到如來藏,當我們超越實際的思維之後,就可以達到一心周遍法界,那麼我想問,這樣的境界,聽起來跟莊子所說的「齊生死、一天地」這種境界,是不是比較相像?我想您用如來藏的思想和道家的思想來比較一下。

答:你這問題很大,現在只能很簡單來答你:老莊思想沒有脫離識境,完全在識境裡邊來講道,他說「道可道」,可是「非常道」。我們先講老子所說這個道,其實還是講我們這個世間的道而已,並不是超越我們這個世間來講的道,所以你看整篇老子,直到最後所講,他所講的,我們不能說他已經講到佛的智境,講到法界,他這個「道」還是我們世間最高的真理。最高的真理是甚麼?用我的話來說,就是認識「道」與「德」的雙運,所以他分《道經》與《德經》。《道經》是這個世間的「理」,《德經》是這個世間的「事」。莊子所講也是,莊子雖然講齊物了,他在《齊物論》裡邊講七種齊物的境界,如果從《齊物論》他舉的例,你就曉得他所講的還是我們識境裡的道理,所以老子、莊子,道家所講的只是我們這個自然與人的關係,人與自然的雙運,還不是智識雙運。

　　問：我們知道您過去對紫微斗數很有研究，對此我也有興趣。關於命運的問題，是像您說的，四重緣起的第一重業因緣起，對嗎？這東西到底是否存在？是不是有這一個業因緣起導致對命運影響？如果存在，我們應該怎麼面對它？

　　答：業分「共業」與「別業」。我們只能說「別業」——每個人自己的業力，雖然「共業」你可以說是命運，「共業」是我們沒法去管它的。好像美國人現在都習慣過度消費了，這是如何形成的？是很多年的社會習慣，終於變成非過度消費不可，每人都欠一大筆錢，銀行的廣告是拼命叫你怎樣向銀行借錢來生活，因此美國一定過度消費。加拿大有個廣告我看見不以為然，它說「原來你不曉得自己是這麼富有」，為甚麼呢？「因為你還可以向銀行借錢」。你富有了，把負債當成你的資產，那麼過度消費變成是美國的共業。國家的政客如何對付這個共業呢？他們不是消除共業，是想辦法把過度消費的結果轉移給其他的國家——首先轉移到日本，日本經濟衰退到現在還沒恢復，都三十年了。然後轉移到中國，中國如果按日本的路來應對美國，恐怕將來中國的經濟也會衰退，會出現各種社會問題，會危機重重，尤其是貨幣危機。所以你們會感覺到日子越來越難過。這樣要看中國怎麼建立自己的共業了？如果冷靜思維，中國與美國是甚麼關係，那就曉得怎樣應付美國了。如果到美國留學，學到一大套經濟理論（那些理論是用名詞包裝起來的，後現代的甚麼一個有二十多個字母的名詞，我看見了不曉得是講甚麼），然後還要我們按美國的思維來思維，如果讓這些人作決策，恐怕就成為中國的共業了，看中國當政者受不受這些

人的影響。其實中美關係很簡單：我們用了人力，還拿物質交給他了，他給我個欠單，那個欠單至少放在我口袋吧？不是！還放在他的口袋（美國國債是不能離開美國國境的，所以美國國債只能放在美國國境的金融機構，放在美國人做老板的金融機構），這就是我剛才講的了，我給他人力和物質，他把這張紙給我，這事情原本就不公平了，他還把欠單放在他口袋。做生意的人肯這樣嗎？你這件大衣不錯，給我吧，你給我大衣，我寫欠單，還往自己的口袋一放，你們肯嗎？按這樣分析，甚麼經濟理論都不必管，就得到事情的實相了。有些人說得天花亂墜，我們非支持美國經濟不可，不支持美國，我們中國會有甚麼危機，好像中國馬上沒飯吃，都靠美國，其實事情並不是這樣的，是美國靠中國。現在有一個叫沃爾瑪的超級市場，我最討厭它，它是大資本壟斷，整個市場的價格都由它控制，在加拿大，隨便哪個沃爾沃裡邊的貨都是 Made in China（中國製造），如果他不向中國買東西，沃爾瑪就沒東西可賣了，所以我們怕甚麼呢？我們如果硬氣點，他們還是會買我們的東西。就像我不喜歡吃杭州菜，但我在杭州住，我還是要吃杭州菜這麼簡單，我還是要呼吸杭州的空氣。現在美國靠中國等於人靠空氣一樣，可是我們還是沒看到這一點，還是害怕，美國不跟我們買東西我們會很慘，所以中國還是送東西給美國，換個字條，換的字條還長期放在美國的口袋。從這件事上我覺得是思維方式的問題，這種思維方式由甚麼決定呢？由共業決定。為甚麼由共業決定？誰叫我們國家用一大批學美國經濟理論的人，來主持中國的經濟與財政？！如果換上另外一批，恐怕美國就要想辦法慢慢調整自己，要不然買不到中國貨。

　　所以你要看中國有力量的地方何在？人家不能代替的力

量。我為甚麼發一點牢騷呢？因為這個共業是你和我沒法決定的。你問我有甚麼辦法學如來藏思想來改善命運，你不要往術數方面去想，不要往風水、算命方面去想，就用如來藏思想去思維。我剛才看得這麼清楚，就是用如來藏思想來思維，我脫離了名言與概念，我脫離了一大套的經濟理論，我脫離他們提出來的「怎樣沒有美國中國人就不成，非『保8』不可」。「保8」是按洋人的GDP來算的，GDP是甚麼？在我做黃金生意的時候，只有一個國民生產總值GNP，國民生產總值是甚麼？我生產一只筆出來值一毛錢，GNP就增加一毛錢，它是有物質生產的。現在GDP是甚麼呢？是整個經濟的成交額，看金錢不是看物質，那麼這個很容易把它做大。我曾經開玩笑講過，如果美國人都離婚了，美國的GDP一定最少增長50%。為甚麼？離婚要請律師，賣房子、再買房子、買家具，孩子跟爸爸還是媽媽的消費等等，數字增加了，那GDP也增加了，可是這些有物質產品在裡邊嗎？一點都沒有。給律師的錢、給房地產經紀人的錢，給保姆的錢不能説是有生產，GDP是有物質生產的，現在中國的GDP其實並不是全有物質生產的GDP，可是美國的GDP可以造出來：一個貨品我買進來賣給他，他再賣給你，你再賣給超級市場，超級市場再賣給其他人，幾重的稅收、幾重的交易記錄，就使原來的一塊錢在GDP裡邊變五塊錢了。所以現在我們如果老是按洋人的GDP要求自己的經濟，不覺得自己的GDP是有物質做代價的，不了解他們的GDP只是一個數字，那是給他們騙了。所以整個美國的經濟理論，我不相信它。我懂用如來藏思想分析，脫離名言與概念的思維，這樣恐怕比「不問蒼天問鬼神」還要好得多。

問：請問老先生在修行方面，有沒有得力的功夫跟大家共享！

答：這是考我了。我的老師給一個名位給我、給一個傳承給我、要我傳法，證明在老師眼中我還是有一點證量的，可以教人、可以傳法。我老師傳《四部心要》的法給我，其實是一個很大膽的決定。功力嘛，可以跟大家分享的，恐怕就只有一套呼吸法，叫做「心氣無二」，還有我已經跟你們分享的六根門頭。我住在止觀境界裡邊，就可以說是用六根門頭生活的反應。我有一個弟子是北美最有名的英國文學教授（六十幾歲本來應該退休，學校都不讓她退休的一個女人），她問了我三天，她是高級知識分子，對英國文學非常了解，她拿英國文學結合猶太教來問，裡面牽涉到猶太教民族的東西，也牽涉了英國文學的東西，其實說不客氣的話，我完全是外行，可是我居然回答得很好，聽我回答的學生大為奇怪。

她是住在識境裡邊，完全是住在名言與概念裡邊，就認為很難回答，可是我住在智識雙運的境界裡邊，我就回答得很好，這樣也可以說是我小小的證量。證量再怎樣不成，我也是修了四十幾年了。

問：我不是懷疑您的證量，我的意思，比如說，馮達庵先生在他的《佛法論》裡邊講到的三條功夫，上師是不是也可以提供。

答：馮達庵先生的書我看過，不過我忘了。我不否定他的唐密，唐密我現在也想去研究，可是馮達庵先生是拿中國

文化背景來建立他對弟子的要求，這樣不能說錯。可如果光
按中國的文化、民族背景來作學佛的原則與綱領，我覺得不
究竟，不是錯，是不徹底。我還是按傳統的教授 —— 如來藏
思想，這是釋迦牟尼時代一直傳到印度再傳到西藏的，所以
剛才我回答老莊思想的問題是按照如來藏思想，學理上是識
境的問題。中國的文化背景，主要是儒家的思想，我不是說
儒家不好，其實儒家是整個按識境來建立的一個理想：在孔
子時代，很多小國給吞併了，慢慢發展到大國與大國戰爭，
孔子想到如果要用一個頭頭去管，這個頭頭管住大的，大國
不敢動，那整個世界當然秩序就很好了，所以要尊王了，所
以要用禮了——是諸侯對王有禮、大夫對諸侯有禮等等，他
就覺得整個社會結構很完美。可是到孟子時代，就覺得這個
不可行，周天子已不可扶持，於是就要「仁義」了。「仁」
用最通俗的說法 —— 做人要有悲憫心，我們怎樣對人要有悲
憫心？孟子就提仁義了。孔孟之說都是圍繞著我們世間來建
立的。馮達庵先生的儒家學得很好，他把儒家的文化背景用
在教學生佛學方面了，這個不是說他錯，只是說他過份偏於
中國文化，所以馮達庵先生所傳的佛法多少有點中國文化的
味道。他很多弟子也對周易等很有興趣，如果拿學佛與周易
有點關聯來講，我也學周易，其實也懂得不少，六十年代我
就寫了很多周易的文章，後來不寫了，不是不尊重周易，只
是周易不是佛法。馮先生要求的三點我大概有點印象，他的
唐密，是中國文化背景的佛法，只能這麼回答你。

＊　　＊　　＊　　＊　　＊

　　好了，開始繼續講。四重緣起第一重叫做業因緣起，業
因緣起一般來講叫做因緣和合，學佛人都曉得。房子有沒有

房子的自性呢？沒有。因為它是因緣和合而成的，是磚、瓦、木、石的結構，加上種種條件，我們就把房子蓋起來了，所以因緣和合。業因緣起否定凡夫的「有」，凡夫覺得事物是有就「有」了，真實的有。這個杯子不是有了嗎？如果我們甘心永遠住在識境裡邊來輪迴，那就按這個觀點不能說它錯，因為這個杯子的確是我們可以用、這個杯子是存在的，這是識境的心理狀態，凡夫是按這個心理狀態來生活，也生活了很多年。可如果要認識自己的心理到底是不是真實，是不是普遍的真理，那麼我們就可以懷疑事物的「有」。看見存在或者看見它顯現，就說它「有」，是不是真實的呢？甯瑪派說「有」的意思就是「存在與顯現」，那麼我們就覺得他們只是因緣和合才成為存在與顯現，那就是「業因有」，由「業因有」建立起來的「有」，否定了凡夫的「實有」，就覺得我們整個識境其實是因緣和合而「有」。在釋迦牟尼教導小乘的時候，基本上是按業因緣起來講，然後其實釋迦牟尼也有講到第二重緣起，第二重緣起我們叫做相依緣起，相依緣起是怎樣呢？心（也可以說是內識，心就是識）與外境的相依，所以釋迦牟尼就譬喻兩根茅草，一根站不住，兩根茅草插在地上，兩個你靠我、我靠你，就站起來了，這個在佛學裡邊即是外境與心識相依。唯識宗說「唯識變現」，我們看見的世界是變現出來的世界，並不是一個真實存在的世界。同樣一杯水，我們看見是水，可是餓鬼看見的是膿血。為甚麼呢？因為人的心識跟餓鬼的心識不同，業力不同心識就不同，所以餓鬼就看見是膿血了，這就是變現。講得很簡單。這也就叫做「唯識無境」，只有識的分別，沒有境，境是不真實的。「無」的意思就是說它不實在，境不實在，可以是水也可以是膿血，只是心識主導它怎

麼變，因此我們就看見這個世界是「依心識而生起」，這個層次就比業因緣起高了。業因緣起其實是可以有爭論的，可是「唯識而生起」這個可爭論的地方就少了，因此唯識宗在民國以後很流行，原因是人們覺得唯識宗所講的哲學可以跟西洋講的現象學、認識論等合起來研究，對此我個人是不甚讚同。我有一本書，叫做《細說如來藏》，其中有一篇我叫做〈哲學東西〉，西就是西方的哲學——從蘇格拉底一直講到尼采、邊沁，挑選重要的哲學家的理論，用如來藏思想給它定位（看它定在如來藏思想的哪一個層次）。西方的哲學都是識境中的理論，按我們的識境，然後成立一些概念來解釋我們這個世界，解釋我們的物質世界、解釋我們的精神世界，基本上是這樣。從希臘三個哲學家一直到尼采、康德，也包括現代的認識論、現象學等等，如果按佛家如來藏思想來看，就可以給他們一個評價，看他們到哪個層次？所以我們說凡事光是用識境裡面的東西來定義，那這個定義只是螢光幕的人為螢光幕世界來定義，問題就在螢光幕世界有輪迴，有輪迴就有苦，也可以說是有壓力，我們要脫離這個輪迴就要跳離這個螢光幕來認識這個螢光幕，所以如果我們看這個世界，怎樣叫做「有」？怎樣叫做「無」？懂得這個觀點，我們就慢慢開始認識這個世界的真實，然後再離開有與無去認識，那就瞭解識境以至能認識螢光幕，那就見到真實。這個真實才叫做絕對的真實，絕對的真實我們就叫做「真如」。「如」就是像，看見它這個實相而且是真的，就叫「真如」。現在「唯識無境」否定一切實在的境界，說境界是從心變現出來的。如來藏思想除了這一方面以外，還再講另一邊，就是剛才那位朋友所提的主、客觀的問題了，唯識宗站在主觀來看客觀世界，所以「唯識無境」，可是如來藏

思想要你反過來看 —— 如果沒有外境，心識也不能起功能！這一點是我們特別強調的——「不起用」，佛家的經論不叫功能，叫做「用」，沒有外境心識不起功能。現在嘴裡邊沒有東西吃，那就沒有了鹹、甜、酸、辣等味道。為甚麼沒有？因為你舌頭的識不起功用，不起功用就感覺不到有味道。在這個時候，你就很難說誰是主、誰是客了，外境也可能是主。現在突然一個聲音出來，你的耳識馬上起功能，那這個功能你說一定是主觀？現在問題就在這裡，要多講兩句，我們心識起功能到底是主觀還是客觀呢？我們如果覺得看見這個杯，我所看見是真實的，我直接看到這個杯，那麼你就可以講杯是客我是主，可是在瑜珈行派的「瑜珈行」裡（這是彌勒菩薩講的），他就說不是，我們所看見的其實是心識行相而已，為甚麼叫「行相」？因為這個相會變，會「相續」。我們的心是「相續」的，所以我們這個相也是「相續」的，我們看見的並不是直接看到這個杯，而是看見心的行相；就是說這個杯是外境，外境給我們這個心識一點刺激，於是我們的心識起一個反應，這個反應就把心的行相生起，然後我們的意識與眼識合起來看到這個心的行相，我們就說看見這個杯了。其實我們看見的並不是這個杯，是看見這個杯反應在我們心裡邊的心的行相，這有個故事可以證明：當年哥倫布的船隊到南美，南美的土人看不見他的船隊，可是有一個巫師，他看見海水多天來一直很奇怪，岸邊的水波紋不斷地變化，一定有甚麼東西才會令它變化。他意識上有「覺得海面有變化」這個概念，才令他的意識懂得與眼識配合，於是看到那個船隊，所以他就告訴土人有這麼一群東西來了，他們土人才來預防，沒有計劃，只是臨時的預防。如果當時土人有計劃，那些艦隊大概就不能在那裡靠岸了；如果土人撤退

了，不是跟哥倫布的船隊打，哥倫布等人有可能就餓死在那裡了。可是，為甚麼看不見船隊呢？我們可能覺得不可思議。在哥倫布的傳記裡邊特別提到這件事，明明船來了居然土人看不見，那就是他們的心識不能生起船隊這樣的心識行相，所以證明瑜珈行所說是真實的。心的行相不生起，我們就看不到東西了。現在假如我們到原始森林生活，森林中生活很多東西我們都是看不見的，因為你們沒有這個概念，生不起心的行相；可是如果換一個在森林裡生活的人，他就會覺得明明存在的，明明顯現的，而你卻看不見。像這樣拿人來講，可舉的例不多，如果拿動物來講，舉的例就多了。現在研究動物大腦的人也發現，並不是一個東西放在這裡，所有的動物都可以看見，如果我們把陸地上一個東西放到大海，大海裡的魚也不感覺它存在，所以有時候魚就受傷了，我們就利用這方法來捕魚了，這就證明「相依緣起」成為「有」是兩邊的。有外境，認識這個外境，然後才能生起行相；我們認識這個行相，之後就說認識這個事物。這個便是相依緣起。

在日常生活，怎樣會對我們有利呢？現在講到凡夫的「有」、業因的「有」、相依的「有」，如果光是看凡夫怎樣認識這個識境、認識我們這個世界，那我覺得凡夫不見得會懂因果。不懂因果其實是件大事，我回想起來我爸爸那一代人是絕對怕因果的，一旦覺得做錯甚麼事，想起來就不安心，認為我做這件事結甚麼樣的因，將來就會受甚麼樣的報應，可是現在的人，甚至一些傳法的人，他們是不怕因果的，他們想盡辦法在別人的身上拿利益，他們不曉得這個利益拿了就要負責任。我可以講一個故事，很多年前我跟弟子講過，要他們警惕。敦珠寧波車要給我阿闍梨灌頂，灌頂前

一天晚上，我做了一個夢，夢見一個瞎了一只眼的和尚拿著一卷紙，要我打開，打開後看到裡面四句偈：「施主一粒粟，大如須彌山。今生不解脫，披毛帶角還。」我很奇怪，看完偈之後就醒了，我一直想這著這件事，這個和尚是個漢人，我奇怪我受密宗灌頂，關顯宗的法師甚麼事？後來我見到淨土宗印光大師的照片，我才曉得，原來夢中的和尚就是他！過了好幾年，我把這件事告訴法王，法王就罵我，罵得很凶：「甚麼叫做密宗與顯宗？！甚麼叫做不關你的事？！甚麼叫做漢人與藏地？！都是佛！」他臉都黑了，以前從來沒有這麼厲害罵過我，他一拍桌子大聲一講，跪得滿地都是喇嘛，雖然不是罵他們，可喇嘛們都跪下來了。那時我就覺醒了，我做金剛阿闍黎要傳法，漢地的印光都可以給我一個警告，所以現在你們給我供養，我實在是不敢收，我沒有令你解脫，我講的雖然對你有利益，但這個利益到底成不成利益，還要看你們自己。一收供養，我就要負責。正如印光法師所說：施主給的一粒粟比須彌山還大，你不能令他解脫，下一生就要做牛做馬的還他。你看這個警告多大！如果我收了弟子不負責任來教，只收供養，我第二生要做牛做馬，這就是因果了。現在如果中國人能夠重視因果，就不會有三聚氰胺事件；如果重視因果，就不會腐敗；如果重視因果，整個社會就會公平很多，就像我爸爸媽媽那時候的年代。現在社會問題很大，所以我希望你們不要以為因果是迷信，你如果按業因緣起來修，我只有一句話 —— 認識你的因果，就是說你要誠心誠意地負你自己的責任 —— 對父母要誠、對子女要誠、對這個社會要誠，不要騙人。知足常樂，清茶淡飯也就夠了。我在這邊，他們總以為我大牌，要包廂，要吃十個八個冷盤，十個八個熱菜，都吃不完剩下。我其實叫他們帶我去

吃地道的東西，我也很多次說要吃餛飩、吃餃子，其實這麼生活就可以了。上面說的是業因緣起的因果。

現在你要留意，我們否定業因緣起的「有」，不是否定業因緣起。否定「業因有」，只是把世間識境的「存在與顯現」定義提高。有人把我講四重緣起的超越說成是否定，不是！是尊重業因，只否定業因而成的「有」，否定世間是由業因而成，因此我們就說是「相依有」。當你認識「業因有」就否定凡夫的識境，當你認識「相依有」就否定了「業因有」。那麼就是剛才所說的，心識與外境的相依而成為「有」。

認識「相依有」對我們人生有甚麼好處呢？我們就曉得，假如我們不尊重外境，也不尊重自己的心識，我們就會生活在一個完全不曉得自己怎麼安定自己的世界裡，所以你的心從來都不安樂，每天都在想怎樣創造財富、怎樣升官收來名利，那是你不曉得名與利其實是心識與外境，我給一個名，你的心識就生起一個心的行相，給的名越大，你心的行相就越來越高，行相的形象越高，你就把自我拉得很緊很緊，為了鞏固你的財富，所以要拉一批人、打一批人。這也與因果有關，除了自己的「別業」，更是整個社會的「共業」。除了「共業」與「別業」之外，你還要曉得我們行相的影像其實是落在概念來評價的，因為心識的境界是識境，所以不實在，只是有這個功能令我們覺得很滿足或者很失落。我們拿這個世俗概念看這個功能，就覺得我安樂與不安樂。這個虛假的行相支配你的人生，使你有很多事不由自主，想不做，可是不能不做，即使曉得這個事不正確，還是照做，那麼你就曉得是給行相支配你的思維了。如果你明白後，壓力其實可以減少的，明白了很多壓力是從你心的行相生起，

其實並沒有出現，只是行相概念的一個影。「我可能會這樣」，你就把「可能會這樣變」成心的行相，就把心的行相當成是有，那麼你害怕了或者高興了：這樣的「有」我很好，這樣的「有」我不行。你把行相的「有」看成是實在，可是在人生當中，很多心的行相其實根本沒有變成事實，不存在也不顯現。可是你在思維中建立行相為「有」，建立「相依有」，心生起一個行相，把它當外境，外境相依成為「有」，覺得外境是真實出現。害怕這樣出現或者希望這樣出現，無論希望與恐懼其實都是心的行相。你們一定有這樣的經驗，你們想了很久很久的事情，可是一放在實際生活中都不出現，反而你們沒想到的事情卻出現了，你們就說「想都沒想到」。「想都沒想到」是甚麼？那是由業力生出來的，你想到的只是心識生起的行相，所以曉得心識與外境相依，我們處理事情就不會以心轉境了。用心識拼命轉出各種境，都只是心的行相。所以在生活當中，有甚麼境界來了，你就拿心來應付這個境界就對了，就是說事情發生時我們抓住重點，然後馬上就可以解決，這叫做「境來心應」。口渴了喝茶（口渴就是境），「心應」決定喝茶，「境來心應」就這麼簡單。你看禪師的生活哪有凡夫那麼複雜？！密宗修行人的生活哪有那麼複雜？！禪宗的公案裡所有大禪師都是乾淨利落的。一個和尚跑來見趙州，趙州說：「吃茶去。」如果不是這樣說，盤問這個和尚的底細，看他的來意，猜測他來是對自己好，還是對自己不好，那趙州就不會叫他吃茶去 —— 境來心應。你來走了這麼遠的路，一定口渴了，所以只說「吃茶去」，多乾脆！所有禪宗的公案都是乾脆的，針對你的要害。你問怎樣學佛，他就答兩句：「兩個泥牛鬥入海，直至如今無消息。」（兩隻泥牛打架了，打到了海裡邊，到現在都不曉得

怎麼樣）好像問非所答，其實已經回答了：兩隻泥牛是你的「能所」（主觀與客觀），主觀就是我們的心識，客觀是外境。我們把心識當成是自我，外境為心識所領受，這在佛經叫「我所」，因為是我所見、我所聞。主觀又叫做「能取」，客觀又叫做「所取」。我是能取，外境是「我所取」，我聽我取的聲音、我取的顏色，顏色是我所有的，聲音是我所有的，所以有個我。「能取」、「所取」就是兩隻泥牛，從相依緣起（心識上）建立起來兩隻虛假的牛，他們老是打架，打到海裡兩隻牛就沒有了——學佛要去除「能所」（能取、所取），你看，多乾脆！兩句話對你們就有用了。

　　講到相對緣起，如果把相依再提高就是相對，「能取」、「所取」之相對。我們剛才不是講心識與外境相依嗎？對！這是一面，還有另外一面——心識與外境相對；主客的相對；「能」、「所」的相對；「我」與「我所」的相對。我們從種種概念來建立一個自我，不光建立自我，還建立「我所」，然後才有一個自我。如果沒有建立一個我所見，便沒有一個我，沒有建立我所聽，也沒有一個我。你是首先從外境（客）的建立，然後來決定有個主；你先把客建立為「有」、真實的有，然後主才是真實的有。按剛才所講，先把「所取」建立成真實的有，我看見真實的東西、聽見真實的聲音，因此就證明有一個真實的我在聽、在看，這個主客是相對的。我們在二元世界裡邊覺得一切實在，沒有不實在的東西。如果光是相依緣起，看心識外境怎麼生起心的行相等等，還不能去除這個相依。現在我們建立相對，不光是像剛才所講外境與內識相依而成為「有」，你還要組合相對而成為「有」。那麼既然心識與外境相對，我們否定一邊就能否定另一邊了，這個很簡單：如果你不成立一個聰明，就沒法

成立愚蠢;建立一個美,這個不美的就叫醜。所以我們把整個外境世界相對起來,原來是心識與外境相對。可是我們怎樣看這個外境呢?我們也用相對的概念建立這個外境,同時我們也把相對的概念來建立自己心的行相:這個行相叫做快樂、那個行相叫做悲傷;我喜歡這個,不喜歡那個。首先是心與外境相對,然後在外境建立相對,然後在心建立相對,所以我們世界複雜了,忽然複雜起來,原來很簡單的兩隻泥牛而已,可是泥牛再建立再建立再建立,一重一重的建立,每個裡面還可以建立相對,西洋的美、東洋的美,東洋的美裡邊也可以建立林黛玉的美、薛寶釵的美。每一個相對出來的境界,我們還可以再建立相對,不斷地建立相對,你平心靜氣地想一想,你們是不是這樣建立這個世界的?你們不是建立一重,是重重建立,於是有重重的障礙,你們的心有一重一重的行相,把你綁一重,再綁一重,結果兩隻泥牛就越來越壯大,壯大到可以帶你受苦、帶你去輪迴。無限無邊的泥牛,可以建立的都建立起來,那麼不能說你錯,我們的學術就是這麼建立的。原來牛頓的力學把我們這個世界解釋好了,可是又發展相對論。相對論好不好?非常好!那是在牛頓力學方面再建立一個相對,牛頓的力學世界只適合我們這個三度空間、一度時間的世界,把這個世界擴大就是廣義相對論的世界。愛因斯坦的物理學跟牛頓的物理力學是相對,是有限空間跟無限空間相對。然而,又發展量子力學,現在又發展到全息,還有霍金的弦論。量子力學講一個粒子有時候可以變成波,變成波是能量,粒子是質量,愛因斯坦研究質能互變,量子力學的世界就觀察質量怎樣變成能量。他們還發現,如果觀察時加上一個觀測器,那麼粒子就不變成波,粒子還是變成粒子。為甚麼?加個觀測器等於加了外

力，這外力，已預先設計為觀察粒子，所以粒子就適應相
礙，依然以粒子的形式顯現。愛因斯坦想把質量、能量建立
統一力場，把質量與能量互變的世界融入統一力場，如果他
的統一力場成功的話，那麼這個世界就把兩個相對消滅了，
可是愛因斯坦沒有完成他的研究，所以現在波與粒子在物理
學上還是相對的，沒有一個統一力場消滅它的相對，波與粒
子相對、能量與質量相對。霍金的弦論講，我們生起的事物
的原動力等於是一條線的震動，在這個震動裡邊有波也有粒
子，震動應該出現波，可是有時候出現粒子。為甚麼出現粒
子？是機率的問題，是不定的。有這樣的機率產生波，有那
樣的機率產生粒子，所以它叫弦論。他希望用這個不定來解
決這個統一場，在這個統一場裡邊是不定的、是看機率的，
那麼很複雜，弦論的理論也講得非常非常複雜。我們假如用
相依緣起來看弦論，覺得相依緣起站不住腳了。弦論的世界
既然是機率，就不是心識與外境相依，我們不能說波與粒子
是外境決定還是心識決定。在量子力學世界還可以這麼講，
當我們加個觀察器看是粒子，拿走觀察器就變成波，那就是
觀察器決定它是波還是粒子。到了弦論的世界講機率，那是
確定還是不確定？所以弦論也等於把相依緣起而成為「有」
的「有」否定掉了，可弦論裡邊還是有粒子與波的相對，所
以現在最新的物理還是在相對緣起裡邊，就是說，物質是相
對緣起成立為「有」，所以是「相對有」，那麼層次就提高
了，否定了「相依有」，這也等於把牛頓力學否定掉了。我
們因此要定位了，在我們這個世界我們還是要用牛頓力學來
做運作，不能拿弦論來運作（如果拿弦論來運作，我們連汽
車都開不動）。可是在另外一個世界呢，在量子力學的世
界，就可以用量子力學的法則，來看怎麼建立外境與心識，

在弦論的世界也一樣。

從科學發展可以看出，其實物理學家們是企圖找出一個真理 —— 甚麼叫做「有」？如何而「有」？如何而有才是實在？但他們永遠在識境裡運作，等於我剛才答覆那個同學，一切心理學、哲學都是在我們這個識境的世界裡運作 —— 物理學是從物質世界、心理學是從我們心理思維來建立識境如何運作，如何運作才是真實，如何運作才是有。如果我們落在相對緣起來生活，就曉得我們把世界建立得太複雜，重重建立相對，因此我們分析事情時就不曉得住在哪一重相對才對。思維的時候，假如懂相對緣起，我們的思維就明快了，就能正確地作出決定了。假如我們曉得，現在的世界大勢是美國經濟侵略與中國商品貢獻的相對，那我們就不會沾沾自喜，就會耽心中國會成為美國的奴隸。

念人類學還是念佛學？我還是舉剛才有人問我的這個例。念人類學對我們這個社會有甚麼幫助？能夠改變這個社會甚麼？給人類帶來甚麼福利？佛學能給人類帶來甚麼福利？這是我思維的重點。如果你說，我學完人類學後懂得怎麼樣處理人的問題，那不是核心的相對，是外層的相對。覺得這個世界不公平，我們有甚麼行動能改變它嗎？直諫是不行了，但是可以盡我的力來改變人的心，讓人懂得因果，還要讓他懂得相依、相對，這個世界就變好了。你一定想問我怎樣改變人心？怎麼改變高高在上的人？怎麼改變有錢人？這些人你直接是改變不了的，可是你可以改變很多平常百姓。當平常百姓有反應的時候，不平的現象就會相對減少。大家看看西方社會的厲害。西方懂得掌握傳媒，所有傳媒都是給財團掌控的。像我前面舉過的例：多倫多要研究一個衛

生局的電腦系統，就是把所有病人的資料存在系統裡，按A、B、C這個名字，A、B、C這個名字的檔案就出來了；也許A看過5個醫生，5個醫生的名字也顯示出來了。你們學過電腦的，不會覺得這個系統很複雜，可是多倫多花了三十二億加幣等於二百多億人民幣，做了兩年，宣布放棄。傳媒沒有主動報道此事，還是在網上被揭發出來，那政府就不能不理了，調查後，只有一個中級官員辭職。你想一個中級職員有權力用三十二億嗎？他能批這個預算嗎？他能對整個事情負責嗎？當然不能！可只有一個中級職員自動辭職，為這件事負責，這事就算解決了。公平嗎？不公平！為甚麼加拿大地稅每年都要加稅，就是為此埋單（你們說買單）。這就是人心的問題！如果有幾十萬、幾百萬網民反應激烈，當官的下不了台，他們就會馬上動用傳媒把事情按下（傳媒與政府配合是個很大的力量），輕描淡寫地處理，公眾的情緒就平靜下來了，你看他們多懂相對緣起。這是相對緣起，不把事情挑出來就等於沒事了，還不是相對。有事與沒事相對。所以你們不知道實情，老是覺得西方真的好，其實他們很懂得利用各種手段。我在加拿大中文報刊上發表文章沒用，對整個主流社會沒有影響；如果我寫文章到主流社會的報刊，他們不會發表的，西方世界也就是這樣，所以我覺得並不是自由、民主、人權等問題，是心的問題。這個心要有誠意來對待，如果心誠就不會發生加拿大那三十二億打水漂了，如果心誠很多不好的社會現象就不會出現了。那麼我跟你們講佛學，你們總有五分之一的人聽完後有點感動吧？如果這五分之一的人以身作則再跟其他人傳播，慢慢這個世界總會變得公平的。你說我的理想是拿佛學的原則來做人，就只是理想而已，在現實中不行，但理想總會有作用的。因此，我為甚

麼從1980年到現在是把所有時間都放在翻譯與著作和講課上，為甚麼？我雖然只是一滴海水，放在整個大海裡邊總有我一滴水的功能，我的每一個水分子都會遍布整個大海。拿出這樣的精神你就曉得目前的重點是甚麼，我們能做點甚麼事，自己應該做甚麼事。如果你把重點放在發財、升官、名利上，那是另外一個相對，這要看你住在哪一重的相對緣起上面，這個世界一定是相對才成為「有」的，可是這個還不究竟。如果真的修持，你就要懂得修法；想認識如來藏，你就要真的認識相礙緣起了。

現在我非常簡單地來講相礙緣起。甚麼叫相礙？相礙就是一個局限、一個條件，能適應相礙（局限與條件），你就變成「有」，變成存在和顯現。四重相礙，外、內、密、密密聽起來很簡單，其實相當複雜。

外相礙是講外境：為甚麼這個是聲音、這個是顏色？現在一句話就答你，在人的眼裡這一段波就叫做聲、這一段波就叫做光，這是外的相礙。這個波在這樣的情況下，我們聽見是聲，在那樣的情況下，我們看見是光，是從相礙得來的，這是局限。

內相礙也很簡單：甚麼叫做耳朵、耳識？甚麼叫做眼睛、眼識？我們也是只能看見一段光、聽見一段波，而不能看見一段波或聽見一段光，這個叫做內相礙。

密相礙：心識與外境相對，可是認識外境是心的行相，心的行相由甚麼東西生起？由心生起。我們把這個叫做心性。因此，自己的思維、觀察等等內識的行相是心性生起，外境也由心性生起，我們生長在這個心性裡邊，也是生起在

心識的境界裡邊。當這樣的時候，我們沒有想到其實我們的心性並不是獨立存在的，我們心性只是一個識境，識境要依附著智境，然後才有識境浮現出來。識境是螢光幕的影像，螢光幕影像一定要依附螢光幕，所以這個心性還是依附螢光幕，這個螢光幕我們就把它叫做法性。法性與心性的關係如何？有些人把它們看成是相對，其實不是，佛說「中道」，就把心性與法性說為不一不異。異就是離。心性與法性當然不是同一個（不一），可心性與法性永遠不相離（不異），心性從來沒有離開法性，法性也從來不離開心性，所以是「不一不異」。怎樣來理解「不一不異」？我們原來建立的一個相礙就是心性與法性的相礙。怎樣相礙？你不適應螢光幕提供的環境，你就顯現不出來，所以廣播的聲波不能在螢光幕上顯現，這就是相礙。然而，當我把螢光幕跟影像一起觀察時，由「不一不異」，就知道雖然影像不離螢光幕，螢光幕也不能離開影像，可他們是不同的境界，影像有影像的境界，螢光幕有螢光幕的境界。如果這樣認識，我們就可以修這個心了。修心不是孤立在人事上來修，而是我們要由心性與法性不一不異來作抉擇，因此一切心性的自顯現就是法性的自顯現，當修到這個程度時你就瀟洒了，你就是住在法性的境界裡邊。大禪師與大密行者都是住在這樣的世界，住在這樣的世界裡邊，他們就有各種的業力因果，那些因果不會令他們沒飯吃、不會令他們短命、不會令他們不自在，所以我們就說，如果能住在打破相對的相礙緣起中，便已經是住在法性了。打破相對，打破心性與法性相對，那才可以得到決定。當住入心性法性不一不異的境界，而不是住在心性的境界，那時候看事物的觀點完全不同，在日常生活裡邊也有自己的證量。這就是大修行人的生活，從外表可能看不出

來，但當他們説法時，你就會覺得他是智者。

密密相礙：就是住在螢光幕的人，因為不認識螢光幕的功能，所以不認識螢光幕，有如住在我們這個世界的人，就要認識如來法身功德、認識如來法身的功能，我們才能認識如來法身。螢光幕的人先認識螢光幕的功能，然後才認識到螢光幕，這樣他就認識到螢光幕與自己的世界雙運了，那是認識密密相礙了。

今天我很簡單地講四重緣起，明天我詳細地講相礙緣起，然後講每一重相礙緣起裡邊提供一些甚麼東西能給我們生活啟示，提供甚麼東西能令我們思維正確一點、説清晰一點，這就是人與人生了。

第四講：如來藏相礙緣起與人生智慧

相礙緣起的「礙」，意思是一些條件一些局限，我們就是在條件和局限的限制下，適應成為「有」、不適應就不能成為「有」。「有」的意思我已經講過，就是「存在或顯現」。

「存在與顯現」而成為「有」是佛家最究竟也最簡明的定義。許多人説「有」，就會牽涉到一大堆複雜的概念。這究竟定義，和禪宗所講的公案符合，所以禪宗其實也是把「存在與顯現」當成是「有」。我們很可能認為存在的東西當然顯現，顯現當然是存在，可在相礙緣起裡邊建立這個「有」有四種情況：「既存在亦顯現，雖存在不顯現，不存在唯顯現，不存在不顯現。」

關於第四個「不存在不顯現」就是我們所講的「無」，不

存在也不顯現當然是「無」，「無」的定義就剛好跟「有」相反，所以「既存在亦顯現」很容易理解，當然就是「有」。

「雖存在不顯現」對我們來講比較難理解，可是你們如果聽過我講如來藏的定義你們就曉得，如來法身就是存在而不顯現的。如來法身不能用我們識境的理解、識境的語言去講，所以我們說不可思議，這個不可思議就是對我們不能顯現出來，等於《金剛經》中所講不能拿色與聲音來見如來（《金剛經》有一個頌：「若以色見我，以音聲求我，是人行邪道，不能見如來。」）。那就是因為如來對我們來說是「存在而不顯現」的，那你們就會懷疑在我們這個世間有沒有存在而不顯現的東西呢？現在醫學研究人的穴道、經絡都可以說是存在而不顯現。針灸是按穴道做的，醫生一看穴道在甚麼地方用針、用艾來灸的，可是我們的穴道你自己看哪裡有顯現出來？所以識境裡邊也有「雖存在而不顯現」。其實我們的心也有存在而不顯現，我們給它個名詞叫做「潛意識」——潛在不顯現。我們顯現出來的意識是顯現，我們平常的意識是顯現出來的，當我們看東西、聽聲音時，意識也幫著運作，所以我們便看得到是甚麼，聽得出是甚麼；由看到、聽到，就感覺得到這個意識是顯現的。「雖存在不顯現」和我們的修持有關，禪宗說「開悟」，「開悟」的意思就是你本來這個「悟」是存在的、可是不顯現，所以要「開」，「開」那時就「悟」了，所以禪宗的「開悟」就等於說我們有一個「本覺」。那我們就可以講這個「本覺」是雖「存在而不顯現」，如果「開」出來就顯現了。所以「雖存在而不顯現」，跟修持的關係很大。

「本覺」是說本來我們有菩提心，可是為甚麼世間的人

一般都沒有菩提心顯現出來呢？所以我們就曉得學佛就等於把本來存在的「本覺」開發出來。怎樣開發呢？先要看這個「本覺」是怎麼被蓋住的？被甚麼東西蓋？蓋的作用是怎麼樣？那麼我們就可以針對這個情形把蓋住「本覺」的東西拿開，那就是「開悟」，令它「存在又顯現」。當這個「覺」顯現出來的時候，我們就可以說跟著佛家的五道，資糧道、加行道等一步一步地「開悟」，「覺」就一步一步地顯露出來，那我們就走上解脫的道路，因此開發本覺就與人生觀有很大關係了。

現在講講我們「本覺」到底是給甚麼蓋住的？在佛家有一個詞叫做「無明」。我們本來有一盞智慧的燈，放出智慧光明，可是我們拿一個罩把它罩起來，這個罩就是「無明」。「無明」不只是我們這一生造成，是我們一生一生一直造成，我們的根源「無明」叫做習氣。習氣每個人都不同，怎麼譬喻習氣？就好像喝茶的茶壺，如果你們用紫砂壺來泡茶，泡久了紫砂壺裡面不用放茶葉，光兌開水也可以倒出一杯茶出來，這個「茶」其實只是在紫砂壺上面的東西，這可以譬喻作我們的習氣。人生出來都有偏愛，這是沒法解釋的。就拿我來講，我很怕吃醃菜，我年紀很小就覺得青青綠綠的菜把它顏色弄成這麼難看，就覺得這樣不好，我就只吃青菜。我只是一個直覺 —— 看見它不好看，原來青綠的菜怎麼變成這個顏色？就不吃，可是火腿我吃，有人說火腿也醃過，為甚麼你就吃？我說火腿好看啊！所以這就是習氣。舉我的例你們就曉得甚麼叫習氣了。你們檢討一下，其實你們每個人都有不同的習氣，這個習氣就是無明所住的根基。

因為我們是住在句義（概念）的世界裡邊，我們拿名言

來作抉擇，那這樣修佛是很難的。為甚麼呢？我們原來生在這個名言與句義的世界裡，我們的生活脫離不了名言與概念，如果沒有了名言與概念，就沒有知識。念書就是學名言與概念，這麼辛苦學來的又說要離，談何容易？那我們人生的修持到底應該怎樣呢？我們就有一個譬喻叫做「水面作畫」，你們住在西湖很容易體會這句話：你拿一支筆，在水面上畫一幅畫，畫一個圈就夠了，到底這個圈有沒有畫出來呢？好像畫出來，其實這個圈從來不成一個圈，因為你這樣畫的時候，你畫的水波已經流過去了；你再繼續畫，水波又流走了，所以你好像作了畫，其實那個畫不成畫，這樣就是我們的生活層次 —— 我們對甚麼東西用甚麼名言與概念去應付，可是我們應該曉得這其實是水面作畫。我們畫出來的圓圈可以交給老師評分，老師說畫得這麼圓可以給你一百分，識境中用名言與概念來生活，可以把那個圓圈交出，可是你同時要曉得你那個圓圈根本沒有畫出來，也就是說我們在這個識境的世界裡邊生活，用種種名言與概念去應付問題、用種種名言與概念去交卷，其實我們所做的不是成立「有」。為甚麼？因為我們圓圈沒有畫出來，看起來像「有」，可以應付日常的東西，但到底圓圈是沒有畫成的，所以你不能說我把圓圈畫成了「有」，這就是我們生活的態度。簡單來講，就是我們在日常生活裡完全按照日常的規律來生活，國家法律、名言概念，好，應該遵守！其實你所遵守的也等於是水面畫畫，本質上是沒有的，在相上「似有」、可是在性上則「非有」、在用上是「真有」。如果我們把一切東西按性、相、用來分析，你就曉得所真有的只是那個功能，所以我們考試真的可以及格、做事真的可以把事情辦好，對家庭可以把父親母親照顧好等等，這個水面畫畫的用是「真有」，

可是水面畫畫的相是「似有」（圓圈是似有而已的），性是「非有」（因為根本沒有畫成圓圈）。我舉這個例是希望你們明白，從性、相、用來分析水面畫畫，懂得這個譬喻你就馬上懂得我們在這個名言與概念的世界，應該怎麼做人，應該在名言世界裡怎樣做人而不「執有」，不「執有」，我們的心就得到改造，成為自在。平常人當他也是在水面畫畫的時候，他是「執有」的，那時候他的心就等於有個罩，罩住我們智慧的燈了，所以就看不見「存在而不顯現」的本覺。這個譬喻如果能夠這麼理解，那你生活得會很自在，很瀟灑，做甚麼事情都不要把它當成是「真有」，從性、相、用來認識（三個同時），這個就是我們講「存在與顯現」中的「雖存在而不顯現」。

「不存在唯顯現」，這個最難講。我舉過隕星的例子，按甯瑪派的教法來講，「不存在唯顯現」如隕星。在古代祖師的著作裡邊舉這個例還不容易理解，隕星飛過，應該是存在又顯現呀！不，這只是隕石，不是隕星。隕星是已經毀滅的星，可是仍然在天際顯現，所以實際上是不存在而顯現，這應該是祖師在很深的止觀裡邊觀察出來的境界，這個境界，等於說，我們現在星空裡邊的星有些很可能已經不存在了，可是它的光還是顯現出來，我們還可以看得見，我們看見的其實是過去的光。如果這個星距離我們一百萬光年，那麼要一百萬光年的時間我們才看見它隕滅；如果現在它殞滅了，我們還要一百萬光年以後才看不見那個星。所以在它殞滅以後，一百萬光年還顯現，在我們這個識境裡顯現，可是它已經不存在了。還可舉一個例子，譬如陽燄水，看見陽燄呈水相，所以渴鹿就跑過去喝水，及至近前，水相不見了，這陽燄水因此也是雖顯現而不存在。如果在修持上來講，那

是甚麼呢？例如我們的「分別」其實是不存在的，可是顯現。這樣解釋，應該可以把「不存在唯顯現」講清楚了。

現在我先講「分別」與「了別」兩個名相。

佛家講「分別」不同「了別」，「了別」好像現在我一看她是女孩子、你是男孩子，那是「了別」；他年輕一點、你年老點，那是「了別」。為甚麼呢？因為這不是落在概念與名言，只落在規範裡面。就如你是黃種人，他是白種人，我們「了別」。當這個「了別」的時候，我們並不是要做個檢查，你這個顏色這麼白、這麼黃等等，一眼望過去就說這是白人、黑人、黃人，那不叫做「分別」，只是我們習慣了曉得有這樣不同的分類、有不同的規範，是自然而然的，在那裡我們不能叫「分別」，只是「了別」。我們喝的是茶不是酒；也可以「了別」我拜的是佛不是拜十字架，這都不要用名言、概念，是自然而然就懂得。好像剛出生的小孩，誰都沒教過他，他拿到熱的東西便鬆手，那是「了別」；沒有一個小孩子蠢到你拿火來燒他，他不把手拿開，還把手伸過去。為甚麼？因為有一個與生俱來的本能，所以叫「了別」。「了別」我們是不否定的，在甯瑪派還有一個名詞給它，叫做「明分」，人因為有「明分」了，所以就可以「了別」；人有一個「明分」，所以可以被「了別」；被「了別」跟去「了別」都是因為我們與生俱來有一個「明分」，所以可以「了別」。

「分別」就不同了，「分別」是落入名言與概念的，如我們歧視黑人，那是因為我們有個「分別」心，覺得黑人愚蠢或者很凶，所以就要避開；我們覺得這個人有錢就要尊重他了，沒錢可以瞧他不起，那是「分別」；如果兩個人坐下

來，你看這人有錢那人沒錢是「了別」，沒事！可如果你看見他有錢，對他說話就客氣，對那個沒錢的不這麼客氣，那就是「分別」。如果按名言概念來「分別」的話，我們的「意業」就越來越壞了。如果我們受分別心影響造成種種意業，這個意業慢慢就成習氣（習氣就是無明的住地，無明就住在習氣裡面），所以我們一生一生非輪迴不可。有時候我們覺得這個世界沒有果報，不見得做壞事的人馬上有報應，其實最平和的報應是要他不斷地輪迴，雖然有機緣能學佛，但也學不到，總之他想解脫比人家要艱難得多，這樣其實也是一個果報。可是果報實在不是說這樣做馬上就報，以至很多人求福的時候相信果報，作惡的時候就不相信了；去拜神求福有因果，可是一出來做壞事，因果對他來講就不當一回事了。關於因果其實還可以多講兩句：果報是不能贖的，並不是我做這件壞事，我再做一件好事就把它抵消了，不是！還是兩件事，做壞事有惡報，做好事有好報，不能贖罪，所以做壞事的人不能說做了多少好事，就可以把惡報抵消了，而且釋迦還說，果報是自業自受（也可以說是自作自受），就是說我們有惡業要自己來修、要自己懺悔，不能請人家代我來懺悔、來修法、來消滅我的罪。講到「不存在唯顯現」我們就可以說業報不存在（因為還沒有報），習氣是存在，可是這個習氣也是我們施設出來的名言，並非是我們的心真的像茶壺一樣，沏茶久了可以兌開水變茶。現在我主要講「不存在唯顯現」。說習氣，其實解剖你的心看不到習氣是放在甚麼地方，我們只是說如果不斷地作同一意業、無論作惡或者行善，就等於茶壺的茶漬會積累下來，因此我們有習氣。這個習氣按瑜伽行所講，是存放在我們的第八識，其實第八識也是施設，凡是施設的東西都是不存在，可是因為它有明

顯的功能，所以它就可以顯現了。有功能，習氣看不見、不存在，沒法把它找出來，可是有習氣這種功能就令你輪迴，這是我們講的要點。你要曉得並不是有一個我們找得出來的事物，證明它存在，然後才說它令我們輪迴；一個找不到、不可見、不可思議的事物，發揮它的功能就令我們輪迴，這點要理解。如果真的找到一個事物令我們輪迴，動手術把它割掉就算了，就不輪迴，就解脫了，所以學佛這麼難就是要我們對付不可思議、看不見、聽不見的一種功能，是這種功能令我們輪迴。它剛好與如來法身相對，如來法身是佛的智境，我們解脫了就證佛這個智，也可以說，當我們證到佛的智，我們就不輪迴了、我們解脫了，這如來法身也同樣是看不見不可思議的，而且，對識境來說，如來法身也恰恰提供了功能，現分（生機）和明分（了別）。

我們心裡邊有一個功能，這個功能能夠顯現它的功能出來，令我們輪迴，可是我們不能說它存在在我們心的甚麼地方，所以我們不能用事相來修。事相是具體的，拜佛就是這麼拜，如果我們光是拜佛可不可以解脫呢？不能。拜佛是既存在也顯現的一個動作，可是用來清除找不到事相只有功能的事物就不成了，因此學佛是用功能來對治功能，就是用解脫的「用」來解脫我們這個輪迴的功能，我們有輪迴的功能也有解脫的的功能，能把解脫的功能發揮出來，這就是「覺」。

我們的心有兩邊，一邊是解脫的功能、一邊是具有輪迴的功能，所以在《大乘起信論》就說為「心生滅門」，「心真如門」。兩個其實都是講功能，這個是有生滅的功能，我們興起這個作用，落在生滅門這一面是輪迴，落在真如門這一

面是涅槃。所以唯識宗人批評《大乘起信論》，説是偽作，因此強烈反對「一心二門」的説法，他們的見解，其實並不一定正確。天台、華嚴、禪宗都是懂如來藏的，所以他們就像我剛才那麼講的去理解，認為這是合理的，而且對人生的修持來講是最有用的理解。唯識宗偏向於心識這方面來作心理分析，所以他們就覺得這兩個矛盾衝突 —— 不能在一個心裡邊有正負兩邊不同的東西。其實我們不是説存在這兩塊東西（「心生滅門，心真如門」），它是不存在而顯現，因此顯現就是功能，不存在是相，生滅門這個功能令我們輪迴、真如門那個功能令我們涅槃，所以我們「一心二門」。現在如果把水面作畫配合來講，你們就可以説，我們畫的圓圈是生命，我們覺得自己已經化成一個圓圈在水面，那是生滅門的事、是輪迴界的事，所以我們按名言與概念去應付我們這個環境，那亦是生滅門的事、是識境範圍裡的事；可是如果我們懂得我們畫的圓圈其實沒有畫出來，那麼我們就開始了解真如門了 —— 圓圈在水面畫不出來，這樣看就見實相，見實相就證真如，這是涅槃界的事，那麼這就是智境方面的事。我現在沒有叫你光要這邊或者光要那邊，光要一邊都不行，如果你光是要生滅門學怎樣做人、怎樣應付事情，你可能在輪迴界做得很成功，可你必然永遠輪迴不能解脫；如果你住在心真如門，那當然好，是解脫道，就是涅槃了，可現在你還是在這個世界上生存，你還要適應這個世界的名言與概念，所以釋迦牟尼的化身佛還是要吃這個生滅門的飯，他還要穿這個衣服。所以你不能説凡是世俗的東西我們都不要，那樣就不能生存。心生滅門與心真如門雙運就是智識雙運界，那我們就感覺到識境沒有離開過智境，智境要靠識境才能顯現，所以我們談智識雙運、一心二門的雙運了。從甯瑪

派建立的這個「存在與顯現」的分析，心性與法性雙運也等於是智識雙運，就是我剛才以水面作畫來作例所講的。

現在回頭再講相礙緣起這個話題。先複習一下，「礙」是我們要服從條件與局限才能成為「有」。「有」是存在或者是顯現，是相礙緣起定義下的「有」，了解相礙的「有」，那麼現在可以直接講相礙緣起的內容了。

第一個「外相礙」。外相礙是配合業因緣起來修的，拿業因緣起來作抉擇，外相礙是決定。我們每一個修都是這樣——拿一個見地作抉擇，然後拿這個抉擇見來觀修，在觀修後得到一個決定見，然後去現證這個決定。現證是不講的、不教你怎麼現證，因為如果老師教了你，你就會把他的話當成名言與概念，在你現證決定見的時候，你就按照老師所講的來「現證」，結果當然修不成，因為每個人的現證都是不同的路，所以這個我們不講。那麼抉擇與決定是見地，修第一重用業因緣起，我們拿業因緣起作抉擇，然後得到外相礙的決定。

外相礙就是外境所受的局限，它們適應外境的局限，然後呈現為有、顯現為不同的外境。為甚麼它顯現為山？它顯現為水？我昨天也舉例講過，為甚麼這一塊顯現為光？那一塊顯現為聲音？然後聯繫觀音菩薩在《楞嚴經》所講的六根圓通，光與聲音是圓通的，耳根與眼根是圓通的，就是說我們耳朵可以看見光、眼可以聽到聲音，那是打破了相礙，現在就是講一般人的相礙。光與聲音的相礙現在很容易理解，你們念物理學的人，這一段波是光、那一段波是聲音，你們這個原理非常容易了解，可是在思維時，有時候你就不理解甚麼是外相礙了。我舉個例，例如怎樣來分別善與惡？如果

按一些大的原則,可以按法律、倫理、人情。可是你還要了解,從全世界各個民族來講,善惡有時候你很容易誤會它,比如有一些民族,你如果跟他握手就是和他挑戰了,馬上就會打起來。這裡我只是想說明善惡是有文化背景的,這些背景很複雜。你們當然說我現在學佛我做善的事、不做惡的事,那是對的。可是你如果了解了外境的相礙,你就曉得善惡其實很難定義,只能有相對的標準。就說警察去抓小偷是善的吧?可是對那個小偷來講警察就與他結下惡業 —— 小偷被抓,當然是警察與他結惡業。所以將來警察在報應方面,整體來講是善業,可是在個別來講,再與那個小偷碰面的時候,那個小偷就會當成惡業來報他,所以業力問題就是這麼複雜。為甚麼大修行人也有不自在、有人家添麻煩的時候,那是他所作的善對某些人來講剛好是惡,這個很難避免、沒有辦法避免,你想象小偷與警察這個道理,你就曉得人生應該怎麼來決定業因。

如果從究竟來講就是說:「非有非非有」。業力也是「非有非非有」,如果修到這個境界,那麼惡業都不起,只有善業自然而起,可是我們是凡夫,不能說「非有非非有」這麼一解釋就過去,實在的果報還是存在的,而且有文化背景、社會背景等等,這個相對的善惡很難決定,因此我們現在回到前面所講的人生態度 —— 水面畫畫,當你作善的時候當是水面畫畫,附帶而來的惡也是水面畫畫(這是以警察捉賊為譬喻),水面畫畫可以用剛才所講「非有非非有」,水面畫畫的圓圈沒有畫出來是「非有」,可是這個「非有」也要「非」掉,所以「非非有」。所以當說「非有非非有」時,「非有」不是「無」,「非非有」不是「有」,要這樣理解。

「非有」是一個狀態，還要否定這個狀態，所以非這個「非有」。水面畫畫、畫一個圓圈是「非有」，可是這個「非有」也要否定它，圓圈不是沒有畫起來，在識境中我們覺得它畫起來了，所以說「非有非非有」。從水面畫畫引到「非有非非有」，這是一個相當高的層次，現在我就詳細講「非有非非有」，「非有非非有」才是我們正確的生活態度。

現在要講《楞伽經》。《楞伽經》中釋迦牟尼講了一大段牛角與兔角。牛角有、兔角非有，這是一般人的看法，可在《楞伽經》裡釋迦牟尼說兩個都錯。我們說牛角有，我們分析這個牛角，我們分析不到它半點基本實在的存在。如果用現代科學語言來講就是說你分析不到一個真實存在的基本粒子（佛經稱為「極微」），你找不到一個不能夠再分割的極微，因為凡極微都能分的，不論你分得多麼小，它還是一個立體的東西，凡立體就一定可以再分割，所以沒有「極微」，沒有牛角的「極微」，牛角就不能說是「有」。那麼兔角我們說「非有」，有沒有錯？也錯！為甚麼你會說兔角「非有」？你是基於與牛角相對的概念才說兔沒有角，如果不是跟牛角相對，就不會有相對於牛的「角想」而認為兔無角。所以問題不在「有」與「非有」，問題在於我們憑甚麼說它有沒有？在《楞伽經》裡講，這就叫「角想」了，「角想」即是角的概念，有角想，那牛就有角，兔就無角，因為我們先有概念，然後憑這個概念來看有角、無角，這個概念是識境的概念，如螢光幕影像上的人看螢光幕的世界所依據的概念，如果離開螢光幕的世界，這個概念就不真實了，所以釋迦牟尼就在佛後得智境，說兔角是「非有非非有」，這後得智境，即喻為離開螢光幕的人的觀點。

現在我們可以回到前面講的一大堆東西了，主要還是落不落在名言與概念的問題。落在名言與概念只有說「有」與「無」，不落在名言概念就可以說「非有」，同時「非非有」。講「非有非非有」的時候，也是講雙運，有這個「非有」與非這個「非有」，即是肯定這個「非有」與否定這個「非有」的雙運，肯定與否定雙運，是很高的辨證，遠遠超過西方哲學。所以說佛家也有辨證，不說「有」與「無」，因為這落於相對，凡相對就必不真實。為甚麼呢？因為凡相對就必然落於名言概念。所以離名言概念（想）就只能說「非有非非有」，佛家有時候講「非常非非常」，都是用這個模式，就是用「非 X 非非 X」，這是《楞伽經》很重要的模式，跟《金剛經》中「A 非 A，是名為 A」是一致的。我們怎樣看人生，就要從這裡來看了。

好了，現在休息一下。等講到內緣起、內相礙的時候，我就分析這兩個問題的分別，外相礙大概你們都了解了。現在你們可以提問題。

* * * * *

問：談老師，最近幾十年來中國的人口增長很快，建國到現在六十年人口增長兩倍多，按照佛家的輪迴理念，那麼多生命是從哪裡來的？還有講人工繁殖，比如說雞、甲魚人工繁殖後一下子幾十億生命就出來了，我比較困惑這種生命又是從哪裡來的？

答：不要困，惑就好了。你們是落在一個個體的概念來理解，所以有疑問。你們認為人死以後還是一個個體，一個個體就輪迴成一個新的個體，舊的個體滅了就有一個新的個

體生起，因此只能一對一，所以原來有四億五千萬人，現在
十五億，那麼這個增長到底是從哪裡來呢？其實很簡單，我
們輪迴，你們把它叫做靈魂，而且把它建立成一個個體，這
樣是不對的。如果是這樣就是「有我」，不是釋迦牟尼講的「
無我」。我們輪迴其實只是多生以來的業力，唯識宗說這個
業力有一個載體，其實說為載體，不如說有一個載業力的功
能，這個功能就在我們的心識。我們死了之後，只有這個東
西，這個東西怎麼稱呼呢？在小乘把這個問題研究了差不多
一千年，到現在還沒有得到結論，他們叫做「不失法」等
等。小乘我不講了，就講大乘，大乘唯識宗建立一個 ālaya
（第八識），梵文 ālaya 的意思就是等於一個保險箱；梵文這
個 ālaya 另外可翻譯為藏識，這個藏識是藏的意思，所以我們
這個業力就藏在第八識來輪迴。可第八識也只是施設一個名
言給你理解而已，並不是我們心裡有八份，其中一份是阿賴
耶識，並不是這樣的。其實施設阿賴耶識，還是說有藏的功
能 —— 有把業力保存下來的功能。這個功能放在甚麼地方？
如果按佛所講的《中陰經》，（現在西藏密宗叫做「中有」，
中陰等於「中有」），中陰身是有第八識的，阿賴耶識附在中
陰裡邊輪迴，當這麼講的時候，釋迦牟尼也怕你們把一個中
陰（中有）身當成是一個個體，所以如果讀過《中陰經》你
就曉得了，釋迦牟尼其實在《中陰經》裡邊也是講中有身的
功能，只是等於一個承載業力的載體而已，它不是一個個
體，它沒有物質身，它只有藏著業力的功能，因此並不是由
上一生的一個業力投胎為下一生的一個個體。我們這個業力
可以分成五種，叫做身、口、意、功德、事業五種。如果我
們身業很強的時候，身業這份可以獨立分出去輪迴。那就是
說口業、意業、功德、事業也都可以各自分成一個靈魂（你

們所說的靈魂）。我所講的業力可以分成五個靈魂是有例子的，例如一個如來法身就可以分為五方佛，五方佛剛好是身、口、意、功德、事業五種法身的用，如來法身可以變成五方報身佛當然不是輪迴，我只是拿這個舉例來解釋，人也可以身、口、意、功德、事業輪迴。假如一般人其他業力都不強，只有其中一個業力特強，好像說功德特強（例如，法師一般都功德特強），那麼他在輪迴的時候就按功德的力為主導，功德可能就成為一個身，其他身、口、意、事業叫做「依報」，主要跟著功德的「正報」。可是現在人一般身、口、意、功德、事業都有特殊的好、或特殊的壞（你看看現代人的行徑就曉得了），他不是全身放在功德這塊、或者所有事業放在口業這塊，他們可能口業非常好，可是意業非常壞，輪迴的時候，這個口業就是善報，那個意業壞是惡報，所以一個人可以變成兩個人（姑且這麼說）。

　　為甚麼可以輪迴做人？是因為標準的問題。我前面講過相礙緣起，從前做人的標準恐怕高一點，現在低了，所以原來不能做人的中有身（沒資格做人的）現在夠資格了，所以就說它能升級罷。本來人的局限、人的相礙它的業力不能適應，所以只能輪迴做畜牲，可是現在它夠資格了，因為做人的標準降低了（這一點我不曉得你們有沒有這個感覺）；當人的標準降低時，原來只夠資格做畜牲的中有身現在有資格了（那是相礙緣起的「密相礙」，我準備講的），所以它可以做人，所以我們現在發現有些人的行為跟禽獸差不多。真的！在古代沒有這樣像禽獸一樣的人，你看做假藥的，還有連醬油都有做假的。在古代賣藥的人哪裡敢做假藥呀？！他怕報應、怕因果！現在不是。現在是看成本，用假來代替，

成本減輕就敢做，結果左代替右代替，藥不但不能治病，還可能害人。加拿大有一個新聞：媽媽把一瓶藥膏給孩子擦皮膚（因為他皮膚癢），結果孩子全身皮膚很多地方死亡了。皮膚死，怎樣治呢？要把皮割下來再植皮！本來這是小事一件，哪個孩子皮膚癢媽媽不買點東西給他擦？！可是造藥的人不曉得放了甚麼東西，新聞上說甚麼東西放多了，導致皮膚死亡了。我覺得像這種藥商，按以前的標準應該做禽獸，不夠資格做人的。所以現在人口增加有兩個因素：一個是人的標準問題；另外業力不是一個個體，不能把它當成一比一來輪迴，因此人口就增加了。這就可以解釋為甚麼全世界的人口都在增加。

　　問（這是一位法師的提問）：智識雙運在實質的觀修是怎樣操作的？這幾天您講的智識雙運中，「智」是如來的智境，「識」是緣起畫面中顯現的這個世間，這裡存在一個問題，就是這個識境，生死無常的世間是我們現證了、知道的，而如來的智境似乎是一個禪的境界——超越我們三維空間與一維時間範圍的；這樣一個是我了解的（識），另外一個是我不認識的（智是怎樣的境界我沒有現證，沒有如來這樣的功德），這兩者怎麼開始雙運呢？

　　還有個問題就是您在講每人都有「本覺」，之所以不顯現是因為有燈罩，然後我想知道「本覺」的「覺」跟佛陀最後圓滿功德妙覺的「覺」之間有怎樣的差別呢？

　　答：先答你後一個問題。「本覺」開悟以後就可以說是「妙覺」。我們說「本覺」就是本來具有的一個覺性，可是

被名言與概念無明等等障礙，覺性就不顯現，就「存在而不顯現」；當覺性顯現的時候也有一個過程。「覺性」的定義就等於如來所講的「覺」，覺性就是「覺」的性，「本覺」、「妙覺」都是這個「覺」。不是識境中的覺悟，這個「覺」是智，你不能說我識境中聰明了解就是「覺」。現在的「覺」，覺到甚麼？用我的譬喻就是先覺到如來法身功德，然後覺到如來法身；你先覺到有螢光幕的功能，然後就覺得有螢光幕。所以有階段的，當你覺得有如來法身功德的時候，還不是「妙覺」。

　　法師插話：其實我要問的是，如果這個「本覺」跟佛的「妙覺」是同一的，那正是各宗特別是唯識宗批評如來藏思想典型的問題。

　　答：不同一！覺性的「覺」定義是同一的，可是這個「覺」我們甯瑪派叫做「自性住種姓」。這個是本來有的「覺」，是自性住的佛種姓。我們這個種姓有「本覺」存在，可是還有一個「習所成種姓」——那就要修！有這個「覺」，還要修，才能顯現我們本來有自性住的種姓，這是瑜伽行的講法。（瑜伽行古學是唯識今學的祖師，我奇怪，現在講唯識的人，居然連祖師的說法都忘記了，只依名取義，因為「本覺」的「本」就批評了。）如果我們要把這個「本覺」顯現一如佛的「妙覺」，那就要修五道。五道裡邊到「見道」，開始開發了「本覺」、自性住種姓起功能了，它所起的覺，本質雖然跟如來的妙覺一樣，可是不周遍、不圓滿。妙覺是「正等」（平等所以能周遍）、「正圓」（圓滿所以平等）。甯瑪派喜歡用一個譬喻來說明這個問題。小孩子在暗室當中，抓起窗簾，一道陽光驀然射入。這孩子看見的

陽光（本覺境界相），等同在露天白地的陽光（妙覺的境界相），可是陽光雖同（覺的相雖同），境界卻不同（「正圓」、「正等」都是境界），所以說「本覺」與「妙覺」不同一。所以要經過二地到十地菩薩的觀修，然後由習所成種姓，與自性住種姓雙運，才能變成「妙覺」。這就是，凡是「覺」，本質都一樣，然現證境則大有差別。可以說初地菩薩是暗室中打一個洞讓陽光透過來，所以他是初地的境界，見了光叫做「見道」，可是要修到把這個房子拆掉，見到整片陽光，這個境界才是如來智的「覺」境，一束陽光與整片陽光，即是見「本覺」與「妙覺」的分別。你不能說這束陽光不同於這片陽光，也不能二者境界相同。唯識宗可能把這個瑜伽行所說弄混了，所以他們說沒有「本覺」、否定「本覺」，說假如有「本覺」你就成佛了。不是這樣，境界還要修，所以才要分十地菩薩（這麼多地），否則初地菩薩就是佛了。只拿一個名相——「覺」來講是斷章取義，他們沒有「本覺」，只有「本淨」。心的本淨他們承認，心有「本覺」，有這個「覺」的功能則不承認，所以他們要否定許多宗派，就是因為這個問題的諍論，我明白你問的重點在甚麼地方。現在你明白沒有？

問：您說見這個光要見道後才能得見？

答：見道開始。

問：我怎麼能見到第一束光？

答：那是加行道的事。加行道等於是在蓋著如來法身的

蓋子上鑽洞，這個洞，加行道不是有四個位嗎？到「世第一位」就差不多鑽通了，所以超越「世第一位」之後，初地菩薩就見到了光。瑜伽行與甯瑪派特別重視加行道四個位的修法，資糧道是講見地、講理論，附帶講修止觀的基礎；一到加行道，主要是拿着見地來修，所以加行道其實是我們修學過程中最艱苦的一段路，所以禪宗所謂的「重關」就放在加行道上，要破了這個「重關」還有一個「牢關」，這個也要修的！唯識宗看著「本覺」就否定說，那就等於不要觀修，那是誤解。他們沒有想到他們的祖師講「習所成種姓」——還要修習。任何宗都沒有否定修習，哪有一個宗說我不要修了？從來沒有！所以你的問題就是，「本覺」是原來存在的，所以稱為「本」（本來就有、本來存在，看不見），從資糧道、加行道，令它開發，把障礙去掉，打個洞後，初地菩薩見光了，見那個智的光了，這個智的光跟佛證的光本質上是一樣的，可是見光的境界不同，十地菩薩跟佛的差別，都是境界不同，所證的智，其本質是相同的，因為證的智相同，所以就說「自性住種姓」是相同的。佛跟凡夫相同，「自性住種姓」原來住在心裡邊的種姓，可是「習所成種姓」不同 —— 佛用這個種姓觀修，凡夫有這個種姓可是他不修，所以「習所成種姓」不發揮功能。禪宗不是也說其實我們滿身都是寶，可是我們自己不曉得。佛講過一個故事：一個爸爸把寶藏在孩子的衣裳裡，結果這個孩子在外面流浪，穿著這個破衣裳還不曉得衣裳裡邊都是寶。那就是講我們不懂「習所成種姓」，可滿身都是寶就是「自性住種姓」，要依佛的譬喻來理解「本覺」，不要咬文嚼字，斷章取義。

　　問：現在科學發展了細胞的克隆、基因的克隆，現在克隆人，人跟動物混合細胞克隆出來的羊也出現了（因為我是搞高分子材料的）。現在高分子材料發展也在研究用自然界的高等材料模仿人的細胞，未來的人類有可能是人和高分子複合材料的一種機體再加上生物芯片，就是說，新新的人類可能會在未來的幾十年後出現。我想問從佛教的觀點怎麼來看這個現象，然後他們的種姓跟佛的種姓有沒有區別？

　　答：這個問題非常的好。說句不好聽的話，現在人類一直走一條毀滅自己的路，所以人的共業變壞了。我這樣的年紀還到處奔波講學，也是希望為人類做一點點小小的事業。現在你所說的其實跟那個轉基因有關聯的，雖然不是同一件事。如果告訴你從今年開始，美國政府准許北美洲轉基因的肉不要標籤就可以賣了，那就是說，如果有一個標籤的話，就怕人不買，如果不加標籤，人家買了，吃了以後都不曉得是轉基因的。其實轉基因的不只是肉，加拿大有種西紅柿的農場，請的都是從大陸去的移民，不需要文化，這些人背著藥箱從兩邊一直往前走，噴灑農藥，一直從頭走到尾，西紅柿馬上就結果了；然後再出去換一種藥又噴，從頭走到尾再走回來，西紅柿都紅了，所以每個西紅柿大小差不多、形象差不多、顏色一樣。所以現在我們懂得了別了，看見長相一律的西紅柿都不買。其實還有很多是轉基因的東西，這樣的發展是從甚麼來的呢？是一些有錢人希望用超自然的方法把自己的身體保存下來，現在研究還只是造人，可是這樣很快發展下去一定依標籤來造人，大財主或者有大權的人，他想造第二個自己來繼承自己，而這第二個有他自己身體的因素，他就覺得自我還存在，在佛家來講當然這是自我的擴

張，擴張得不合自然了。如果將來流行有權有勢有錢的人都
這麼幹的話，這個世界我真的不曉得會變成甚麼樣的世界。
將來變成兩代人、三代人的大衝突，就會表現成各種仇殺
——　孩子殺爸爸、爸爸殺孩子都會出現；第二代跟第三代的
爭財產、爭權；現在還有更可怕的是研究用一個電池機械種
在大腦裡邊控制你的思想，從好的方面講，你是有智慧的，
我們把智慧保存下來，使你生出來就有這個智慧了，你生出
來就是愛因斯坦，你再繼續研究，當然能夠超越愛因斯坦
了！如果從好的方面講是這樣，不過這樣很不自然，我們佛
來到這個世間還是小孩子，還要學習，沒有不通過學習就能
保存他前一生的功能與智慧的，所以菩薩都有隔胎之迷，那
才是正常的，要不然每個菩薩都學富人那樣做了。為甚麼
不？不好嗎？不好！就是把自我擴張。佛家說「無我」，你
現在把自我擴張得不得了，而且還是很不自然地擴張、違反
自然地擴張，那將來就會有很多反應是人類想不到的。現在
西方也開始覺悟了，因此，有很多電影，預言人類拼命地擴
張自我有甚麼效果，把這些提出一個警告，那就是人類的大
悲劇。

　　所以為了利益來研究克隆的人當然有，可是恐怕反對的
力量也很大，所以將來到底往哪一條路走就是人的共業了。
所以我希望把佛法講明白，讓人的心有點改變，反對自我擴
張的力量就越來越大了。

　　你是作這個行業的？

　　提問者答：我是作生物芯片的，生物芯片已經模仿得非
常精細了。

談：希望你知業，這樣人類的擴張就少了。

提問者再答：世界上有很多機構支持大量的人做這樣的事，很容易申請到項目基金。

答：是。你看人類的自我擴張啊！作惡業、作很大的惡業，本錢還很充足，所以這才是人類的危機。因為有人投資嘛，賺的利潤不得了。所以這個，真的我不敢說他們不成功，因為如果人的共業變壞、人心變壞，光是往錢看，他們會成功的。當然他們成功的時候，我們孫子、曾孫那一代一定生活得非常痛苦。所以這個事業恐怕是人類在毀滅自己了。

助教提示：剛才法師問「智識雙運」是怎樣雙運？「識」到底是甚麼？

答：「識」就是我們這個識境。

助教提示：他認為「識」只是存在不顯現。

答：「智識雙運」，「識」是不是存在而不顯現？不是！其實我講「智識雙運」只是一個省略的詞，如果整個來寫應該是「智境與識境雙運」，不過在說的時候怕囉唆，所以把兩個「境」字省略掉，就說成智識雙運，其實是講「智境與識境雙運」。

識境就是我們這個世間，是顯現的，我們世間就是心識的境界（心的行相），我們是從心識來認識這個世間的，所以它不是不顯現、看不見的。智境與識境怎樣雙運呢？這在見地上就要曉得智境與識境的關係了：智境上面有識境顯現，可是這些識境並沒有污染到智境，智境不受識境的污

染。龍樹菩薩舉個例說火浣布（就是現在的石棉），雖然火浣布像是被污染了，那是譬喻智境上雖然因為有識境（識境附在智境上面）好像被污染了，可是智境本質是不受污染的，你拿火一燒，那個石棉就恢復了它原來的白，所以叫做「智火燃燒」。那麼就修，我們一道一道、一地一地地修，就是拿智火燃燒火浣布上面骯髒的東西，所以智境雖然有識境自顯現，可是智境不受污染就好，像石棉一樣，所以智境不受污染。那麼現在看識境，智境上顯現很多世間（法界上面有很多世間），是顯現的，這個識境是污染的（瑜伽行有三種雜染，分別是惑、業、苦，現在不講雜染，當它是污染就好了），可是怎樣污染都不離智境；就像螢光幕上面的影像怎樣混雜都不離螢光幕，這樣就說為「智境無變易，識境無異離」，那麼這就是我們所說的雙運相，即雙運的狀態了。

　　那雙運的功能呢？就是智境有功德令識境生起，這個功德是如來法身功德，因此我們說它是生機，所以這是雙運所依的功能。那識境對智境有甚麼功能呢？識境證明智境的存在，智境本來不顯現，但通過識境我們就可以現證智境存在了，等於螢光幕上面有影像就證明螢光幕存在。識境令我們覺得智境存在，也可以說是識境的用。雙運的意思就是這樣。

　　問：我認為「本覺」跟「妙覺」肯定有點關係。我們學校學密宗的人也有不少，學密宗拜上師以後，上師給你灌頂，教給你身、口、意，怎麼結印、怎麼念咒，最後告訴你這個咒要念幾萬遍，四十萬遍，一百萬遍。那麼現在碰到這麼一個問題，有的人確實是這樣修，但是這樣修到一定程度

之後沒有感覺，這個「本覺」沒有變成「妙覺」，不管是甯瑪派、薩珈派都有這樣的問題，所以您是不是給大家一點怎麼修的意見，最後怎麼樣叫做「證得」了？

答：我要教甚麼法來修是不可能的。可我也曉得你說的這個密宗現象，如果你問問香港我的弟子就曉得了，我從來不規定他們念多少遍。十萬遍、四十萬遍？最厲害是每一個咒字念十萬遍！那六字大明咒就要念六十萬遍；如果念「百字明」，一百個字每個字都要念一百萬遍。如果我說他這樣做不適合、不對，那麼他們可以說在西藏的廟那邊都是這樣做。其實他們沒有講背景：西藏廟裡邊的小喇嘛從三、四歲就進去廟裡，最大七歲一定要做喇嘛了。教這些小喇嘛讀西藏的字母，他們把西藏的字母改成咒，叫做「明音咒」，念這個「明音咒」，等於學西藏的字母。學完之後，有甚麼事給小喇嘛做呢？沒有。小喇嘛甚麼都做不了，因此只能叫他們念讚頌。小喇嘛每天一起來，通過念咒字等於學習小學教材了。小喇嘛整天除了掃地、打水等等工作之外，時間多得很，因此，就叫他們念咒，十萬遍一個咒大概要念半年。他整天可以念，不像你們，也不像我，整天念，念十萬遍很簡單，他們很容易完成。所以規定念幾萬遍是為了整天躲在廟裡邊修行、生活，這是善巧方便。其實在同一個廟裡邊，每個喇嘛所學的東西都一樣，每一個寺廟還有一個個倉，每一個倉還有一個上師，那個倉有次第、有高低，大上師傳最深的法，底下喇嘛受的法最小。可是一般普通灌頂的倉、普通上師喇嘛很多，在一個大寺裡邊，一個倉可能有一兩千個人、三四千人以至上萬人都有，這一批人都是只受過這個灌頂，照道理，給他這一個灌頂，說清楚有甚麼見地，是在次第上來建立一個基，然後怎麼樣修儀軌，那是道，你應該得

到甚麼證量，是果，那是一個完整的教法。可是在西藏，灌頂越高的法，供養要越大。我是福報很好，敦珠法王傳我法，我不是進那個倉的，所以只是意思意思封個紅包獻法王。當時法王左右的喇嘛有對我怒目而視的，說我給一點點那麼少，如果這個法在西藏那要給黃金多少斤、藏紅花多少擔才能受這個法，你才給這一點點錢。我就問法王：「我是不是給的供養太少了？」法王說：「不要理他們。」可是如果在一個寺裡，你沒法見到法王，一層一層，你不把供養給那些喇嘛，你是見不到法王的。法王身邊有個侍者跟我說，如果在西藏，法王舉行一個大法會，有一百級座次，法王坐在最上面那級，而你只是坐在最低的那級。但現在你已經坐在法王旁邊了，同他一級了，坐在他兩旁了，所以你的福報很好。如果在西藏，家裡面沒錢的喇嘛絕對沒這個緣分，所以我就很感激法王，我真的福報很好，所以你講的情景我完全了解。進了一個倉之後，上師把該教的教了，小喇嘛沒有錢再往上了。他這一生可能三十歲受了這個法，從此沒錢，接下來三十年還是在這個階段，那時候怎麼過呢？三十年修一個法，所以很多事相就有規定了 —— 咒要念多少遍，修還怎麼修。現在還有教人怎樣來修的：一個本尊觀他的頭十萬遍；再觀肩膀十萬遍；一直觀下來，觀到蓮花座。那大概不曉得多少個十萬遍。為甚麼不整個本尊來觀呢？就是我剛才講的，你可能在這個倉住三十年、四十年，都是這個程度、都是觀這個本尊，所以要你觀這個十萬、那個十萬。你可以說那是善巧方便，我也可以說這是謀殺時間，那是制度問題。現在很多喇嘛因為他的廟裡邊有這個制度，所以就按這樣來傳，這樣傳還不給學生見地。我看過有些報紙的廣告，有些密宗某一個上師旅行（我也旅行啊，不過我不是傳

法），到這個地方傳單廣告一出，說這次給三個灌頂，每一個都有很大功德，每一個灌頂假如是一千塊、兩個灌頂就是一千八了、三個灌頂就是兩千五了（我看這樣也不是西藏的傳統）。灌好頂之後，教你念念咒，把那個儀軌發給你，連這個儀軌怎麼修都沒講就發給你了，見地怎麼樣配合來修，更沒有了。你可以問問我的徒弟，我教他們拿甚麼抉擇見來修得到甚麼決定。所以我就敢說，如果他們真的修幾年，他們的本覺，雖然還沒有穿過那個洞看見陽光，可是也為此做了加行、做了準備工作，如果再進一步修，我可以擔保「本覺」的光應該可以看到，那就是初地。上根的人可以見到初地。那是「本覺」。對於本覺，你不要懷疑，不要因為西藏密宗有些上師的舉動你就懷疑密宗。其實禪宗跟密宗是同一個源流的，所以甯瑪派把禪宗叫做「大密宗」，喊「大」密宗，那就是很尊重禪宗了；也特別對華嚴宗的教法尊重，因為華嚴裡有些教法跟甯瑪派的教法相同。所以如果真的一個負責任的上師，他的確有辦法令弟子積資糧，即使今生不能，在第二生、第三生有了資糧就可以開發這個「本覺」，開發「本覺」之後，如果按正規來修，我認為的確可以成佛。所以我的上師敦珠甯波車最後一次見我的時候就說：「我看我將來要按報身來死了。」我說為甚麼呢？為甚麼你不按法身來死呢？他說，是為了令人對甯瑪派的密法尊重，所以他在法國就虹光身去了。那你不能說法王沒有「本覺」、「妙覺」，不能說這個話，因為如果他的「本覺」沒有開發、沒有證量，他不可能化成虹光來死，這是有八萬人作見證的，因為有一個月的時間他發虹光，後來停止了（是我們祈禱要他停止了），身體在房子裡打坐，還打了一年多，才運到尼泊爾去裝金身供養。在這期間怕細菌感染，不隨便

給人去拜他，不是隨便拜還有這八萬人去拜他，這有記錄，
這個不能懷疑的，有很多證人，法國的報紙也報道。他也是
密宗，為甚麼法王能這樣呢？證明甯瑪派的法的確是可以令
人開悟，令人得到證量。現在出問題最多的也恐怕是甯瑪派
的喇嘛，當然我也是甯瑪派。我聽過一個故事，一個號稱大
喇嘛甚麼寧波車的人到廣州去灌頂，灌大圓滿，他不曉得底
下有人錄音，他走以後，人家把這個錄音給曉得藏文的人來
聽，看是念甚麼，聽的人一聽，笑死了，說這是西藏小學教
科書，可是他拿了幾百萬走了。現在的局面是良莠不齊，所
以你不要因此懷疑密宗、懷疑甯瑪派，這是個別喇嘛的事。
如果你真的見到大上師、正派的上師、不貪錢的上師，你真
的會感覺到痛哭流涕、真的感恩。所以我同意你現在批評這
個現象。

＊　＊　＊　＊　＊

剛才講外相礙，是講修業因緣起來作抉擇，我們就要曉
得種種因緣和合的事，其實是外境給我們的一個局限，因此
一切因緣和合都不能脫離外境的局限，要適應外境的局限，
然後才能因緣和合。剛才我還沒有下這個結論，蓋一個房子
你不能隨便蓋，你一定要挑到一個可以蓋房子的地方，所以
蓋房子的因緣和合其實還是要適應外相礙 —— 外境對你的
相礙。知道這個外相礙，就是決定見了，將業因緣起（因緣
和合）決定為外相礙。再進一步（再高一個次第），就是以
「相依緣起」為抉擇見，由觀修得「內相礙」為決定見了。

現在我就講「內相礙」。「內相礙」主要是對治我們這
個心識，所以叫做內。對治心識一般可以放到加行道，不光

是見識的問題，還要修了。現在我只講修那時候的心識。修法時有一個難題，就是我們觀想出來的佛與菩薩到底是偶像還不是偶像？一般人不太會覺得有這個問題，其實這個問題是要解決的。禪宗把佛像破掉來修，那是為了讓他的弟子曉得不是要這個偶像，佛不是偶像、菩薩也不是偶像，但如果我們修一個佛（本尊），不把他當成偶像，我們不會尊重他的；可是如果把他當成偶像來修，我們的路就完全走錯了。所以如何對待密宗本尊與本尊的壇城就是我們一個難題了。特別是密宗修自己成為本尊，本尊有本尊的咒、有本尊的手印，很多學密宗的人如果落在偶像的層次，就特別感覺到這個手印重要、這個咒重要，對整個法他只記得本尊的手印、本尊的咒，所以學密宗的人就往往自鳴得意，我已經學過五十多個手印了，你學過多少個？我懂念多少咒等等。那就等於是落在偶像崇拜的層次。這樣來修，自我會越來越大的，因為自成本尊，本尊有手印、有咒語、有甚麼功能，然後自我就覺得了不起了，越覺得自我了不起，那自我就越大了。這就是「內相礙」的問題了。

　　有甚麼東西可以解決「內相礙」呢？我們有一個工具就是光明。釋迦牟尼跟小乘人講的經裡邊特別強調「心本光淨」，光明清淨，我們的心本來是光明清淨的，這是佛對小乘人講的。心本光淨，於清淨與光明中，「清淨」對我們來講，就把它變成澄澈，好像水晶一樣代表清淨了，就是清淨的光明。所以我們就講，一個本尊按我們的根器把它看成是一個自我，可是自我怎樣消除呢？如果光是講無我，那是理論，實際上很難消除這個自我，可是在日常生活中我們的自我到底是怎麼一回事？一般來講自我就是自己了。可有時候你會把整班同學看成是比較大的自我、你也會把家庭看成一

個自我，再擴大一點，中國人都是一個自我。現在中國被美國欺負了，那麼在應付美國的策略上，我們就覺得中國人是一個被「美國我」侵略的「中國我」。再擴大，整個人類是一個自我；也可以說整個地球的生命是一個自我；再擴大，你就說所有生命都是一個自我。所以我們其實是可以把自我擴大的，越擴大，自己這個自我就越小了。因此我們給本尊的心一個種子字，這個種子字放光，如果能夠周遍這個法界，那麼你就是法界的中心，整個法界是個大的自我，那就是如來藏所講的，以智境為基周遍法界的識境（周遍法界的世間）。這時候，已經超越時空，不止是我們這個三度空間、一度時間的世界，連所有時空的世界都可以周遍了。如果你真這樣做的話，你就是如來藏所講的「我」，這樣是如來藏修的「大我」。如來藏建立四種功德：常、樂、我、淨。「常」是如來法身，法身一定常，不會斷掉的，這是佛所證的智境；「樂」是生機，因為有樂，所以世間才能生起，可是這個生機你要認識它是周遍法界的；所有周遍法界的生機住在如來法身上面，即是一個「大我」；這個「大我」的基是清淨的，呈現出來的境、相是識境，不清淨，可是它的基是清淨的。那麼「常」與「淨」是智境的常與智境的淨，「樂」與「我」講識境住入法身的自性。亦即四德中「常」與「淨」是講如來法身，「樂」與「大我」是講如來法身功德，這是如來藏建立的四德。那麼我們修內相礙，就是把自己原來局限於自己的這個「我」，通過修光明變成了如來藏的「大我」、周遍法界、一切世間的一個「大我」，所以當這個「大我」修到能現證時，自我就去掉了，沒有小我了，這是如來藏直接的修法。

　　這個修法其實跟禪宗的修法是相通的。有一個禪師在鋤地，另外一個禪師去見他，就問：「我修了幾十年的禪，你看「我」在何處？鋤地的禪師就告訴他：「你走路。」他就往前走，鋤地的禪師突然把鋤頭往地上一戳，高聲喊他的名字，他一回頭，鋤地的禪師說：「就在這裡！」── 你這個「我」如果真的修了幾十年禪，有開悟，你這個「我」只是一個名言概念，這個名言概念就住在你禪修四十年的境界裡邊，你禪修幾十年所開悟的境界，你要曉得就是等於如來藏的法身，你的名字等於如來藏法身顯現出來的一個自我。問「我在那裡」的禪師聽鋤地的禪師一說，緘默良久，木然不動，原來他就往生了。這是禪宗很有名的一個公案。一句話就令人圓寂了。為甚麼？他覺得「我」已經住在如來法身了，如來法身周遍、智境的基周遍，「我」這個「大我」就可以周遍了，所以我在哪裡？我就在如來法身。如來法身是一個境界，所以他這個個體的肉身就不要了。這是唐代禪宗有名的故事，在《無名關》裡面特別強調這公案，從中你就曉得怎樣去除內相礙來證智。如果像這樣，我們就可以知道我們的手段，這是「內相礙」。

　　現在講「密相礙」。「密相礙」是相對，但不是大與小的相對，是講心性與法性相對、輪迴界與涅槃界的相對，這些我們的「礙」使我們的心性不能變成法性，我們住在輪迴界不能住在涅槃界，那是我們的密相礙。因為我們把心識當成是心性，我們就覺得理所當然的住在名言與概念裡：我畫一個圈就是一個圈，概念上是一個圈；兔子沒有角，因為根據角的概念看出兔子沒有角，這是我們的心性，我們就活在心性裡邊。怎樣打破這個心性？為甚麼可以打破這個心性？因為心性是識境，剛才已經講了智境上面有識境自顯現，所

以智境與識境雙運，雙運不相離，智境與識境永遠不相離（前面提到過雙運其中一個定義是這樣），因此認識到心性就是我們密的相礙了。「礙」妨礙我們去認識如來藏、妨礙我們成佛、妨礙我們解脫，所以「密相礙」就要打破心性與法性相對這個概念，要曉得它們是雙運而不是相對，那在修法上面就有很多善巧方便。

我不拿密宗作例，拿淨土宗作例，淨土宗有很多人修，而且也是個很好的法門，的確可以令人能往生到淨土，不過首先要理解這個往生是帶業往生，所以並不是解脫。不是到淨土就成佛了，你還要帶前生的業力往生淨土。如果打個譬喻，就等於換一個學校，這個學校不好壞孩子多，那麼換一個都是乖孩子的學校，那麼我們就乖了，我們就容易成就。我們嚮往的這個淨土，是憑阿彌陀佛的願力帶我們去，並不是我們有力量自己修到去的，了解這一點就等於假設阿彌陀佛的報土是清淨的、我們的化土不清淨，所以就說報土比較接近法身。我們凡夫（螢光幕中人）很難理解智境（螢光幕），因為我們污染，可是住在報土就容易理解螢光幕，因為報土清淨，憑佛的願力就能夠去，所以我們首先要尊重佛、感佛的恩。

淨土宗首先要「稱名念佛」——稱佛的名號。當這樣做的時候，你一定不光是觀西方三聖來念佛，還要感佛的恩。如果沒有感佛恩的這個見地，那念佛的功能也就沒有了，所以要感激佛。光是念還不成，如果說經裡邊講人死之前，十念就可以往生淨土，那你可以試一試，不要說氣息奄奄的人十念，你現在十念都做不到——十念裡邊沒有雜念，只是觀想阿彌陀佛。大勢至菩薩、觀音菩薩，觀西方三聖，連念十

句阿彌陀佛，大概念到六七句你的心就開始亂，有雜念了，所以十念要「一心念佛」其實並不容易，一般人沒有修過就很難達到，可是如果你感佛的恩—— 我能夠顯現出來成為存在，是佛的恩；我能往生到一個好的淨土去，是佛的恩；將來到這個清淨的佛土裡邊我能夠學佛，能夠有成就，是佛的恩。當你完全在佛的恩裡邊念佛，你「一心念佛」的把握就比較大。想著佛的恩你想到痛哭流涕都可以，那「一心念佛」就比較容易，這是甯瑪派傳的淨土（甯瑪派也有傳淨土）。我們強調念佛的時候要感佛的恩，我自己經歷過，感覺兩個境界不同：光是觀佛來念心會亂的，可是你感佛恩心不容易亂。所以我給你們講方便法，不只是南無阿彌陀佛、南無阿彌陀佛地念，還要感佛恩。感佛恩有三個層次：現在我成為一個人來顯現，是佛的恩；智境中有識境顯現、有生機，能夠到淨土，是佛的恩，阿彌陀佛接引我們；接引到之後還有一個環境給我學佛，令我成佛，我感佛的恩。至少要這麼想，你如果真的感恩，有時候你會流眼淚那就對了，那「稱名念佛」的層次就高一點。現在我是按甯瑪派的教法來講。

　　淨土宗第二步是「觀想念佛」——想出來一個境界，我們看這個境界來念佛。剛才我講過，心性與法性的相對要消除，看著（想出來的境界）感佛的恩，是消除心性與法性相礙的一個基礎（要感佛恩，才會有一個基礎給你理解怎樣心性就是法性）。釋迦牟尼講過一本經叫做《觀無量壽經》，其實是觀無量壽佛土的經，裡邊的觀想一共十六個，所以就叫彌陀十六觀：首先是觀日輪，再觀到西方無量佛的壇城，然後觀想九種往生，那就是十六種觀想了。《觀無量壽經》中的念佛，我認為最好念梵文，「稱名念佛」階段還可以念翻譯出

來的「南無阿彌陀佛」，但在《觀無量壽經》「觀想念佛」用
梵文念佛是 Namo Amitabhaya（南無阿彌塔巴呀）。為甚麼要
這樣「觀想念佛」好呢？因為這是阿彌陀佛的心咒，既然觀
想壇城，那就應該念咒。這個咒與淨土的壇城，就等於修密
宗生起次第，把整個壇城生起。在十六觀裡有一段很重要，
說佛旁邊有很多樂器會自然發音、發聲，不需要人彈，樂器
發出來的都是法音（就等於佛說法的聲音），所以西方阿彌陀
佛不跟你說法，只有樂器自然發音，你在這個法音裡聞法、
思法、修法。

　　這就牽涉到六根門頭的問題了。如果我們聽見聲音只是
一個聲音，按照概念來定義，它是樂器發出的樂音而已。我
跟你們講過聲音陀羅尼，它有三個要素：字形、字音、字
義。一般來講是用種子字比較容易修，好像ཨ種子字，其字
義是「無生」、字音是「阿」、字形是ཨ，那麼釋迦牟尼在
《大般若經》裡教我們修聲音陀羅尼，就要我們把這三個都
同時感覺到，我補充，最好用六根門頭來感覺 —— 就是字形
變成光、字音是有聲音同時就是光、那個字義也放光，就變
成六根門頭的光。這樣是修聲音陀羅尼的基本法門，你們看
《大般若經》裡邊有一篇是專講這個。當你這樣修的時候，
你觀著佛的壇城，聽著他的法音、念這個咒，這時就有兩種
聲音，一種是樂器的聲音，一種是自己念咒的聲音。兩種
聲，其中法音代表智境，我自己發出來的聲音代表識境。你
當然也會問：「不是說智境沒有聲音嗎？」是。可是這個智
境它顯現成聲音了，因為報土也是智境上的自顯現，所以報
土中的樂音便也是智境中的自顯現。它是報土的聲音；我自
己念咒發出的咒音，也是智境顯現的聲音，但層次卻跟報土

聲音不同。大家聽清楚了：樂器發出來的聲音，是智境顯現的聲音，所以還是識境，可是它這個識境是涅槃界的聲音；我們的聲音是輪迴界的聲音，因此層次就不相同，現在要把兩種聲音融合不要加以分別。最方便初學的方法是將法音也當成念佛，它發出的法音最方便就是 Namo Amitabhaya。我是念 Namo Amitabhaya，這樣就容易把它們融合了。如果修得久了，我念Namo Amitabhaya，它卻可以發出各種不同的聲音，可是跟我們的聲音還是融和的，而不是分別。當這樣修的時候，心的光明、咒音的光明跟法音的光明融合在一起，那麼我們用凡夫的光照法音、法音用聖潔的光來照我們，住在這樣的境界來念佛，層次就比剛才所講按感佛恩來「稱名念佛」的境界要高。

　　甯瑪派不是不修淨土，是淨土法門還有特別的教法，這個教法也應該是由印度來的。（我在北京聽到有些密宗的上師說：「漢僧甚麼都不懂，漢傳佛教念佛哪裡有我們念咒厲害。」我可以說這樣的寧波車一定不是真正的寧波車 —— 分別心太大了！整個教法他可能就學到一點，就以為自己這一點比人家高了，其實不是。漢傳的佛教很多法門是與藏傳佛教相通的，不會因為文化背景不同，傳下來就有差別，如此理解就不會有我高你低、你高我低等等分別。）「觀想念佛」有甚麼好處呢？好處就是雖然我們心性還沒有和法性完全融合，可是輪迴界跟涅槃界融合，那就很接近心性與法性的融合了。

　　淨土宗第三步是「實相念佛」。「實相念佛」在漢傳有八個字：唯心淨土，自性彌陀。淨土在哪裡？在你的心裡。甚麼是阿彌陀佛？阿彌陀佛是你的自性。因為你有佛性、你有

本覺、你有如來藏，所以你的自性就是阿彌陀佛的自性。因此「實相念佛」超越了壇城與本尊，只是在一片光明裡邊，因此我們叫做「常樂光土」。整個法界是恆常的、大樂的、有生機的、有光明的、清淨的法身。法身是常，法身具有功德，所以有樂有光，因此我們連壇城與本尊都不要觀，西方三聖都不要觀，只是觀一片淨土的光明。可是要曉得這個淨土的光明跟我心的光明沒有分別，如果你加以分別，認為心性就是心性、法性就是法性，二者就不能融合。去除心性與法性二者的相對，從「實相念佛」我們就可以確立「密相礙」。當我們修「相對緣起」的時候，覺得一切法都是相對的 —— 輪迴界與涅槃界是相對的。按此來修作抉擇，修完以後得到一個決定 —— 超越那個相對，「相對有」是空的。我們起初住在「相對有」來修，否定這個「相對有」，就拿這否定來作抉擇，這層次又能得到甚麼決定呢？就是「密密相礙」。「相對有」只是「密相礙」而已，它如何成為有？由「密相礙」成為「有」，心性與法性相對而成為「有」。當由觀修，我們打破這重障礙，就進入第四個「密密相礙」的緣起裡邊。

　　「密密相礙」是抉擇「密相礙」後的決定，「相對有」是由「密相礙」造成的，超越「密相礙」我們就進到另外一重相礙緣起。超越「相對有」成為「相礙有」；「相對有」空掉，「相礙有」成立。一切法只是「相礙有」而成立，超越相對得到「相礙有」，那麼現在就住在「相礙有」來修，這就是修「密密相礙」。

　　這個「密密相礙」反而簡單，主要是對付我們「俱生無明」，與生俱來的、誰都有的無明。因此天台宗講佛都有無

明，就是講佛都有「俱生無明」，例如釋迦都要具有三度空間的身，成為立體，他講的不是法身佛，是講化身佛，釋迦牟尼都有「俱生無明」。因此引來很多爭論，佛到底有沒有「俱生無明」？這是很大的爭論，在古代爭論了很長時間。按密宗講法，只要是化身佛就不能避免「俱生無明」。其實道理很簡單，古代的爭論是沒有時空的概念，所以這個爭論比較複雜。釋迦牟尼是不是立體？一定是立體。釋迦牟尼是立體就是已經有相礙了。「密密相礙」是時空，它一定要成為三度空間，然後才能在我們這個世間顯現出來，所以釋迦牟尼非立體不可。報身佛我們是這樣講的：報身佛只是一個境界，甚麼時空的人來看他，他就成為同一時空的顯現，所以它根本沒有時空的問題。阿彌陀佛的淨土不光是為我們有的，它對其它時空都有，可是不同時空的生命看到的是不同時空的阿彌陀佛淨土，所以阿彌陀佛淨土不止一個，有多少世間就有多少阿彌陀佛淨土；如果它是五度空間的生命，它就看見五度空間的阿彌陀佛淨土；我們是三度，所以我們就看見三度空間的淨土。因此，我們看阿彌陀佛還是立體的，觀音菩薩、大勢至菩薩還是立體的，他的法器都是立體的、他的樹都是立體的，像我們三度空間一樣，那是我們這個世間、這個時空世界所見到的同時空的淨土，我們看不見其他時空的淨土，所以我們就按我們這個時空來修就好了。我們如果不曉得周遍這個問題，就老是感覺到報身佛的報土也是像我們時空一樣，當這樣感覺時就是「俱生無明」。只有我們這個時空，沒有別的時空 —— 那是我們最大的「俱生無明」。還要曉得，我們一定要呼吸我們的空氣，也是與生俱來的，相礙是適應，我們一定要適應我們這個空氣，如果對我們的空氣不能適應，你就不能在這裡存在了。因此，時空

以及它的條件等等適應，就是密密的相礙。

那怎麼修密密相礙呢？我們不能把從屬於時空的一切法統統都甩掉，因此我們只有修「平等性」，修「周遍」。這個「周遍」怎麼修？我們先修「大悲周遍」—— 從佛的大悲來看周遍。第一步先看我們這個世間的六道眾生 —— 天、阿修羅、人、餓鬼、地獄、畜牲，因此我們要覺得六道是平等性的自顯現。因為整個法界有生機，憑這個生機，所有一切生命形態都可以平等地自顯現出來，只是因為適應的局限不同，每一個生命形態要適應的條件不同 —— 人有人的條件、餓鬼有餓鬼的條件；還有小狗有小狗的局限、蚯蚓有蚯蚓的的局限。因為牠只適應這一個局限，不適應其他，所以牠就變成這樣的生命。好像蚯蚓沒有眼、沒有耳朵，就是說牠不能適應我們光與聲音的相礙，不能適應這樣的條件，所以就變成沒有耳朵、沒有眼睛的蚯蚓了。如果從相礙這麼來看，你不能說人高、蚯蚓低；我有佛性、蚯蚓沒有佛性！不能這麼講。因為我有眼睛有耳朵，牠沒有，那不是。從相礙緣起來講，只是牠適應甚麼局限就變成甚麼形態，牠不能適應這個就成為另外一個局限、成為另外的形態，所以沒有眼、沒有耳朵的蚯蚓跟我們平等。在生物學上我們可以分高級動物、低級動物，可是在佛的層次上我們覺得只是適應相礙的問題而已，所以覺得這是平等的。當然為甚麼牠會變成蚯蚓、我們變成人？為甚麼我們適應這一個的相礙、它只能適應那一個的相礙，那是業力的問題了。我們的業力好，所以我們就能適應我們這樣的條件，所以這是密密相礙。我們從密密相礙裡邊來認識平等性自顯現，這樣我們就不會拿三度空間、一度時間的身看作是至高無上的身，也不能看成只有這樣的顯現才能成佛、不是這樣顯現就不能成佛。不能這樣

講。因為所有一切生命都是智識雙運，智境為基，以智境的生機令生命顯現和存在。這個基的功能是相同的，也就是說，如來法身與如來法身功德使所有生命形態都平等，只是相礙的適應不同、只是彼此的業力不同，那麼如果這樣修平等性，我們就可以真的修到心性就是法性，所以這個是「實相念佛」。「實相念佛」的修法就引導我們心性與法性證到「不一不異」，修淨土就分這三個階段。

這樣你大概就明白緣起與修法有很大的關係，而對我們人生也有很大的啟發了。至少像這麼理解平等性，或者（低一點）輪迴界與涅槃界的平等，而且（再低一點層次）我們感佛的恩，我們就會尊重生命了。當人人都能尊重生命時，很多不平等的、不良的社會現象就會消除。如果你真的感覺到平等性、感覺到有佛的恩，你一定不會做犧牲別人的利益而為自己賺錢的事，所以整個社會現象就會改變。那麼你可能感覺如果人人都不做好事，只是我做好事，我豈不是最吃虧嗎？他們發財了，我吃虧了。不是的！你沒有吃虧。首先在現實生活裡你生活得心安理得，你不是要名，你不是要利，你生活得心安理得。還有你要相信因果，當這樣做的時候，你下一生的福德、智慧都有保證。那些目前風光的人下一生是沒有保證的，甚至老年時都沒有保證。因為有這樣的現象才有《地藏經》。《地藏經》所講的，只是按著一個理來講，你不要執著它裡邊講做甚麼事有甚麼報應。在古代社會，釋迦牟尼時代的社會，是講這些報應，在現代社會這些報應會改變的，可是那個原則不會改，你想到這些的話，你就覺得這生做好事，其實是沒有吃虧的。我希望你們學生，你們學理工的人就在學理工這一方面按自己的誠意來為人類做一點有益的服務，你雖然是清茶淡飯的一生，恐怕也比很

多有名有利的人舒服很多。我常常教我的弟子：你想想如果你有一千萬，有了一千萬希望有十億、一百億、一千億，那麼多錢你用得完嗎？用不完。那麼你也可以這麼想，我現在有一千億放在銀行，可是這個錢我是永遠不會用的，雖然是我的財富，因為我不需要用這個錢，所以每個人其實都有一千億放在銀行不動。你看他們富翁哪有錢會用光啊！也是不用的。他們也是吃飯、睡覺。你說他們吃飯吃得豪華，那我講些真實的感覺。有時候有些朋友招呼我，一定弄個場面很好的豪華大包廂，點的菜也貴。我講真心話，有一天我吃到一頓相當貴的飯，但我最欣賞的只是棗泥發糕。今天中午學校也請我吃飯，陳院長點菜還點得不錯，其實我覺得最好吃的是水餃（陳院長不要生氣啊，你是尊重我，我很感激，可是我說真話，那個水餃真好吃）。你們有些人跟我吃過飯的就曉得，我最後要煎荷包蛋，還記得嗎？所有的菜都名貴，可是我真的只想吃兩個荷包蛋。所以像這樣的生活要求，你的心就是常樂光土了。真的。你能夠這樣來感覺「密密相礙」，從這裡悟出平等性，由平等性悟出如來法身功德，然後從如來法身功德悟出如來法身，都是由平等性悟出來的。

　　再講一遍。我們先要建立平等性，為甚麼要建立平等性？因為如來法身功德平等，那麼你就從平等性悟到如來法身功德。正如螢光幕裡邊的人從螢光幕的功能平等，就悟出螢光幕平等；因為從影像的平等就悟出螢光幕功能平等，再這樣認識螢光幕的功能，像這樣認識如來法身功德，你就認識如來法身了；螢光幕裡邊的人通過功能認識螢光幕，那就認識智識雙運界、認識如來藏了，所以就從「密密相礙」來修。

　　為甚麼我從淨土宗來講呢？就是因為剛才那位法師問的這個問題，很多人覺得密宗了不起，漢地傳的佛法沒用。可是剛才這位法師也講了，（念了幾十萬遍咒）與「本覺」、「妙覺」一點關係都沒有，為甚麼？那些上師只是拿個事相給你修，是沒用的。我現在講的是他們可能反對、他們最瞧不起的淨土，我拿甯瑪派的見地分層次來講三重，一步一步還是可以修到成佛。但我卻不是分別藏傳、漢傳佛教。我希望漢藏兩方面的隔閡消除，那麼我們就可以有一個漢藏佛學的研究基礎了。從西域出土的文獻中顯示，當年從唐代到北宋，在西域，漢藏佛學是相融的，因此漢藏學者要彼此尊重。

　　我們也要曉得，漢藏佛學其實都是為了開發自己的「本覺」，通過修習，最後證到佛智。當證佛智的時候，那叫做「妙覺」了。認識「本覺」到修成「妙覺」的過程就是我們學佛的過程。可是在日常生活裡，我們就可以看心性、法性、平等性，這樣來對人對事，你就能做個自在的人，因此人生的修持其實很簡單——就是認識智識雙運界、心性與法性「不一不異」。因此，以法性作基礎，我們不要歪曲自己的心性去決定做甚麼事。如果我們歪曲了，當然是惡業，是忘記了我們的法性基。你常想到這個法性基，你就想到「水面作畫」：水面就是那個法性基，在水裡沒有一個心性可以畫一幅完整的圖畫出來；因此我們以為成功的事，並不是在法性的角度來看，這個事其實只是一個事相，只有它的功能、沒有真的圓圈在水面畫出來。這樣一想，很多事你就會發揮自己善良的功能，而不會發揮對人有害的功能，那就是我所講的「誠」。做高官、做大企業的人如果都能「誠」，那整個世界都會改變、整個局面都會改變了。

時間有限，我只能講到這裡。如果明年有機會，我會深入地討論如來藏的問題，從不同的角度來看如來藏，看如來藏怎麼修持與行持，怎樣做人就是行持。

謝謝各位。

後跋：

本篇內容，為2010年3月在浙江大學的講話紀錄。共四講，紀錄初稿由鮑慧完成，經我修訂。

談錫永記

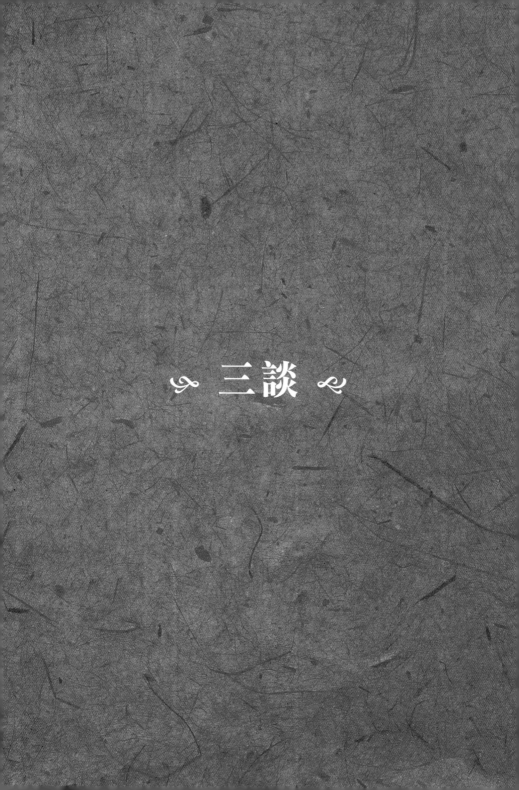

三談

如來藏的見修 —— 空性‧緣起‧修證

一‧如來藏概説

佛家判教有四部宗義，這些宗義，包括小乘兩部，大乘兩部。如果我們了解了四部宗義，也即對整個印度的佛學有一個基本的了解。四部宗義中，以大中觀宗的見地最為究竟，這見地就是如來藏思想。這次我跟中大哲學系的研究生來講這個課程，我覺得就應該先講述如來藏的基本思想。

如來藏思想作為佛家最根本和最究竟的思想，不僅與印度佛學直接相關，而且還牽涉到藏傳的佛學與漢傳的佛學。漢傳的佛學 —— 天台、華嚴、禪宗等等，有自己很強的風格，這次不在我們的詳細介紹範圍之內。藏傳佛教 —— 甯瑪派、噶舉派、薩迦派等等的思想，我們也不作具體的闡述。但是可以指出，漢傳藏傳佛教的所有宗派，除了少數例外，都以如來藏思想作為他們宗派的根本思想。

關於如來藏思想的書籍，到目前為止，我一共出了八本。其中《如來藏二諦見》這本書不僅介紹了如來藏的思想，而且還解答了關於如來藏思想的一些疑問。有興趣的話，不妨一讀。

《如來藏二諦見》這本書為甯瑪派大學者不敗尊者所寫。不敗尊者是敦珠法王的師祖。如果不敗尊者算作第一代的話，那麼敦珠法王就是第三代。不敗尊者的著作忽然間變

成美國、歐洲、日本的學者研究重點，是最近十幾二十年的事。一些學者發現，不敗尊者的論典是從來沒有人解說過的。不敗尊者生活在佛陀之後二千五百多年的時代，他將如來藏思想根據當時的時代背景重新整理出來，就有了與古代不同的解說。當然，這些不同只是表達方式的不同，並不是為如來藏思想增添了新的內容。那麼，我們就先從二諦談起。

甲·不立二諦

　　二諦是佛家一個重大的題目，分勝義諦和世俗諦。我們漢傳佛教怎樣解說二諦，也就等於是漢傳佛教怎樣詮釋如來藏。漢傳佛教最高的是禪宗。禪宗不落文字，不注重以論點形式來表達自己的思想。禪宗注重的是觀修，所以禪宗不立二諦，不講二諦。禪宗亦可說是文殊師利菩薩的不二法門。在《維摩詰經》中，文殊師利菩薩向維摩詰問病，談到不二法門。當時，很多大菩薩都在講自己怎樣入不二法門，輪到維摩講的時候，他一言不發，文殊師利菩薩就說，是真入不二法門，是真的證到不二法門了。因此禪宗就是不落文字，不落語言，既然不二，就沒有二諦可以講，這也是佛家的最高境界。

　　禪宗的最高境界與西藏密宗的甯瑪派是相同的。甯瑪派中的大圓滿，也是不立二諦的，既不講勝義諦，也不講世俗諦。這個法門也等於是禪宗的法門，所以甯瑪派亦稱禪宗為

大密宗。中國禪宗對西藏甯瑪派影響非常大。甯瑪派有一代宗師，他是蓮花生大士的弟子，名叫努‧佛智，努是家族的姓。努‧佛智寫過一本名叫《禪定目炬》的論。在這本論裡，努‧佛智即介紹了菩提達摩的禪宗。

禪宗與密宗（主要是甯瑪派和薩迦派），都是以如來藏思想作為本宗的根本思想，自古以來禪密一直互相有交流。最近十來年，我們在內蒙古黑水城發現了大量文獻，其中七、八成是佛教的文獻，在這些佛教文獻中，有相當數量涉及到禪宗和密宗的關係。這十多年來，我一直重視研究漢藏佛學，試圖將漢傳佛教與藏傳佛教通過如來藏思想作一個系統的研究，看這兩傳佛教之間的開合異同，現在雖然還沒有得出終端結論，但我相信，這是一條新的路向。你們念哲學的，不妨考慮一下，從事漢藏佛學的研究。

其實，漢藏佛學研究始於民國初年，並不是由我開始，一個叫鋼和泰的愛沙尼亞男爵開始這個研究。鋼和泰先生培養過一些人才。其中有一個大弟子，叫林藜光，他在法國用法文發表過兩本漢藏佛學研究的書。第二次世界大戰期間，林藜光貧病而死，這是學術界的不幸。

從最高層次來講，漢傳佛教如來藏和藏傳佛教如來藏是完全相同的；不從最高層次來講，兩者則有區別。漢傳佛教中，影響中國佛學最重要的一本論是《大乘起信論》，這篇論是馬鳴菩薩寫的。一直以來沒人提出過重大的質疑。直到民國初年，有一些日本學者開始懷疑這本論不是馬鳴菩薩所寫，而是中國的佛學家寫的，因此是一篇偽論，是一篇假的

論。當時中國的支那內學院[1]也同意這個說法，認為《大乘起信論》不是印度人的著作。這其實就等於推翻了中國一千多年的佛學傳統。因為除了禪宗，中國的天台宗、華嚴宗、淨土宗、律宗、密宗，一直是以這篇論作為指導思想。

《大乘起信論》主要是講一心二門，心生滅門和心真如門。一個心可以分成兩門，也可以說是兩個不同的功能和現象。這裡心生滅即是世俗，心真如即是勝義，心生滅和心真如即是二諦。可是這樣就發生疑問了，《大乘起信論》用「熏習」來解釋甚麼叫修行，修行就是心的熏習，從心生滅熏習，漸到心真如。

熏習這個詞引起了支那內學院的疑問。熏習是唯識學派的一個專用名詞。唯識學派說我們的心識有種子，種子其中的一個功能就是受熏。人們抽煙喝酒會上癮，人們念書看書也會上癮，上癮就等於是受熏了。如果講到熏習，就是從受熏來改變我們的習氣，這非有個種子不可，沒有種子怎樣受

1　支那內學院為中國佛教學院和研究機構。由佛教學者歐陽竟無創立。因古印度稱中國為支那，佛教自稱其學為內學，故名。1922年成立於南京。其宗旨為「闡揚佛學，育才利世」。初設學、事兩科，教學、研究、述譯、考訂等屬學科；藏書、刻經、宣傳等屬事科。後又改設問、研究兩部和學務、事務、編校流通3處。1922-1927年，著重辦學和編刊唐代著述。招收學員，習法相、唯識要典。倡在家居士可住持佛法之義，以奠定居士道場之基。同時編刻唐代法相、唯識要典和章疏，出版年刊《內學》和《雜刊》。1928-1937年著重整理教典和組織道場。選擇要典，校刊文字，編印「藏要」3輯，收佛典50餘種，300餘卷。1937年日軍侵華，院舍及圖書被毀。歐陽竟無率眾攜經版遷至重慶江津，建內學院蜀院，恢復「講學以刻經」舊規。1939年重建學院，分毗曇、戒律、瑜伽、般若、涅槃5科。1940年發起編印《精刻大藏經》。1943年歐陽竟無病故，呂澂繼任院長，提出講習要典50部，對佛學作系統研究。抗戰勝利後，曾謀求在南京復院，未成。中華人民共和國成立後，蜀院仍繼續開展研究活動，至1952年秋停辦。所刻經版及「藏要」紙型等移交金陵刻經處保管。

熏？可是《大乘起信論》沒有提到種子，沒有建立種子，沒有依種子受熏的方式來講，因此支那內學院按唯識宗的看法，就認為它是錯誤的，這樣就否定了《大乘起信論》。於是中國佛學就產生了危機。這個危機就是說天台宗、華嚴宗等等一千多年都是錯的，都是從一個錯的基礎來發展自己的宗派。這就等於把漢傳佛教作全部的否定，因為除了唯識宗，無一宗不依止《大乘起信論》。結果當時天台宗、華嚴宗的學者去和支那內學院討論，不承認《大乘起信論》是假的，否認不是馬鳴菩薩寫的，雙方展開了激烈的辯論。

　　但是到了抗日戰爭開始，這個問題還沒有得到解答，就不了了之拖下來了。而懷疑《大乘起信論》的理論也就一直延續下來，到大概上個世紀九十年代，它就變成否定如來藏的理論依據了。因為《大乘起信論》說如來藏，這篇論錯，那麼就整個如來藏思想都是錯的了。這樣一來，不只是否定了一篇《大乘起信論》，它更是批判了整個漢土佛學思想。這個批判是從唯識宗開始的，後來中觀宗印順法師在台灣也講到如來藏思想違反「緣生性空」，整個如來藏思想因此就出現危機，漢傳佛學和藏傳佛學的基礎就動搖了。

　　因此我從93年開始，很艱苦地從頭開始，把跟如來藏思想有關的一些經論原原本本地翻譯出來。我講的如來藏是一千多年以來講如來藏的人從來沒這麼介紹過的。在講如來藏緣起的時候，我可以說是負擔很重。當年敦珠法王教我如來藏的時候，我要發誓才能學。發誓就是說不把我所聽的隨便公開，因為這個是甚深秘密緣起，只能師傅向徒弟口口相傳，叫口耳傳承。現在我要把它發表，那就不是口耳傳承。如果按密宗的說法，我是要負很大責任的，我也會碰到很大

的障礙。可是我還是決定出書講學[2]。

　　如果把如來藏和緣起講清楚，那麼印順法師對如來藏的否定就站不住腳了，唯識宗對如來藏的否定也站不住腳了。《大乘起信論》到目前為止還沒有發現梵文本，連一個斷片都沒有，更別提整本論了！那麼西藏有沒有從梵文翻譯《大乘起信論》呢？沒有！有的翻譯是從漢文翻譯過去的。有兩本佛典，一經一論，西藏的大藏經都是從漢譯翻譯過去的，一本是《楞嚴經》，另一本就是《大乘起信論》。與如來藏有關的這一經一論都受人否定，懷疑是假的，也剛好這兩本藏文都不是從梵文翻譯過去，都是從漢文翻譯重譯的，這就造成了研究如來藏思想的障礙。

　　釋迦牟尼在《法滅盡經》中講到，佛法若滅，《楞嚴》先滅。現在說《楞嚴經》是假的，就正合《法滅盡經》的講法了：佛法要滅，《楞嚴經》先滅。所以西藏的很多學者和中國的很多學者都不敢為《楞嚴經》作辯護，怕違反釋迦的授記，就是因為這個原因。

　　如果證明這本經是真的話，那麼整個局面就改變了，對如來藏的看法和漢傳如來藏的看法也就完全改變了，因為漢傳佛教的見地與修持主要就是根據《楞嚴經》和《大乘起信論》。一直到現在，每一個出家人，和尚或者尼姑，首先要學的就是如來藏思想，如來藏的經論。《大乘起信論》是他

2　我從1993年寫到現在也有十多年了，其中也有很大的挫折，但我還是把甚深秘密緣起原原本本地交代了。由此我才明白為甚麼當時每一宗每一派的祖師講到最要緊的關頭就不講了。華嚴宗如此，天台宗也如此，藏傳的寧瑪派、薩迦派也都是這樣。我才了解原來中間還有這麼一層關係在裡邊——口耳傳承。敦珠法王自己寫成《善說顯現喜宴》一書，公開了寧瑪派的教法，他在祈願時也說，願三根本加持風，吹散洩密罪過雲。可見「洩密」是件要承擔責任的事。

們必修的課程。如果《大乘起信論》是錯的話，就等於是中國的整個佛教完全是錯的。做早課晚課，一定念「楞嚴咒」，所以一剃度就要學這個咒，如果《楞嚴經》假，那他們所修就亦是依假而修了。

乙·「相續」與一心二門

正如前言，漢傳佛教如來藏思想中最基本的説法就是一心二門。一心二門是一個比較難理解的概念。我們先以「相續」來説一心二門。

關於「相續」，釋迦牟尼在《楞伽經》中講到三個譬喻：如河、如燈、如種子，這是三個相續的「相」。河是相續的，一個波一個波地動，所以它是一個波跟第二個波連續起來的；燈也是相續的，燈是一明一滅，我們看到的燈光好像不動一樣，其實不是，燈光是一明一滅的；種子也是相續的，種子種在地下，它會結出新一代的種子來。

這三類的相續分為細、中、粗。其中如種子的相續相是最粗的。人類生命的相續也跟種子的相續一樣，也是最粗的，如父輩生育孩子，孩子的相續等於把這個家族延續下來，所以「相續相」很粗；如燈的相續是中，我們看不見一明一滅，我們看見的是燈光一直不動，故其「相續相」是中；如河的「相續相」是最細的，我們看見的一條河流好像從來沒有動過，其實不是，在波與波之間的相續過程中，這條河流等於是斷的，不過它相續。我們一眼望過去看到的只是河的表面相續，其實下面還有好多層波的相續我們是看不到的，如果把每層波的起伏聯繫起來，我們就可以發現其實這

條河流是隨著波的一起一落斷開的，整層波落下後，就等於是河流斷了，再整層波升起後，就等於是生出了新的河流[3]，所以這類相續相是最細的。

在現在所謂科學時代，我們能看到更多的相續現象。例如，現在可以證明我們看到的電燈果真是一明一滅的，現在還可以證明我們所看到的電影，電視畫面，好像連續不斷，其實是一個畫面連續一個畫面，畫面中間是有停頓的。現代發展了一門新的科學，叫量子生物學，據其研究，我們看東西其實也是相續的，就像電影的跳格，不過我們不自知而已。

丙·生與滅，存在與顯現

由此我們可以接著看關於生滅的問題。甚麼叫生？甚麼叫滅？我們可以很簡單地解釋，看見東西顯現出來就是生，已經顯現的東西不見了就是滅。事實上真的是這樣嗎？如果了解我們所看的東西都是相續，就無法這樣解釋了。電影放映是一格一格地跳著放映，其實我們所看到的也是如此：顯現、不顯現、顯現、不顯現，所有現象都是如此相續下來的。我們能夠用顯現不顯現來定義生與滅嗎？《大乘起信論》所講的生滅門，就是指我們人類看世界的一個相，只能說是生滅相，不能說是生滅性。我們是按我們自己的思維，按我們自己的定義來理解，甚麼現象是生，甚麼現象是滅，只是我們看到的生滅相而已，並不是真實地有這樣的生滅相存在

3　我們由此應能更好地理解古希臘哲學家赫拉克裡特說過的一句名言：「人不能兩次踏入同一條河流」。只是佛家相續理論遠精於哲學家的名言。

於我們空間。因此可以說我們看見的是顯現，不是存在。

　　存在甚麼相（即相續相）我們是看不見的，我們只能看見粗的種子的相續，而看不見中的或細的相續，如燈和河流的相續。我們只能從顯現來看相續，而不能從存在來看相續。如果可以從存在來看的話，相續就很分明了。因此我們所見的生滅相是局限非常大的，只限於人類生理條件之所見。人類的生理局限，限制著我們看到甚麼，我們就只能看見甚麼，而且所見只是顯現的相，不是存在的相。

　　《大乘起信論》顯然探討了相續、存在與顯現的問題。如果我們以為《大乘起信論》所討論的一個門相 —— 心生滅門的相，就是我們平常所見到的生滅現象，就是大謬了。關於《大乘起信論》中所講的生滅，唐君毅先生在《新亞學報》發表過一篇七、八萬字的很長的文章，專門討論華嚴宗的時空。牟宗三先生指出《大乘起信論》所講的生滅，不是批判《大乘起信論》的人所講的生滅，他們的批判沒有從相續的角度來檢討它，可是華嚴宗其實是從相續的問題來檢討它的。因此他們批判《大乘起信論》，旁及華嚴宗，其實就是不懂得華嚴宗如何講生滅門。

　　我們能看見生滅，是我們的一個功能，華嚴宗則通過我們這個功能，通過能見相續的這個功能進一步闡述生滅到底是甚麼，因此才把問題發展到了「心真如」。甚麼叫「心真如」？通俗來講心真如也就是佛性，也可以說是如來藏。真如是一個相，佛所見的相就是真如相，初地菩薩觸證真如，那就見到菩薩界的真如相。我們凡夫所見的是一個甚麼相？不能說是真，也不能說是如。

我們是怎樣看事物的？我們是先設定一個概念，然後根據這個概念來看事物。所以其實我們是生長在一個概念的世界裡面，這些概念妨礙我們的思維，妨礙我們的認識[4]。我們從小就是學各種概念，我們就生活在概念的世界，也根據我們的概念去認識這個世界。

如果概念不同，整個世界文化就會改變。在十八、十九世紀，以至二十世紀，這個世界的改變很少。可是二十世紀後半段，五十年代開始，改變得非常快，我們小時候的東西現在都淘汰掉了。我們現在寫字都不用筆了，我們用電腦，我們也不打電話，只是發短訊了。所以將來人類寫字、語言都有危機，發展下去人類都不用筆，不懂寫字，只懂打字，語言溝通也有問題，所以現在電腦和短訊都是有很多特殊的用詞，我們一般人是不懂的，可是發短訊的人就很懂，所以這就是文化的大改變。為甚麼是這樣？因為這就是概念的改變所致。

我們不能說筆墨的時代一定比現在的網絡時代好，我們只是想說明一個時代的概念會影響一個時代的文化。到底這個影響是好還是不好則是另外一個問題。這就是說每一個時代不同的概念其實左右著我們的思想與行動，所以我們不能「如」。

丁・如來法身與如來法身功德

如前所述，甯瑪派本來也不立二諦，但在《如來藏二諦

4　當然概念也組織了我們的社會與生活。沒有概念，我們也不能適應我們這個世間的生活（局限）。

見》一書中，我在詮釋不敗尊者的論典時，用譬喻來說明二諦。這裡勝義即是如來法身（譬喻為螢光幕），因為沒有比如來法身更高的勝義境界了。世俗即是如來法身功德（譬喻為螢光幕的功能），功德等於功能，沒有比這更高的世俗了。我的譬喻是，勝義等於是螢光幕，世俗等於螢光幕的功能。如來法身就是法界，一切現象、一切顯現都是在法界上面顯現出來的，我們這個世界也是法界的一部分，不過是法界顯現出來的一個世界，所以，就可以譬喻為螢光幕上的影像（畫面）。

　　如來法身本來就是一個境界，並不是一個身，並沒有一個個體，因此是一個沒有個體的境界。如來法身因為有功能，所以我們這個世界可以顯現出來。這個功能在佛經中即稱為阿陀那[5]。我們的身上也有阿陀那，那就是我們新陳代謝的功能、能令身體保持下來的功能。阿陀那能夠保持我們的根身不壞，如保持我們的眼睛等等。這個功能也即我們的生機。

　　一個螢光幕的功能（生機）就是能讓很多畫面顯現出來。我們就把這個顯現畫面的功能叫做如來法身功德。如來法身是螢光幕，如來法身功德是螢光幕的功能，因此螢光幕才有畫面顯現出來。住在畫面裡邊的人，就按照這個畫面的概念去理解這個畫面裡邊的世界。

　　這就是我們人類目前現實生活中的實相，我們的實相其實就是這麼簡單[6]。與我們不同時空的世界，就會顯現不同的

5　我們在翻譯的時候有時把它翻譯成阿陀那識，那未必合適，因為它並不具有「識」的分別功能。

6　這裡所謂實相也即真相。我們這個世界並非自行成立而存在，而是在法界中隨緣自顯現而成存在及顯現，靠的就是如來法身功德。

畫面出來，因為它們有不同的概念。所以我們這個世界其實是人類按自己的概念施設出來的，如果是不同於人類的生物就會建立自己不同的世界，例如蜜蜂。人最重要的兩個器官是眼睛和耳朵，形象與聲音對我們來講是最重要的，味道、氣味、冷、熱等等對我們來講則是相對次要的。看見甚麼、聽見甚麼對我們來說是最重要的兩個因素。因此我們更多的從視覺和聽覺的角度形成概念，並以這些概念組織我們的世界。

　　但是很多生物，比如說蚯蚓，沒有眼睛也沒有耳朵，是靠著觸覺來生存的，所以它們的世界與我們的世界一定完全不同。同樣是一片泥土，我們是看見這片泥土，而蚯蚓是觸到這片泥土，它同樣可以生存。我們靠眼睛，蚯蚓靠身體。泥土對於兩者來說區別巨大，那麼究竟甚麼是實相呢？是我們靠眼睛看見的是實相？還是蚯蚓靠身體感覺的是實相？如果說，蚯蚓感覺到的不是實相，那我們看到的當然也不是實相，那怎樣才能看到實相？

　　這其實是說，住在螢光幕裡邊的任何生物，都沒有可能得到螢光幕畫面裡邊的實相，只有脫離螢光幕去看螢光幕畫面，才能得到實相。譬如我們看電視，連螢光幕一塊來看，我們看到的即是電視世界的實相。

　　住在電視螢光幕裡的人看他自己的世界，與跳離螢光幕來看螢光幕的畫面，是兩個不同的世界。其實我們也是生活在一個螢光幕裡邊，我們生活在如來法身裡邊，可是我們沒有感覺到我們有一個法身的境界作我們的螢光幕。因此，我們以為自己的世界是一個不需要任何基礎的存在，這是因為我們把顯現當成存在，螢光幕對我們來講不顯現，所以我們認為螢光幕不存在。

　　我們只看到地球，我們立足在這個地球上面，我們以為地球就是我們世間的基礎。可是地球是以甚麼為基礎的？有人說是太陽系，那麼太陽系又是以甚麼為基礎呢？有人說是銀河系，那銀河系又是以甚麼作為它的基礎呢？都沒有！那我們到底是怎樣生存的呢？是不是在這個太空裡面，浮著一些星，星的組合就可以成立一個我們可以安身立命的地方呢？那麼這整個太空和我們又是怎樣存在的呢？

　　我們看不到螢光幕，可是我們一定可以感受和理解螢光幕的功能，這即是我們所講的生機了。如果沒有生機，太空裡邊沒有一個生命能夠存在。每一個生命的存在都有它的條件，都有它的局限，生命也正是適應這些條件和局限的結果。而生命能適應這些條件和局限，正是生機所致。這是佛家之甚深秘密緣起，我們後面將論及。

　　如果我們不能理解法界和法界的功能，不把視野擴大到人類世界之外，我們就不會知道法界怎樣把我們顯現出來。這也恰如每個電視畫面裡邊的人，不知道螢光幕怎樣把他們顯現出來一樣。所以如此，都是因為我們不了解螢光幕有功能、有生機，更不認識螢光幕能讓我們顯現出來。因此我們要理解藏傳佛教的如來藏，我們就要首先理解螢光幕的功能和生機問題。而如前所說，要理解漢傳佛教的如來藏思想，就要首先理解相續的問題，也即關於相續如河、如燈、如種子的解釋。

戊・甯瑪派與禪宗之觀修

　　在藏傳佛教甯瑪派中，我們先從觀修來修如來法身功

德，修生機，再從觀修裡邊，從生機中認識相續。禪宗則正好相反，從理解相續開始，然後證到如來法身功德。這就是藏傳佛教和漢傳佛教在修證如來藏方面最不相同的地方[7]。

　　我們先看禪宗方面，看禪宗怎樣認識相續。禪宗試圖從參話頭來讓人認識到我們是一個個落在不同概念裡邊的自我。　參話頭其實就是給你一個概念，因為人已經習慣生活在一個概念裡邊了，憑藉給你的這個概念，你就住在這個概念裡邊來思考，當你思考到沒有辦法再思考下去的時候，你自己就會把這個概念否定掉。

　　因此禪宗其實就是用相續的問題來讓我們參話頭。例如，念佛是誰？這裡如果相續的問題是自我不同的相續，就會很粗，等於前面提到的一顆種子蛻變成第二代的種子。但念佛是誰的「誰」，就是一個不同的相續了。起初你會說念佛的是我，可是這個「我」到底是一個怎樣的「我」呢？不同的概念就有不同的理解，就有不同的層次來定義這個我了。這個我可以從很小很小的小我，一直變化到很大很大的大我，那麼這個小我就被否定掉了，這就是概念轉變。首先我們拿出一個概念來定義一個我，後來我們就改一個概念來認識一個我，從甲這個我，變成乙這個我，再變成丙這個我，這就是一個相續了。等於第一代的種子，變成第二代的種子，再變成第三代的種子，所以禪宗是從相續開始修證法界的功能的。

　　禪宗的話頭還有「如何是祖師西來意」。這個問題中有兩個概念，一個是祖師，一個是西來意。一聽起來祖師當然

7　如果嘗試講甯瑪派與禪宗兩宗的分別是另外一個很大的專題，這裡將不做具體介紹。

是菩提達摩，菩提達摩從西而來，西來到底是甚麼意思？這
要用最基本的概念來理解這個問題。可是真是菩提達摩嗎？
不是！因為想到菩提達摩一代一代傳承，菩提達摩只是一個
代表，代表印度禪宗很多祖師。「西來意」，他來中國到底
是甚麼意思？帶一點甚麼東西給我們？我們想到「西來意」
是帶來禪法，我們再想下去，那就等於佛了，祖師等於如來
法身，西來意等於如來法身功德，那麼這些念頭也是一個相
續了，是不同層面的相續。

　　不同層面的相續就可以看成「如河」，如河流一樣的相
續，瀑布一樣的相續。我們看禪宗的公案就知道，禪宗其實
是圍繞著概念的轉變來參話頭的，把一個固定的概念轉變成
另外一個不同的概念，再轉成第三個、第四個概念。然後最
後你就會變成沒有概念，當沒有概念的時候就明心見性了，
這是禪宗如來藏思想的一個修行方法。

　　如是，我們就可以大概知道漢傳佛教和藏傳佛教彼此之
間，對於如來藏觀修的重點在哪裡。禪宗從認識相續開始，
然後到認識如來法身功德，最後到認識一切法都是如來法身
功德的自顯現。這就叫婆心，如何是祖師西來意？只為「老
婆心切」。婆心就是悲心，就是我們講的如來法身功德。我
們把這個法界有生機，令我們能夠顯現出來的功德，看成是
佛的悲心，是如來的悲心，這是禪宗之所見所證。

　　密宗則是從認識法界的功能開始，因此我們修拙火。當
你修拙火的時候，你會覺得自己的生機勃勃，完全不同，你
體會到一股熱力，你體會到光明，從這裡來認識自己的生
命，就看到生機了。看到生機後，我們去證這個相續。怎樣
證這個相續，在甯瑪派有一套方法來修，這不是我們這裡要

講的話題。我們只能這麼理解，從認識法界的功能開始，其目的就是去理解如來藏，認識如來藏，並最終現證如來藏。如前所説，如來藏是如來法身和如來法身功德雙運。

己‧如來法身和如來法身功德雙運

　　甚麼是如來法身？按《入楞伽經》的講法，如來法身即是「佛內自證智境」，這就是如來的法身，如來法身只是一個境界。佛自己證到的智境，所以不是一個個體。這個境界裡邊具有生機，這個生機我們稱為「如來大悲功德」。「佛內自證智境」和「如來大悲功德」這兩個是不能離的，前者等於是太陽，後者就是太陽的光。因為有大悲功德，我們就有「識境」顯現出來了，也即螢光幕令螢光幕的畫面顯現出來。所以智境和識境是不離的，説為不一不異，故稱為雙運。對這樣一個雙運的境界，我們即稱為「智識雙運界」，也即如來藏。

　　智境和識境雙運，螢光幕和螢光幕的畫面雙運，怎樣雙運？不一不異就是雙運。看我們的手，即知手掌和手背不一，可是也不異，不能把他們分開，異就是可以分開，不異就是分不開，所以叫雙運。因此如來自證的境界（法身），和這個法身功德顯現出來的識境兩個境界雙運，即是如來藏的境界，所以智識雙運界即是如來藏的境界。

　　在智識雙運界中，存在著「存在」與「顯現」的問題。我們受自己所限，只能看到顯現，不能看到存在。因此，對我們來説，法界有很多東西是存在而不顯現的，例如不同時空的情器世間對我們來講，就是存在而不顯現。

如果我們只能看到顯現，不能看到存在，那麼我們怎麼認識我們的世界呢？如前所述，我們只能認識我們概念下顯現出來的世界，我們其實是按照自己的概念來看這個顯現的[8]。所以小孩子一出生，他就開始學這些概念，概念學得越多，我們就說他越聰明，有本事；概念學得少，我們就說他是傻瓜了。因此，我們通過概念看顯現，我們即看不到實相[9]，我們只看見從概念顯現出來的相。如果我們只是住在螢光幕的畫面裡邊生活，認識從概念顯現出來的相，也能應付生活。用螢光幕畫面裡邊的概念來認識螢光幕的畫面，也能建立一個自以為是的世界，不需要再添點甚麼東西了。可是我們看到的到底是不是實相[10]？不是！這不能算是真如，因為不如，所以不真。因此要跳離螢光幕才看到它的相續相。

現在又可以歸結到受否定的《大乘起信論》了。《大乘起信論》明言我們其實是從概念上看到的生滅，因此超越這個概念，就可以慢慢地見到心真如了。《大乘起信論》也同時說明通過熏習即可以超越概念，而達至心真如。但作為超越的功能，熏習被認為用詞不當，受到否定。

那麼到底梵文是不是用熏習這個詞呢？恐怕不一定梵文是用這個詞。我個人懷疑，它應是用「熏變」。譯師口譯，靠漢人筆受，筆受的人錯了，才翻譯成了「熏習」。其實「熏

8　此正如符號學之所謂以我們人類所創符號（小 X）描述人類所見的世界（大 X），我們只認識小 X，不可能認識大 X。可參閱[意]翁貝爾托‧埃科著《符號學與語言哲學》（百花文藝出版社）以了解符號學之置換理論。

9　實相即真相，也即關於我們和我們所生活的世界的真實的相狀。

10　我們不只是生活在識境中，螢光幕的裡面，我們也同時生活在法界中，故智識雙運界才是實相。只有跳離螢光幕才能看到智識雙運界的實相。

變」和「熏習」兩個是不相等的[11]。熏變是由熏習而成變化，那是《入楞伽經》的用語，已經肯定有了熏習，現在說的是其改變，因此就不必再提到種子。只是現在找不到梵文，所以尚沒有辦法證明。

無論怎樣，我們可以說漢土根據《大乘起信論》來講心生滅門，行者可以由觀修變成自己見到心真如，其實是一個很合理的講法。不能因為《大乘起信論》用熏習這個詞，我們就否定它，說它錯了。

如前所述，綜合漢傳和藏傳佛教的如來藏，我們現在即可大致了解如來藏思想的內容，簡言之，即是螢光幕、螢光幕功能、以及螢光幕的畫面這三方面的問題。

聯繫到學佛，學佛是學甚麼？簡單來說，學佛即是我們從不知道到知道自己是住在智識雙運的世界[12]。學佛即是學懂怎樣脫離概念來認識我們這個世界，並逐漸認識到螢光幕的功能。當我們能夠認識到螢光幕的功能的時候，我們就可

---

11 熏習是要借種子為媒介，做一個介體，我們熏那個種子，種子就有了不同的習氣了。甚麼叫習氣？我們廣東人有一句話，「桐油埕，裝桐油」。裝桐油的埕即桐油的罈子。桐油是味道很重的一種油，裝桐油的東西如果想用來裝別的東西是不行的。因為裝桐油的桐油埕裡邊有桐油的味道，就是習氣了。我們喝功夫茶，功夫茶的茶壺，如果用久了，你不放茶葉進去，只是把開水放裡邊也可以倒出一杯茶出來，那就是習氣。我們每個人一定是有習氣的，共同的習氣就是我們從概念上來認識生滅。看得見的顯現出來，我們說它生了，已經顯現，後來又再不顯現了，我們說它滅了，那就是我們的習氣。那麼熏習就是等於我們改變種子的習氣，所以我們的思想就發生改變了。熏變就不同，熏變就不要有種子，不需要種子，我們講近朱者赤，近墨者黑，這是熏變。你和朱接近，你就會變成紅色，你和墨接近，你就會變成黑色，那是熏變。中間不須要涉及到種子的問題，也不須要牽涉到習氣的問題。熏習是一個專有名詞，唯識宗認為一定和種子有關，只能熏種子來改變習氣。所以這是牽涉到要種子和不要種子的問題，這裡邊就牽涉到唯識宗的基本概念。

12 我們從由螢光幕的概念來認識螢光幕的世界，從由概念建立的世界作為我們的現實，慢慢轉變到認識到我們其實也住在螢光幕裡邊。

以認識到螢光幕是存在的。這即是説,先脱離概念來認識螢光幕裡面的世界,然後再認識螢光幕。當我們認識螢光幕的功能之時,我們可以説是心生滅。心生滅就是螢光幕的功能了,畫面是一生一滅的。然後認識螢光幕,認識這個智識雙運界,那麼就變成是認識心真如門了,見到實相了。所以漢傳佛教如來藏按《大乘起信論》來理解,是完全合理的。藏傳佛教其實是和漢傳佛教一樣的,只是藏傳佛教是從如來的法身功德,從功能方面著手來修。為甚麼要從功能方面著手來修?因為修密法要修身,修生理變化。要從生理變化,我們才能夠認識到令生理變化的法身功德,再認識如來法身,認識螢光幕,所以藏傳佛教和漢傳佛教兩個其實是殊途同歸。

二‧如來藏的建立

關於如來藏,不敗尊者是用無著論師的《寶性論釋》來作建立。在《寶性論釋》中解釋了如來藏是怎樣建立的。書中有這麼四句頌,四句頌表達了三個道理。

「佛法身周遍」(第一道理)。

「真如無差別」(第二道理)。

「具佛性有情」(第三道理)。

「故有如來藏」(第四結論)。

「佛法身周遍」是指佛的法身是無處不在的。佛的法身是如來的內自證智境界。除非不成佛,成佛一定會證到佛智,所以,佛智都是相同的。因為佛的內自證智境相同,有

同一個境界，我們把這個境界叫做法身，也可以叫做法界，或者法智，所以我們講身、智、界三無分別。在這個智境上面因為有一個功能，我們把它叫做法身功德。法身的大悲功德，生起我們的識境。一切世界的識境都在法身境界上面顯現出來。因此，存在或顯現，我們看到這個世界是顯現出來的世界，還有我們看不見的世界，是存在而不顯現的世界，也都是識境的世界。所以我們說佛的法身周遍。

佛從如來藏境界來看，他看到的一切都是實相了。如來看到實相的智，在《入楞伽經》裡有個特別的名詞，稱為「佛內自證趣境」。和「佛內自證智境」相比較，佛看見的一切識境是內自證趣境，趣就是六趣，在梵文叫gati，如果是智叫jñāna，所以在梵文智和趣兩個字是不同的。在古代翻譯時把兩個字都翻譯成佛內自證智境，把gati也翻譯成智境，那就把兩者弄混淆了。我在重新翻譯時留意到兩者的區別，所以特別把它翻譯成內自證趣境，gati是趣的意思，六趣就是六道。因此說，如來看到我們一切的世界，總的來說，即叫趣境。如來證得趣境，看到實相了。

如來看到實相的境界可以這樣來譬喻，如來等於是看電視的觀眾，他看電視，就會看到一個一個不同的電視台的頻道和畫面。在如來看來，看見的都是畫面，只是不同的畫面而已。因此，如來看見的和我們看見的就不同了。我們是住在一個畫面裡面，看自己在其中的這個畫面，我們沒有離開畫面來看，永遠是住在一個畫面裡面，來看裡面的一切事物。如來則不是，如來是看見所有電視台的畫面。在如來看來，所有看見的無非影像，所以如來看到的即是真如，即是實相，因此真如無差別。如果我們也能跳離電視機去看電視

畫面，所有電視畫面沒有分別，都是影像。這是頌的第二句意思。

「具佛性有情」，就是講所有畫面裡的人都有佛性，所有電視畫面裡的影像都有螢光幕性，這個解釋應該是無可爭論的。因為所有畫面都是依附著螢光幕來顯現的，所以當然具有螢光幕的性質，這等於水中月有水性、鏡中影有鏡性。我們是依附著如來的智境而成顯現，所以我們自然就有如來的佛性了。

因此，「佛法身周遍」，「真如無差別」，「具佛性有情」，「故有如來藏」。三個道理和見地綜合起來，即是我們所說的如來藏。

如來藏如何根據見地而修證？這即是《解深密經》要解答的問題。

《解深密經》是瑜伽行派最重要的經典。瑜伽行派為彌勒菩薩所傳，由無著和無著的弟弟世親來弘揚。《解深密經》涉及到佛家一個非常重要的問題，就是怎樣把理論和觀修聯繫起來。不只是理論，還有怎樣修持，《解深密經》所講的就是我們怎麼修持的根本理論了。

《解深密經》講了四個「理」，所謂理，即是成立一個法義的依據。根據我們的翻譯，分為：相依理、法性理、作用理、證成理。如來藏的建立，即用前三個理作為依據，第四為甚麼不講，因為它是修行人的證量，是故不必用來作為依據。

甲・「佛法身周遍」與相依理

　　我們說佛法身周遍，即是相依理。佛法身周遍為甚麼是相依理？我們先看相依的定義。龍樹菩薩在其《七十空性論》中詳細解說相依，他說：有子始有父，父依子而成立。如來藏依如來法身而成立，所以說是相依。一個男人不論他年紀多大，如果沒有孩子，他就不能叫做爸爸，因此父這個名字要靠兒子這個名字來建立，所以是相依。在相依裡面，龍樹指出有兩個特點，用來定義相依，第一個父與子的成立一定要同時，如果不成立子就不能成立父，所以兩個是同時成立的。另外這個成立，子是名相的成立，並不是個體的成立，只是成立一個名相，父這名相的成立也是如此。

　　如來藏只是一個名相，佛的法身其實也是一個名相，他們相依而成立，就是名相上的成立。那麼我們會問，如來藏和如來法身到底具有甚麼性質？那麼只能說不可思議，我們說不出來。為甚麼說不出來？因為佛證的境界我們是沒法說出來的。不但佛證的境界，日常生活中的一些事情，我們也不能說清楚。例如，要我們把吃糖的味道講出來，事實上我們也沒法說清楚。如果我們連我們吃糖的味道自己都講不出來，就更不用說如來所證的智境了。如果我們現在說如來法身到底是甚麼境界，如來藏到底是甚麼境界，就等於是甲在吃糖，乙企圖把甲的感覺說出來。

　　因此我們只能在名相上來理解。我們說兩個名相是相依而成立的，佛的法身與如來藏都是兩個名相，沒有法身就沒有如來藏，沒有兒子就不能說有一個爸爸，所以不成立如來的法身就不能成立如來藏。現在成立佛的法身是沒有問題的，所有一切宗派都承認如來有個法身，這個法身就是他內自證智的境

界。那麼成立法身，就等於同時成立如來藏了。佛法身周遍，既然成立周遍的法身，就可以成立周遍的如來藏了，所以稱之為相依理。這個相依理，我們說他是由因立果，法身是因，如來藏是果，在名相上子是因，父是這個子成立的果，有子始有父，有子這個因才有父這個果，相依是彼此是同時的。

相依是彼此須同時，這是判定相依的一個抉擇。另外龍樹提出第二個讓我們認識相依、判定相依的一個抉擇，即是不異離。如果相依，就不能異離，這才能真正成立相依。

爸爸和孩子兩個不同個體是可以異離的，只是兩個的名相是不可異離的，所以龍樹講子和父兩個名相，同時而不異離，所以只是名相的相依，並不是個體的相依。如果是說個體，便不能說父子同時，因為父親分明比孩子早出世。這一點很重要。現在一些研究如來藏的人常常把名相和個體混淆了，於是從個體來理解如來藏與如來法身，因此發生很多問題。我們就會問，成佛到底是不是由一個個體來成佛，甲乙丙成佛是不是有甲乙丙法身。如果是這樣的話，就有甲乙丙如來藏，那如來藏就變成一個是甲乙丙所擁有的實體了，那就違反佛法了。如果我們從名相上來理解，如來藏與法身只是一個境界，並不是一個個體，從相依理來成立如來藏，我們就應該得到這樣的決定：學佛就是先通過抉擇，然後觀修，然後得到一個決定，現在就是從相依，經過觀修，得到一個決定，決定不是個體而是名相。因此這裡從名相上來理解是學佛上非常重要的決定。

所以如果把如來藏、如來法身或如來法身功德看成是一個個體，都是錯誤的決定，都會帶來對佛家的誤解，帶來對如來藏思想的誤解。根據龍樹的相依理來成立如來藏，就是

要知道只是成立了這個名相，成立了爸爸這個名稱，並不是
成立了爸爸這個個體，這是在學佛上非常重要的問題。最近
幾十年很多批判如來藏的文章都是在這個問上題弄錯了，都
把名相和個體混淆了，因此他們沒有理解龍樹的説法，不知
道相依理的原理何在，對如來藏的批判，也就變成了對自己
的理解、自己所建立的如來藏作批判[13]。

乙・「真如無差別」與法性理

相依理之後的第二個理為真如無差別。我們稱之為法性
理，在古代翻譯為法然道理。甚麼叫法性理呢？法性理即不
是用我們的心識（分別）來認識的道理。

在這裡我們先看一看法與法性的分別。法與法性的分別
涉及到很多問題，有大量的經論可以參考，其中最重要的一
本書就是《辨法法性論》。《辨法法性論》為彌勒菩薩所造，
我曾加以詳釋。柏克萊學者 Raymond E. Robertson 寫了一套
叢書，分四鉅冊，研究這本論，其中第二卷，即全文繙譯了
我的釋論，評價為完全根據甯瑪派的見地，你們如果對如來
藏思想有興趣，可以找來看看。[14]

《辨法法性論》的主題，簡單而言即是：「虛妄分別」是
「法能相」。在佛經裡面經常出現法能相和法所相的名詞，
甚麼叫法能相？在我們漢文的翻譯中，法能相和法所相都被
翻譯成法相，所以現在看漢文翻譯的佛經就會經常看見「法

---

13 也即批判的不是佛所講的如來藏。按自己的理解建立一個如來藏，然後再
批評自己建立的如來藏，是不理解如來藏之故。

14 *A Study of The Dharmadharmatāvibhaṅga* (Vol. I-IV), China Tibetology
Publishing House, 2008。我的釋論被譯成英文，收在 Vol.II。

相」一詞，卻不見「法能相」和「法所相」。如果我們看藏文的翻譯就會發現，原來藏文翻譯「法相」時即用兩個不同的詞語，這兩個不同詞語如果還原成梵文，就是「法能相」和「法所相」。

具體來說，法能相就是虛妄分別，能相即是定義、即是局限[15]，按照這個定義而成立的，在這個局限裡面成立的，則叫做「法所相」。

甚麼是學生？念書的就叫學生，這個「念書的就叫學生」就是學生的能相，念書是一個定義；凡是在學校裡念書的就叫學生，這就是一個局限，就是能相。我們根據這個能相來成立「學生」這個名詞，這個所相。除非你不叫學生，一叫學生你一定是在學校裡念書的。換一句話來表達即是，凡是念書的就叫學生，這個「凡是念書的」這句話就叫能相，學生這名詞的成立叫做所相。能與所的成立即是如此。

甚麼叫法呢？我們看佛經經常看到一切法、法界等等，法究竟是甚麼意思？凡是按虛妄分別而成立的就叫法，佛經裡面講的一切法，就是講所有由我們心思虛妄分別出來的東西，因此沒有東西、沒有事物不是由我們虛妄分別出來的。法包括一切事物和一切的概念，具體的是事物，如桌子、筆、紙等等，抽象的則是概念，可是無論是具體或者抽象的，只要是按虛妄分別而成立的都叫法。因此法是按虛妄分別這個定義而成立的，虛妄分別是法能相，依據法能相而成立的法就是法所相。也因為如此，這裡的一切法，包括法能

15　也即是能給定的條件、範圍、狀態等等，其核心在於分別。有分別始有能給定的條件、範圍、狀態等等。

相和法所相，都是用我們的心識來分別、來認識的道理。

　　我們知道，法性理之理即不是用我們的心識（分別）來認識的道理。

　　我們如何得到法性理？如何得到「真如無分別」？

　　我們先從真如來了解。既然是真如，就一定不是虛妄分別的法。真如是和虛妄分別相對的。用電視螢光幕的譬喻即是，住在電視螢光幕裡面的人，看電視螢光幕裡面的畫面，所看到的都是虛妄分別的相，因為他是依著畫面中的虛妄分別來認識這個畫面，他不可能用佛智來認識，不可能脫離螢光幕，在螢光幕之外來觀察、來認識。

　　現在我們看我們這個世界，我們所看見的就是我們的虛妄分別相。虛妄分別是沒有甚麼真理不真理的[16]。每個人從自己的概念出發，看出來的相就有不同的相[17]。我們現在覺得自己黃皮膚很自然，但是別人看我們覺得不順眼不像樣。等於我們看黑人和白人，看起來也覺得和我們不一樣，不是一回事。所以我們其實是落在概念裡來分別，這些分別都是虛妄的。

　　現在的金融危機，誰都知道，如果客觀一點來看，美國是最大的罪魁禍首，利用匯率變動、美元貶值等金融手段，把通脹的危機轉嫁給別國，其中中國也是他們的對象。因此我們從這裡知道甚麼是虛妄分別，在虛妄分別中是沒有甚麼

16　如果說「透過現象看本質」，仍只是在識境之內，在螢光幕之內，看到的本質仍是概念上的本質，有分別的本質，依然不是「真如」。

17　由美國鮑亞士所創之「歷史學派」，即否定文化的絕對性，肯定歷史變化的相對性。不能由一種文化否定另一種文化，文化都是適應的結果。此已類於佛家說的相礙緣起，詳見後之相礙緣起的介紹。

真理不真理的。我們説美國是最大的罪魁禍首是站在中國的立場來分析的，如果站在美國經濟學家的角度來看金融危機，就會覺得美國做得非常合理，非常精妙，會找出很多理由來講他們的合理性。所以沒有一門經濟學是百分之一百客觀，沒有自己的既定立場與觀點。

住在電視螢光幕裡的人都依靠虛妄分別（概念）來成立他的世界。在螢光幕之外，則不需要概念，看見的即是真如這個相，就不是虛妄分別。

故所謂真如，即是由跳離螢光幕，站在螢光幕之外而觀始能獲得。而在螢光幕之外看我們識境，所看見的只是影像世界而已。影像世界如夢幻泡影，如電亦如露，此如《金剛經》所講，所見均為影像。既然均為影像，則真如無差別。因此，如來看一切現實世界都是平等的，看所有電視畫面都是平等的，這就不是虛妄分別了。所以如來藏從性來講，是法性，從相來講，則是真如。

丙・「具佛性有情」與作用理

既然「真如無分別」，一切法平等，一切現實世界平等，那麼一切皆是「具佛性有情」，無論在哪個世界的一切有情都有佛性。為甚麼都有佛性？用螢光幕之喻來講即是，一切螢光幕裡面的影像都有螢光幕的性，只能具有螢光幕的性。因為我們是在如來法身（法性）上顯現的影像，因此一切的影像都有如來法身的性，恰如影像都有螢光幕的性。

螢光幕的影像都有螢光幕的性，這個推論我們稱為因果理。按照藏文的翻譯是作用理，作用理的定義即是由果推

因。這裡，螢光幕畫面裡出現的影像都是果，等於說一切有
情世界裡面的生命都是果，這些果到底是怎樣成立的呢？ 這
就等於問為甚麼螢光幕有這麼多影像成立出來、顯現出來。
螢光幕幕裡的影像就是果，那到底因在甚麼地方呢？

我們看電視即可知，這是因為有螢光幕。螢光幕有其功
能，所以顯現這些畫面出來了。等於說如來法身有一個功
能，這個功能令一切法顯現出來。所以一切法是果。佛典說
是如來大悲功德，這功能令一切法顯現出來。所以這個功能
就是因，影像是果[18]。

如來大悲功德的作用等於螢光幕的功能，由這個作用成
立了果，這個果就是一切的景象。但我們看不見這個因，恰如
看電視的人看不到螢光幕的作用。但是螢光幕如果沒有功能就
不可能出現畫面，所以如來法身沒有功能，就沒有可能使影像
顯現。既然現在有影像顯現，就證明如來法身有功能。所以是
果推因，謂之作用理，因為這裡是以強調作用來認識結果，有
一個果就能推想出一個因。「具佛性有情」是從有情都具有佛
性看出功能。

概而言之，從真如看出相，從法身成立性，從有情的佛
性看出用，如來藏便由此性相用而成立。如來藏的性是法
性，如來藏的相是真如，如來藏的功能是有情所具有之佛
性。如此方為如來藏之真實建立[19]。

---

18 為何法界有生機，有令識境生起之功能？法界之生機，我們於識境通過研
　究、實驗、理論實不能知，故只能由果推因，從結果尋找原因。故此，學
　佛的目的即在於，我們通過學佛而修行，由修行而證生機。

19 現在對如來藏思想有懷疑的人都不能真正理解如來藏的性、相、用。如果
　理解，即不會自己先設立一個非佛所說的如來藏的定義，然後再來批判自
　己定義的如來藏，也不會在名相和概念上爭論不休。

三・如來藏之究竟見

如前所述，智境有令識境生起之功能，故有無量無邊之
識境生起。人類所居為一度時間三度空間之時空，因而問題
是，如果是處於二度時間，我們能否回到過去，去改變歷史
呢？量子力學家說不可能，不可能的原因在於我們同一剎那
即有很多不同的顯現。

比如我們這個講堂，有我在講，也有你們在聽。但是，這
不是唯一的畫面。與此同時，還有沒人在講，沒人在聽的畫
面。只不過在此時此刻，這畫面存在而不顯現而已。那麼，為
甚麼講課的這個畫面能夠顯現，而另外的畫面不顯現呢？這裡
可以說一定有個外力來決定，使這個畫面出現，而另一個畫面
不出現。有一個通俗介紹量子力學的電影，其中的一個片段
是，一個黑人小孩在打籃球，一個攝影人來到了，黑人小孩跟
他講量子力學，於是畫面變成滿場都是籃球，一個畫面投
籃，一個畫面傳球，一個畫面帶球往這邊跑往那邊跑。但是
現實生活只有一個畫面，孩子在投籃，其它畫面都不顯現。
這樣量子力學便涉及到存在與顯現的問題了。存在不同顯
現，無數畫面存在，只出現一個畫面，一定是有外力之故。

如果按佛家來講這外力便是業力。業力有共業和別業之
分。每人作的業叫別業，共業是一個社會一個社群的業力。我
們想一想中國的歷史，很多時候都能看出業力問題。很小的事
件，可以變成很大的歷史影響。如果鄧小平不是三進三退，如
果文革後鄧小平不主政，會有今天的社會嗎？為甚麼鄧小平可
以執政，為甚麼很多元老卻不能？這即是共業之故。我們的共
業好，所以才有今天。

　　還有許多歷史事件，現在都成疑案，真相到底如何仍然眾說紛紜。但是一定有一個外力，如量子力學所講，這個外力令其中一個畫面顯現，而令其他畫面不顯現，這即所謂歷史事件。所以可以說量子力學探討的其實是機率的問題，把畫面顯現的可能性歸於機率，從佛家來看這個顯現的機率其實是由業力決定的[20]。

　　因為畫面顯現的可能性由機率而定，非有定數，量子力學由此建立測不準原理。測不準原理意即甚麼東西都無法測得準。例如，一張紙有多長，沒法量得準。你用一個尺去量度它，你已經將一個外力加在這個紙上了，因此量出來的長度，不是這個紙的真實長度，是加上一個外力之後的長度。現在我們看我們這個世界，看的並不是這個世界真實的相，只是一個經過我們「量度」之後得出來的相。我們能看出這個世界的共相，即所謂認識這個世界，只是因為我們有共同的業力來「量度」[21]這個世界，所以才得出一個共同的結論。我們有共同的外力加在這個顯現裡面，我們看到的其實是加上業力作用之後的顯現。這其實等於說螢光幕裡的人，他們看到的世界是百分之一百的真實，這百分之一百的真實是經過螢光幕世界共同業力變成外力，加在顯現上面呈現出來的情況。

　　所以如果我們回到二度時間，我們說可以改變歷史，這其實是不可能的。即使是在三度空間中，也有無數的畫面。時間會回到哪一個畫面呢？會恰恰回到目前顯現的畫面嗎？

20　如在我們這個時空，六道之不同顯現即由不同業力所決定。

21　此即唯識宗之所謂遍計自性。詳見後述。

　　比如說清政府想謀害孫中山，這時我們時光倒流，回到歷史，孫中山被謀害了，那歷史會不會改變呢？不會，因為孫中山被謀害的畫面不顯現。回到過去的時間，孫中山被謀害，清政府還存在，可是這個畫面不會顯現。顯現的仍然是孫中山不被謀害的畫面。這就是外力的問題，也即佛家所說的業力的問題。

　　所以人在二度時間不能改變歷史，這是量子力學的結論。量子力學提的問題是：人如果回到過去，殺死自己的祖父，那麼這個人還存在不存在呢？如果按推理來講，這個人就不能存在了，他的祖父被殺掉了，當然也沒他爸爸也沒有他了。可是，你只是改變了一個畫面（殺死自己祖父的這個畫面），而這個畫面卻不被顯現，顯現出來的畫面仍然是你祖父生你爸爸，你爸爸生你。

　　量子力學研究的問題帶來了很多哲學上的思考。只是現在研究量子力學和哲學的人，都有一個共同的傾向，或者說是遺憾，即他們都在識境裡面憑自己的「識分別」來研究和思考，因此，所有西方哲學和科學都沒有離開過識境。

　　如來藏思想則不同，如來藏思想強調智識雙運，不只是識，還有智，而且是雙運，如手心和手背。既然是智識雙運，就不能只以識境的西方哲學來理解佛學了。現在的現象是，有人認為只要能夠用西方哲學理論來解釋的，這個佛學就是正確；如果用西方哲學解釋不了的，就不正確了。這樣抉擇佛學的正與不正，其實是以識境之標準來判斷智識雙運的境界，層次完全不同。

　　佛家所有經論其實都是在智識雙運的境界來闡述的，而西方哲學從來沒有進入到智識雙運的境界，只停留在識境，

也從未脫離過我們的心識去理解我們的世界。因此，其哲學也不能從智識雙運來成立，是故由識境成立的哲學不能作為理解如來藏思想的標準[22]。甚至量子力學也一樣，它不能用來代替如來藏思想，儘管我們可以利用它來理解如來藏，但它仍然只是涉及到識境範圍的事物。

那麼甚麼是如來藏的究竟見？如何理解如來藏的究竟見？

根據前面所說的時空變換、時空中的畫面選擇、以及存在與顯現的區別，我們即可以從下面三個方面看如來藏的究竟見：

第一心真如。

第二智識雙運界。

第三安住如來藏。

甲‧四重緣起

甚麼是心真如？前面已提及《大乘起信論》所說之一心二門，即心真如門、心生滅門。現在再說心真如之義。我們的心因為受了雜染，因此我們看這個世界是從生滅的現象來看的。龍樹說「八不」，即不生不滅、不常不斷、不一不異、不來不去。此為鳩摩羅什的翻譯。如果按梵文，這個「不」字翻譯成「無」字更好，即無生無滅、無常無斷、無一無異、無來無去。

---

[22] 以西方哲學評判佛學恰似以西方文化為標準評說東方文化。實尚未及20世紀初美國「歷史學派」之所見，更不及結構主義與後結構主義對當代文化之反思。可參閱「範式」理論之解說。

講「不生不滅」和「無生無滅」有一點點區別,「無生無滅」是否定生與滅,對它否定,所以說無。當說「不」時(不生不滅),就不一定是否定生與滅了,也許有生滅,現在只是生滅現象尚未出現。比如說,孩子不做功課,並未否定「做功課」,這就不同於「無功課可做」。不過傳統上我們都用「不」字,這裡只是提一提兩者的區別。

現在很多人以為龍樹之「八不」都是從生滅來講,例如說,有些人看這個世界不是從生滅看,是從常斷來看,從一異來看,從來去來看,其實都是看生滅,常就生了,斷就滅了,一就生了,異就滅了,來就生了,去就滅了。把生、滅、常、斷、一、異、來、去之分別看成是同一回事,只是不同根器的人看問題有不同的角度。這樣理解龍樹之「八不」會帶來對如來藏思想的誤解。這也不是龍樹之「八不」的真實含義。我們可先從四重緣起來看龍樹之「八不」。

龍樹之「八不」其實是觀察識境現象的四個層次,這關係到如來藏秘密教法裡的四重緣起。四重緣起有四:

第一業因緣起。

第二相依緣起。

第三相對緣起。

第四相礙緣起。

業因緣起另外有個名字叫相連緣起,意思是因果相連,業因緣起就是我們常講的因緣和合了。如桌子、房子等都是因緣和合,由各個部分組成桌子和房子。當因緣和合時就生起一個事物,如果條件改變了,這個因緣變成破壞事物的因緣(例如房子被火燒),事物就滅了。所以由業因緣起所主導

的，可以說是生滅現象，這就是看這個因緣和合導致生或者導致滅。因此講不生不滅，是從業因緣起來講。

既然都是因緣和合，生是因緣，滅也是因緣，所以無論生滅都是「緣起」現象。龍樹提出「緣生性空」，緣生性空就是萬事萬物都從因緣生，如果離開這因緣，便再沒有別的因素可以成立這個事物。是故任何事物都沒有獨立性，只能依緣起的作用才成為「有」，成為存在或者顯現，這就叫「緣生」，即是事物由因緣所生而為有。至於「性空」，則是對緣起的超越，當超越時，由緣生而成立的事物則可以說為「性空」。

龍樹在《七十空性論》中有一頌說：「一切法自性，於因或於緣，若總若各別，無故說為空」。那是說一切法如何成立無自性，他解釋說：「一切法自性，於因或於緣中，或於因緣和合中，若悉皆非有，即可說一切法自性空。」這說法常受誤解，說者只說水由氫氧原子組成，無論氫原子或氧原子都無水性，所以水自性空。他們忘記了說「因緣和合中」，於氫氧原子結合而為水時，怎能證明和合的果（水）沒有水性呢？如果硬說和合也沒水自性，那就回返本題，要證明「因緣和合」的水沒有自性。

因此，這個頌的本義是對業因緣起的超越，只有於超越時，才能說由這緣起所成立的一切法，其自性悉皆是「無」，因為這重緣起已被超越了，其所成立的「有」當然亦被超越，成為「非有」。

由「緣生性空」，就可以否定「生滅」的真實性，儘管住在識境裡頭的人，認為生滅現象十分真實，但這「真實」只在

「識覺」，識覺只在識境中真實，因為根據的只是現象，若超越識境來認識識境的本質，這識覺就不真實了。這樣就可以說「無生無滅」了，說「無」是否定生滅「自能成立」的本質（自性），並非否定生滅現象。

再來看相依緣起。相依緣起即是講不常不斷。龍樹在《七十空性論》裡面就已提到不常不斷，有子始有父則是龍樹的另一個譬喻。如果講我們這個世界是有境始有識，沒有外境就沒有這個心識，我們現在沒有吃東西（沒有外境），我們的舌頭就沒有味道了，我們的味覺就不起作用了，我們的舌識就不起分別的功能了。我們放顆糖在口，那顆糖就是境，馬上我們的舌頭就感覺味道了，舌的識就有了。所以有子始有父就等於有境始有識，兩者須相依而成，這一點是和唯識宗有分別的，他們是「有識始有境」。

唯識宗講唯識無境，因為外境不離心識，所以一切外境都由心識成立。這是從心識的角度來看，我們心識是怎樣成立這個外境。我們看見是水，餓鬼的心識看到的是膿血，天人看見是甘露，是從這樣來講唯識無境。

龍樹從另外的角度講有境始有識，一如有子始有父，因此就牽涉到常與斷的問題了。我們總覺得境是常的。外面的樓房我們不看見，它一定存在，也一定顯現，只是我們不看見它顯現而已，所以外境是常。其實外境並非為常。這裡又牽涉到相續的問題了。如前所述，相續如河如燈如種子，可分為粗中細三個相續。所有外境也是相續，並非為常。

如果說，外境是由我們心識建立出來的，這樣的話，我們就不知道心識如河如燈如種子的相續，我們把自己的心識當成是常了；如果我們知道有境始有識，我們就知道心識其

實是斷的。

換言之，如果世界是由我們的心識成立的（或者說，一切事物都不能離開心識而成顯現），那麼我們的心識應該為常；如果說有境始有識，我們的心識就應該是斷。那麼我們的心識到底是常還是斷呢？龍樹的回答即不常不斷（無常無斷），或者說，不常不斷才是常，才是真實。世界的成立並非是心識和外境相依的結果[23]，龍樹的不常不斷即是否定這個相依。因為識與境雖然同時成立，但是卻可以異離，這樣就不符合相依緣起的定義與規定了[24]。所以這裡相依緣起就被否定為真實了。如是，我們就超越了這個相依。因此，既不是有境始有識，也不是唯識無境。如果落在有境始有識，那是相依於外境；如果落在唯識無境，則是相依於心識。現在相依既然有常亦有斷，超越相依，我們的心識即如相續，也即所謂無常無斷了。

超越相依，我們即可進入相對的層次。這裡，相對是心性和法性的相對。法性廣大，心性狹小。心性既是每個人的

23　我們住在螢光幕裡，是用心識來看世界萬物的，所以沒有離開心識的外境。假如我們所有生物都沒法看東西了，那麼我們就根本沒有紅顏色藍顏色綠顏色等等了，所以只有我們有看顏色的心識，我們才看到紅黃藍綠白等等的境界（外境），這也正是唯識宗所說的，一切事物不能離開心識而顯現。

從另外一個角度來講，龍樹指出假如沒有紅黃藍白等外境，我們的心識就根本不起功能去看到紅黃藍白顏色，這是從外境白講。所以對於心識與外境，唯識宗等於說，我們怎麼樣成立這個外境呢？我們只能從心識來成立。龍樹則從功能來講，假如沒有外境，我們心識的功能就完全不起了。

這裡唯識宗和龍樹都只是在螢光幕的世界裡看螢光幕中的事（心識和外境）。螢光幕裡的人看螢光幕裡的世界要麼是唯識無境，要麼是心識依外境而起用（有境始有識）。如此表達其實都是所謂單方面的決定論，都是限於識境之內而論。而如果外境與心識皆是如相續之河流，不常也不斷，外境與心識即不能相依而成。

24　相依緣起須符合兩個條件，一為同時，一為不異離。

心性，也是人類的心性，且每個人的心性不同。法性周遍法界，一個小蟲的心性都是法性，故法性是一，心性是異（多）。

儘管每個人的心性不同，但人類作為六道之一道，有其共同的業力。因為共業的作用，我們彼此看見燈還是燈，我們吃東西對於甜鹹都有一個共同的概念。可是每個人的感覺一定是不同的，廣東有句俗語「各花入各眼」，你看這花美，我看這花醜，這可以說是不同的「證量」，不同的心性帶來美與醜的相對。所以相對緣起首先是指在識境之內，心性不同導致的相對。

但是，如果站在識境之外，如果說「真如無分別」，一切法平等，一切現實世界平等，一切皆是「具佛性有情」，則心性就是法性，法性是一，顯現的心性則是異，心性只是法性顯現的現象。如是則心性與法性不是由相對而成立，而是因雙運而成立。不能說心性與法性是一，也不能說它們是異。這樣就超越了相對的一異，可以說是不一不異、無一無異了。

依四重緣起，超越相對，即是指事物非由相對而成，而是由適應相礙之局限和條件而成，故謂之相礙緣起。

對於識境而言，相礙首先是時空的相礙。或者說，我們首先是局限於空間和時間之中。我們的吃穿住行也受制於時空。所以不來不去之來與去，也是在時空中而論。

甚麼叫來去？從A點到B點，在B點說A怎麼來，在A點說怎麼去B點，即是來去。從A點到B點的過程有個時間，空間即在這時間中轉移，所以在來去的過程中，就有時空的

限制與相礙。空間與時間就是來去的條件，來去的相礙。

或問，有一個固定不移的時空嗎？時空又是怎樣建立起來的？龍樹用大量篇幅來解釋不來不去，可是如果我們現在了解時空也是相對的，我們就更容易說明，我們的時空其實是受制於我們人類的局限而成立。正因為這樣，時空只能是相對，並非絕對。

說時空不能夠真實成立，即是說我們只是按我們的條件與局限來成立我們的時間與空間。我們稱一天是按太陽出來太陽下山，或者按月球的運動來設定，所以就有陰曆和陽曆的分別。不同的曆法成立不同的條件，也成立了不同的時間。

我們理所當然地認為一天就是二十四小時，一小時就是六十分鐘，一分鐘就是六十秒。這樣，我們就成立這些局限與條件來定義我們的時間了。這即是我們人類的時間。我們認為一天為二十四小時是千真萬確，絕對準確的時間。

相對論的出現讓我們現代人更容易了解時間的相對了。我們覺得自己生活一天，對蜉蝣來說就已經過了一生了。佛經講帝釋天的天人，他們的一天等於我們的一百年。他們的一天當然不是從看太陽出來太陽下山這麼定義一天，他們對一天當然有另外的定義。但無論怎樣，帝釋天的天人的一天，即等於我們人類的一百年。所以時間是相對的，我們由此即不能說來去有一個絕對的時間與空間，我們也不能根據這個所謂絕對的時間與空間為來去作定義，如從 A 點到 B 點，在 B 點說 A 怎麼來，在 A 點說怎麼去 B 點。我們這樣定義來去與時空，只是根據我們自己的條件與局限來講而已。

　　例如，同樣看是一個點的運動（如A點的運動），我們即需要先給出一個限制或條件，如我們是站在A的立場來看，還是站在B的立場來看。A點的運動，到底是來還是去呢？如我們是站在A的立場來看，是去B點，站在B的角度來看，則是來B點。這裡從A的觀點還是從B的觀點來看，即有來去之不同。不過無論如何，這仍然只是螢光幕的人來看螢光幕裡的世界。因此，如果不是站在A的立場來講，也不站在B的立場來講，我們就不能講是來或者是去，去或者是與不去。如此即是龍樹的不來不去。

　　由此，從四重緣起和龍樹之「八不」，我們就更容易理解心識的各種狀況了。從業因緣起來看，心識是生與滅；從相依緣起來看，心識是常斷；從相對緣起來講，心識是一與異；從相礙緣起來講，心識是來與去。而根據四重緣起的層層超越，龍樹在識境即可論證心識不是生滅，不是常斷、不是一異、不是來去，並由此成立不生不滅等等「八不」。你看，他絕不是用「因緣」、用「緣生」來否定生滅、常斷、一異、以至來去，並且定義為「無自性」。

　　龍樹之「八不」是我們在識境裡的心真如，即是在識境裡我們生起一個識覺，用識智看出來的心真如。識智看出來的心真如還不是佛智。我們通過四重緣起來認識識境的功能，認識識境的境界，可是這樣認識還只是識境、識覺、識智而已，不是佛的智，不是佛的覺。因為我們是通過四重緣起來觀察，既然是緣起，就沒有離開過識境。佛是離開識境的，佛是離開我們世間因果的，所以這個心真如還是識境裡面的心真如，不是佛的真如。

　　為甚麼我們不能脫離這個識？因為我們沒有除掉這個

障[25]。如果除障[26]以後，就超越這個一切緣起了，也沒有相依緣起、相礙緣起等緣起了，如此才是如來所證的真如。因此，我們是通過心真如、觀修心真如來成就我們成佛。到那時，才是脫離了心識的境界，不是心真如，而是真如。

因此《大乘起信論》講心生滅與心真如，其實就是講如何從心生滅到心真如。如果這樣理解，就不會認為一心二門為錯，也不會牽涉到心識「受熏持種」的問題。種子問題在《大乘起信論》中實在是非常次要的問題。唯識宗根據自己的一個名相來批判他宗，那是落於自宗的「道名言」來規範他宗。唯識宗一定要成立種子，不成立種子就沒有阿賴耶識，這是唯識宗建立之所需。但不能說所有宗派若論及受熏和觀修時，則一定須要牽涉到種子。如果甲宗用自己的道名言來理解乙宗的道名言，例如同樣說空，甲宗空的定義是這樣，但不能根據自己的定義說乙宗之空定義不一樣就為錯。例如我們可以將「空」定義成零。零性就是空性，零的作用就是空的作用，零不代表數量，但卻不是沒有作用。如此我們即成立自己的道名言了。但我們卻絕不能以自己的「道名言」來否定其他定義「空」的「道名言」[27]，不能要求別人一說「空」，就要依照自己的定義。龍樹說空，是無自性空，彌勒說空是無本體空，二者的道名言不同，難不成可以用龍樹來否定彌勒，或者用彌勒來否定龍樹？！

25　障在這裡指名言概念。人之心識須依概念來認識識境便是障，這個障其實源於礙，因為人根據相礙來成立名言。

26　除障即是去除名言概念。人之心識跳離識境，在識境之外看識境，即是處於離言狀態。離言也即是去除名言概念。

27　如有龍樹之「緣生性空」與彌勒菩薩之「無本體空」。

乙‧智識雙運界

從心生滅到心真如,我們即可通過心真如來現證如來藏。

現證如來藏,也即現證智識雙運界。如前所述,我們通過四重緣起來看我們的心性,認識到我們心性的心真如,那麼就可以理解甚麼叫智識雙運界。

現證智識雙運界是一個過程。螢光幕裡面的人,因為修止觀,因為修道,首先知道螢光幕有其功能,才能將自己(影像)顯現出來,由此更進一步,修行者知道一定有個螢光幕,因為既然已知有螢光幕的功能,那自然有個螢光幕。如是修行者即可將螢光幕連同螢光幕上面的畫面一同來認識,即為智識雙運界。同時,當修行者認識智識雙運的時候,他就可以安住於如來藏,安住在智識雙運的境界裡面,那就是登地的菩薩了(初地菩薩開始認識螢光幕,認識法界)。

丙‧安住如來藏與佛家的五道

五道是由最初觀修到成佛的五個階段、五個次第,分為資糧道、加行道、見行道、修行道、無學道。

住在螢光幕裡面學懂佛家的見地,作為自己觀修的依據,並依之以作抉擇,那就可以說得到觀修的資糧了,故稱為資糧道。加行道是開始認識螢光幕的功能,因此分四個位:暖、頂、忍、世第一。從暖開始認識我們的生機;而徹底認識到我們一切的生機,一切法的生機,即為頂;到頂以

後，就認識甚麼叫無生，那麼無生就是忍位；超越忍位，即到世第一，世的意思是識境、世間，在識境中認識識境已完全通達，故稱為世第一。如此就是徹底了解到螢光幕的一切功能了。

至於見道位，就是已經開始認識螢光幕，見到螢光幕，也即是見到智了。見到智即是開始打破障礙，開始看到智光明了。修道是分九個階段除障，每一階段都有這一階段的障礙，那就是二地到十地了。然後是佛地，稱為無學道。如是便是五道的過程。

如何理解五道，其實也即是如何理解如來藏。如修道上六地菩薩現證般若波羅蜜多，八地菩薩開始現證深般若波羅蜜多，所以般若波羅蜜多與深般若波羅蜜多，是兩個不同的層次。故五道上層次是由低到高，對如來藏的理解也是由低到高。我們且先看看通常人們對如來藏的誤解。

丁‧對如來藏的誤解

對如來藏的誤解主要有執實與執虛兩種，其中最常見的是把如來藏看作是一個恆常的本體。我們講如來藏是智識雙運的境界，境界就不可能有本體。譬如甜是吃糖的境界，怎能說有一個甜的本體呢？如來藏只是智識雙運的智境，有四德[28]。因為是如來法身，所以法身是常；常的法身有個功能，這個功能能夠生起識境，所以是樂，一切生機就是樂；整個如來法身是個大我；如來法身是自然清淨的，故謂之

28　即常、樂、我、淨.四德。

常、樂、我、淨。這裡常樂我淨是講智境，非言識境。佛說無我、無常、不淨、苦是講識境。如來藏是智識雙運境界，所以可以成立常樂我淨，也並不違反釋迦對識境的講法。

對如來藏的另一誤解是唯空。所謂唯空即是以為證到空性就能成佛，不同於前面把如來藏看成為一個恆常的本體。唯空儘管承認如來藏，但卻把如來藏看成是空性，以為般若波羅蜜多就是空性，深般若波羅蜜多也是空性，故成唯空。

這其實同樣是對如來藏的誤解。如來藏不是唯空，而是智識雙運。離開螢光幕可以說螢光幕的畫面是空性。可是螢光幕連同螢光幕裡的畫面就不只是空性了。可以說螢光幕性是空性，螢光幕上有識境（畫面）顯現，因為一切畫面是依著螢光幕顯現，畫面的性就是螢光幕性。假如定義螢光幕是空性，那麼這個畫面也可以定義為空性。如此理解空性，才能說明空性的真正含義。不應該不加辨別，只籠統地說如來藏無自性，所以是空。一簡單化，抉擇與決定便都錯了。

而且，我們要站在螢光幕的外面才能說螢光幕是空的，住在螢光幕畫面裡面，就不能說螢光幕的畫面是空的。住在螢光幕畫面裡面，看螢光幕的畫面是有，不是空。所以我們這個世界對我們來說是有。那為甚麼又說是空？離開我們這個世界來看我們這個世界就可以說它是空，而且是連同我們這個螢光幕都看見才能說畫面是空。所以如果脫離螢光幕光說畫面是空，那就不是觀修了。如是只是憑推理說空，變成口頭禪，不是從自己的證量來說。

六地菩薩可以說我們這個世界是空，因為六地菩薩連同我們這個螢光幕都能看見，才能說空，八地菩薩當然可以說

我們的世界是空，佛可以説我們的世界是空。可是我們一般人不能不經抉擇與觀修，就決定我們的世界是空，因為我們根本沒有見到我們這個世界所依以成立的基。

我們這個世界所依以成立的基我們譬喻為螢光幕，甯瑪派謂之為本始基。本始基其實即是如來法身境界，即是佛內自證智境境界。不過我們為了方便起見，施設名言為本始基。本始基本來就是有的，我們不要分析怎麼有。本來就有，從一開始就有[29]。這個本始基不是我們的生因，螢光幕不是螢光幕畫面的生因，只是顯現螢光幕畫面的一個基，他有功能令這個畫面顯現。本始基就是我們這個世界顯現的基礎。

這裡禪宗就講立足點了。所謂你的腳跟站在甚麼地方，就是指我們所講的本始基了。禪宗很注意講腳跟的問題，其實是説我們立足在甚麼境界。如果立足在識境，那就永遠證不到如來藏。所以，一定要立足於智識雙運，智識雙運就譬喻為畫面和螢光幕一同雙運；那就要認識有一個螢光幕，就是認識這個本始基，就是認識我們的腳跟站在甚麼地方了。所以本始基絕對不是造物的生因，如來藏不是生因。現在有人認為如來藏等於外道的大梵天，是造物主，造物因，那也是對如來藏的錯誤理解。

既然如來藏只是有令世界萬物顯現的功能，不是造物的生因，不能如上帝一般造人造物，那麼世界萬物如何顯現？如何成立？這即是佛家所講的萬法皆緣了。

---

[29]　如前所述，既然現在有影像顯現，就證明如來法身有其功能。所以是由果推因，謂之作用理，有一個果就能反過來建立一個因。

四‧緣起、空性與如來藏

萬法皆緣的意思即是萬物皆因緣而生，因緣而滅。此也即我們前面介紹過的四重緣起。而緣起能夠成立，其根基在於法界的空性，或零性，如前所論。龍樹菩薩的《七十空性論》，則是詳述空性之性。

《七十空性論》，在我們漢地，重視它的人不多。這篇論因為有七十一個頌，把它算成一個整數，就成為七十個頌。龍樹菩薩的《七十空性論》講空性，我們一般都以為是講緣起性空。我們是怎麼樣來看緣起性空呢？一般的說法就是，一切法，一切事物，都是緣起的。因為緣起，所以就性空了。這樣來理解龍樹的說法，可以說是完全錯了。

在《七十空性論》中，龍樹菩薩提出各種不同的緣起，歸納起來就是我們所講的四重緣起了。注意是四重，不是四個，不是四個緣起，而是四重緣起。四重的意思就是一級超越一級，以至於第四重。

甲‧空和有的建立

四重緣起我們前面已略加介紹。四重緣起最大的特點在於空和有是在不同層次上建立起來的。例如相依有，就是在名言上有子始有父，父和子兩個名相是相依的。沒有子，男人就不能稱作爸爸。相依有即由此而成立。如此而成立相依有，如何來看這個相依有的空呢？如前述，在我們建立相對有的時候，就超越了相依有，成了相依空，從這一個層次（相依）超越到另一個層次（相對）了。所以原來是相依有，現在既然已經超越了

它，建立相對有，那麼這個相依有就可以說是空了。因此它們有不同的次第，一個層次高一點，一個層次低一點。

可是當我們說因為緣起，所以性空，我們如此理解緣起性空的時候，我們卻是從同一個層面來理解。這樣理解不符合龍樹的講法，也不符合彌勒菩薩在《瑜伽師地論》的講法。

彌勒菩薩《瑜伽師地論》如何講緣起性空？《瑜伽師地論》說怎樣才叫做「善取空」，怎樣取空才是取得好，取得正確。它說：由於「此」，所以「彼」無所有，那個「彼」就空了。那麼，用相依相對之例，即是說由於相對，所以相依就無所有了。因為相依無所有，所以相依就空了。《瑜伽師地論》接著說，這樣空，只能空掉那個「彼」，不能空掉證「彼」為空的「此」，因為「彼」是「此」的「餘外」，「餘實是有」。在我們的例子中，當相依有（彼）空掉之後，那個相對有（此）就成立了。因此《瑜伽師地論》明白無誤地說，現在我們建立相依是空，相對就有了。相依以外的都是有。這即是說，我們現在以相對來否定相依，便只能否定相依而已，相依的「餘外」都不能否定。

一般而言，在研究佛學上，特別是漢傳的佛教，對於空有的建立，有時候是很模糊的。因為很多人一定是這樣解釋，由於緣起，所以就性空了。因為都是由因緣生起，所以沒有自性，沒有屬於「自」的性，所以就說自性空了。這樣的理解顯然不符合《瑜伽師地論》的講法。

《七十空性論》中有一頌即是由相對來觀察相依緣起：

　　父子不相即　彼二不能離
　　亦復非同時　有支亦如是

　　這個頌既由相對來觀察相依緣起，也是講十二緣起的。有支，就是由十二支緣起成立為有。為甚麼稱為有支呢？這即是由我們成立，並施設它為有。施設而成十二支有。故「有」是施設出來的，由施設而成為有。

　　至於有境，則是成立有的定義。例如我們用相依來成立有，那麼我們的有境就是相依緣起了。如果我們用相對來成立有，我們這個有境就是相對緣起了。所以有境不是施設而成為有的境界，而是成立為有的依據。這個字翻譯成有境，含義是有點模糊的。不過從來就是如此，從六朝時代開始就已經是這樣翻譯。

　　龍樹從父子不相即觀察相依緣起。他觀察父子不能相即，即不能說父即子，子即父。雖然不能相即，可是彼此不能分離，一分離就沒有子和父這兩個名詞了，兩個名相都不存在了。所以只能說父子兩個名言不能離異，不能說它相即。那麼，我們看看《心經》，「色即是空，空即是色」，即是說空和色是相即的。但父和子不能相即，可是也不能離。

　　龍樹觀察相依緣起，還有更重要的一點是父子兩個不是同時的。成立子和父兩個名詞的時候，彼此同時，可是兩個個體不同時。因此才說父子兩個相依無非只是成立名相，只是名相上的相依。

　　龍樹是怎樣破這個父與子的相依有呢？龍樹是這樣破父與子的相依有：父與子實際上不同時。因為不同時，因此他們相依就不能成立，只能是相對，相對而有。因此，成立相依的兩個條件：同時和不能分離，實際上「父子」不能滿足

這兩個條件，由是相依有就受到否定，於否定的同時，便成立了「父子」的相對有。

關於相對，例如美與醜的相對，是不同時的，而且是能夠異離的。所以相對，就正好跟相依不同了。第一、相對能離異；第二、相對不同時。我們說這個人很美，另一個很醜，美和醜不是同時成立的。不像子和父一樣，一定要同時，才能夠成立。說一個人美，不必同時說另一個人醜。又如我們說這個菜很好吃的時候，絕對不必要同時有一碟不好吃的菜在旁邊來比較。因此，相對是能夠異離的。是故相依相對之區別，也即在於是否同時，能否離異。

如果我們把相依、相對兩個概念，置入《七十空性論》這個頌裡面去，那就看得出，龍樹所講跟彌勒菩薩的《瑜伽師地論》所講的善取空是同樣的意思。「父子」名言是相依有，「父」與「子」兩個名言也不能異離，這符合相依的條件。可是，父子不相即，因此他們的個體其實是能異離的；名言上，兩個名言雖然同時成立，但其實他們二人並非同時出生。所以，能異離、不同時就不符合相依的條件了，只能說他們是相對有。

十二有支的成立也是一樣。以「無明」和「行」為例。依行而有無明，有如依子始有父。可是無明與行並不同時，而且可以異離。雖然因無明而有種種虛妄分別的行，可是，無明與行實在是互為因果的，由無明而虛妄分別，因虛妄分別便成為無明，所以它們可以異離。一如依子而有父名，但亦有父然後有子。龍樹就用這樣的推理來否定十二有支的相

依有。它們的相依有不真實，所以可以說之為空（相依亦空）。

更進一步，由於相礙，所以相對法就無所有了。對於相對緣起法，我們正觀其為空。一切相對法都是空。復由於相礙，餘實是有。相對之外的東西都是有的。相對之外的法，都應該說是有，都是「餘外」。這樣，我們就可以說一切法都是相礙有了，由相礙緣起而成為有。

四重緣起就是這樣一重超越一重。當能夠證到相礙緣起，那就是二地到十地菩薩了。在相礙緣起這一重，可再分九級。二地到十地菩薩也都在這一重，也都是住在相礙緣起裡邊修行，最後離相礙，就是成佛了。

乙·三論宗說四重二諦

三論宗所說之四重二諦，也即講四重緣起之義。

三論宗在六朝時代是中國佛教的主流。三論宗有一個大師，名叫吉藏[30]。吉藏沒有直接講緣起，可是他成立四重二諦。四重二諦是研究漢傳和藏傳佛教交流的重要資料。

四重二諦第一重二諦最低，是有和無。有是世俗，無是勝義。也即執實有與觀空。執實可以說是有，觀空可以說是無。這是最低的一重。

四重二諦第二重二諦，「有」和「無」是世俗，「非有」

---

30 我們現在從《大正藏》還可以找出很多關於吉藏的論典。

「非無」是勝義。那就是第一重的勝義與世俗，在第二重都變成世俗了。如是即如四重緣起之成立，如我們建立相依緣起是世俗的話，相對緣起就是勝義了。當建立相對有是世俗的時候呢，相礙就是勝義了。四重緣起與四重二諦都是因為超越了前面一重，故有有與空、世俗與勝義之更替。這裡吉藏首先是分別有、無，作為世俗與勝義，再把有、無兩個都變成世俗，非有非無才是勝義。

那麼甚麼是第三重二諦呢？吉藏說，二就是有無，這是二，不二就是非有非無。這是在第二重所講的世俗與勝義，在第三重就將這兩個全部歸納起來變成世俗（有無、非有非無）了。那麼勝義是甚麼呢？非二非不二。就是非有無，非非有也非非無。這個才叫勝義。

吉藏如何建立第四重二諦呢？就是將三重二諦整個劃為世俗。那麼甚麼是勝義？很簡單，無所得。等於《心經》裡邊講，以無所得故。

以無所得為勝義，這個建立是漢傳佛教裡邊很精彩的建立，在印度的佛學裡邊沒有這樣明顯的建立，在藏傳佛教裡邊也沒有，只有漢土，只有三論宗吉藏才這麼講。這樣講，非常符合印傳佛教的精神，也甚得佛之密義。

我們把吉藏的四重二諦表列如下：

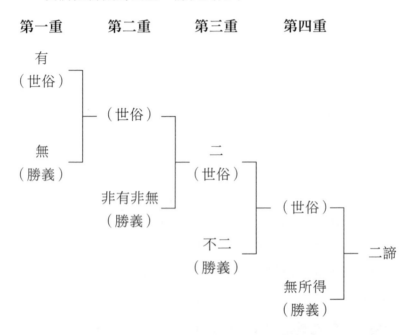

由四重二諦我們再重新看四重緣起，就可以如是而觀：
第一重，有無的建立，是業因緣起的建立。世俗凡夫不知道
一切法是由業因緣起而成立，所以一切法只說實有，如桌子
實有、燈實有、筆也實有。我們說不是，一切法不是實有，
一切法都是因緣和合而生的，都是緣生。因此當我們提出業
因有的時候（由因緣和合而成為有，叫業因有），世俗那個
「實物有」就給否定掉了，變成無了。因此這個世俗實有的
「有」是世俗，那個受業因緣起否定而成立的無就是勝義
了，因此就建立成有無。

第二重緣起的超越，是用相依來超越業因。業因有如何
而空？我們說，它是相依而成有。業因有是空的，是相依而成

為有。當這樣講的時候，就等於說有無兩個都是世俗，相依有等於吉藏所講的非有非非有。由此亦可知，吉藏其實是懂得四重緣起的，只是他沒有從緣起來講，而是依二諦而論[31]。

因此，四重緣起，是一重緣起超越另一重緣起。被超越的緣起，就不成為有，再建立高一層次的緣起才成為有。所以緣起不是空，緣起是成立有，當被超越之後才可以說為空。

那麼為甚麼龍樹要講緣生性空呢？龍樹其實是說，緣起是證空的手段。成立這重緣起有，這重緣起之下的一重緣起就空了。所以我們所空的，只是一重緣起有，可是同時就生出另外一重緣起有，因此有四重緣起。

華嚴宗其實也講四種緣起，分為業感緣起、阿賴耶緣起、如來藏緣起、法界緣起。所以其實華嚴宗當年是了解四重緣起的，只是他們沒有把它看成是一重超越一重的次第；他們用四重緣起來解釋何為小乘，何為唯識宗，何為圓教，等等，所以就把它們變成四種。

講四重緣起，首先我們應該有一個理解四重緣起的前提和概念，這即是：緣生是方便，方便是手段，用緣生來作手段。性空是現證，通過手段來現證，通過緣起來現證這個空性[32]。每一個層次都是這樣，分成四重。所以《七十空性論》

31　所以，我們不能以為古代的論典不值得我們看。一些學者用西洋的哲學來分析漢傳佛教所講的理論，他們覺得不能用西洋哲學理解的理論可能是錯的，站不住腳的。其實不是。例如吉藏，用哪一個西洋哲學大師的論，可以這樣建立二諦呢？

一般來講，到了宋代以後，中國佛學就有點不如唐代和六朝了。六朝和唐代，從西域來漢地的僧人很多。這些論師所講都是有傳承的法門。

32　故為龍樹之緣生性空，由緣生而有，超越而空。

就有一個頌,「以此一切法,皆是自性空;故佛說諸法,皆從因緣起。」我們識境中的一切法,一定都是因緣,只是看我們從哪一重因緣去理解它。

概而言之,於業因緣起,我們可以理解為因緣和合。相依緣起,即是內識與外境相依。按唯識宗的講法,則為唯識無境,也即有子始有父,有識始有境。按中觀宗的講法,是「一切唯心造」,也即一切的境都為我們心識所生。

丙‧心識與外境的三種關係

觀察心識與外境,實有三種不同的觀點。

第一、唯識宗講唯識無境。唯識無境可以說是相依,識與境相依。外境是甚麼樣子?是由心識決定的。人看見是山,如果換另外一種生物來看它,山的形態就和我們看見的完全不同了。因此,境是由心識變現它出來,心識與外境相依。

第二、是「一切唯心造」。在這裡,「一切唯心造」與唯識無境是有差別的。很多人以為唯識無境等於一切唯心造。一切唯心造的意思,並不是講原來是水,餓鬼看見它是膿血,仙人、天人看見它是甘露等等,那是不同的生命形態有不同的識。現在「一切唯心造」講的都是人。同一類生命形態,人有個別的心識,因此,就造成不同的外境。這是說人的心理狀態,影響到外境的認知。

榴蓮好吃還是不好吃?是不是可以用一切唯心造來解釋?我覺得它好吃的,我們的心把榴蓮味道這個境造得非常

好，說起來口水都流了。怕吃它的人，一個榴槤放在外邊都要走開。是不是一切唯心造？同樣都是人，可是一切唯心造。那麼一切唯心造如何成立呢？不是相依緣起，而是相對緣起。心識與外境是相對的，不是相依。

因此同一個外境，同一樣是人，卻有喜好與厭惡的心理。情人眼裡出西施，就是一切唯心造了。唐明皇很寵楊貴妃，結果反被安祿山欺騙。歷史上講安祿山為大肚子，三百斤重，粗野不堪，可是偏偏楊貴妃喜歡。所以兩個人在後宮洗兒。安祿山要求楊貴妃做他的乾媽，唐明皇就批准了。在後宮洗兒三天，唐明皇居然一點反應都沒有，還賜洗兒錢，結果安史之亂就這樣開始。當時覺得不對頭的大臣有很多，可是沒有人敢進諫，那為甚麼呢？一切唯心造。我們旁人看洗兒三天的境界非常不對勁，唐明皇有自己另外唯心造的境界，他覺得很對勁，所以很高興。

所以對任何事情，我們都是從自己的角度來看。我們還可以舉很多歷史的例證。為甚麼明熹宗如此寵魏忠賢？我們看魏忠賢也不是特別拍明熹宗的馬屁。明熹宗最喜歡做木工，他是木工第一流的工匠。明熹宗有一個習慣，就是做一個東西，做到最要緊那部分，其他人無論說甚麼他都不理睬。所以魏忠賢把重要的公文、奏章，都在皇帝做木工做到最要緊的部分時呈上去。皇帝不理，就讓魏忠賢代批。結果大權就被魏忠賢篡奪了。這裡，我們看到的是皇帝連最要緊的事都不理。可是他看見自己做出來的凳子、木桶，等等，卻大為開心，他認為自己是在做最重要的事。

所以每個人都有每個人的心境，每個人的喜好。正因為這樣，才有不同的學術研究風格。每個人有不同的研究風

格，每個人有不同的成就，就是因為一切唯心造，都是心造出來的境界。所以不能說一切唯心造對我們這個世界是不利的，一切唯心造對我們是有很好的作用的，科學發明即由此而來，中國人發展煙花，西方人發展槍炮，這即是相對的作用。

第三個境界，是《入楞伽經》講的「唯心所自見」。「唯心所自見」從梵文來理解，翻譯成白話的意思就是：「你自己的心識看見怎麼樣就是怎麼樣」，也可以說是「如其所見而見」。那就是真如了。一切事物如其所見，就叫如。真如也分兩種：一個是勝義的真如，那是佛見，佛是從智境來見；一個是世俗的真如，那是我們從識境來見。在《入楞伽經》中，世俗叫言說，勝義叫離言。佛的智境是離言的，所以看見「如其所見」，就是見到真如，離言的真如。我們在識境中來住，我們所見的真如，就是言說了，就是落在名詞，落在概念的真如了。例如，說「空相」就是真如相，這個「空相」便是概念。

可是世俗與勝義兩種都可以說是唯心所自見。世俗的唯心所自見是相礙緣起，適應障礙，才有所見。同一境界，甲見到的，乙未必見得到；甲乙都見到了，甲的覺受，未必同乙的覺受。如果生命形態不同，「所自見」的境就更不同，人和小狗的「所自見」就有很大的差別。這就是相礙了。

甚麼叫相礙緣起？相礙等於局限，等於條件。我們一定要呼吸空氣，因此空氣是局限，是條件。我們適應了（即我們能呼吸空氣，能自由活動於空氣中），我們就成立，所以空氣是礙。我們適應這些礙，就把我們成立出來了。我們每一個人都適應相礙，適應相礙在佛學的名詞就叫任運。任是

因應的意思，因應局限而運作。因應局限而運作就變成我們
這個樣子，所以叫任運。這就是相礙緣起了[33]。

丁·緣起與性空之真義

　　如是講四重緣起，我們即可以接著分析我們所講的因
緣，到底如何定義才是正確的？我們所講的性空、空性、以
及自性空，到底是一個甚麼的性？這個性應該怎麼定義？這
裡，我們先看格魯派宗喀巴大士的說法。

　　宗喀巴大士在《緣起禮讚》這篇論中講到：「非緣起物
猶如空花，故無無緣存在之物。非緣起，則不成為事物，一
切事物都從緣起而有，沒有事物不是因緣起而有。接著，宗
喀巴大士就以三重緣起來細說。第一重是相連，相連的意思
是因果相連，所以叫相連緣起。第二重相依，第三重相對，
宗喀巴大士沒有講相礙。

　　「非緣起物猶如空花，故無無緣存在之物」，證明緣就
是存在，建立緣就是建立它的存在。宗喀巴在《三根本要
義》這篇論中即說，因為是緣起，所以應該從現象的實有來
消除執實的偏見，以自性空無來消除虛無的偏見。宗喀巴所
說與我們一般人的理解正好相反。我們總覺得如果我們執實
了，我們就要用「空」來去掉這個實。如果我們落到虛無，
我們就用「有」來矯正這個虛無。

　　按宗喀巴大士所說，以現象實有來消除執實，這才是中
道。一人執實，說這個東西是實有，此時我們卻不能跟此人

---

[33] 在相礙緣起中，其實也分外、內、密、密密四重相礙，將在後面詳述。

說，這個東西不是實有，是空。如果這樣跟他講話，我們反
而不能把他的偏見消除掉，因為他執實。我們可以試一試，
我們到外面隨便跟一個人講，這個筆真不真實？當然真實。
「不，是空的。」你看有多少人能接受？所以應該怎麼跟他
講呢？我們首先可以問，你是怎麼理解這個筆是實有的？回
答必然是，它就是實有，能夠寫，真真實實是一支筆。那麼
你就可以用業因緣起跟他講，這支筆並不是一個個體，它是
塑膠、金屬等等做成的，如果把它拆開來就不成為一支筆
了。所以這支筆只是很多東西這麼湊起來而已，是混合而成
的。這樣他就會理解：哦，因為混合而成為有。我們只能這
樣跟他講有，是很多東西湊合起來而成為有。於是他對這支
筆的理解便深一點了，以前覺得這個筆有就是有，現在不
是，是由很多東西湊合起來才成為這支筆。這樣認識就不同
了，就把他帶進更高的層次，這就是以「現象實有」來消除
「實執的偏見」。

　　如何以自性空無來消除虛無的偏見？如果落在虛無邊，
覺得甚麼東西都是空的，金也空、銀也空，這即是斷滅了，
落在消極這個方面了。於是，我們就對他講，事物是如何而
空的，如何而有的。如果是一個學唯識的回答說，是唯識無
境，一切外境均由心識變現而成為有。此時我們即可說，不
是，是因相對而有，是一切唯心造而有，是心性和法性的相
對而成為有。於是他就會覺得，先由唯識的相依而成為有，
如果現在是因相對而有，唯識的相依而成為有就不成為有
了。那麼他才理解，這才是真正的空。也即是說，「餘實是
有」，空之外，其餘都是有的，只有這樣才是空。相依之一
切法是空，相依以外的一切法都是有。那麼就不會斷滅了，

也不會虛無了。宗喀巴以有對有，以空對空，即可破執實的偏見和虛無的偏見。

對於自性，宗喀巴如是定義：「自性絕對不依作用」。甚麼叫自性空的自性？它是絕對的，不依作用，不靠其它的東西湊合成為有。緣起則正相反，「因緣相對作用形成」，因緣一定是相對的，而且能起作用而形成這個因緣。所以心與境相對，是心對境起作用，境對心也起作用，那麼就由因緣而成有了，這也即是由「緣生」而成為相對有。

宗喀巴大士說性空之性，是一個絕對不依作用的性，也即是說這個性是沒有的，所以我們叫性空。我們沒有可能找到一個性是絕對不依作用的。除了佛性以外，識境中一切事物的性，都不是絕對的，而是相對。識境中一切事物的性，都是依作用的。這即是說，一切法，一切事物都是緣生，「非緣起物猶如空花」，一切法不是緣生則是空花。既然依緣起而生，必然是相對而生，因此所有事物的性都是相對的，都是依作用而成的。如是理解，才為緣生性空之真意。

五‧《七十空性論》與四重緣起

我們前面已提到，成佛即是除障。然而障如何生起？

我們不妨以燈與燈罩來作譬喻。一個燈（燈譬喻為佛智）被一個罩罩住，罩住之後我們就看不見燈火，所以這個罩叫無明，也便可以稱為障。這個障是怎麼生起的呢？障可由惑、業、苦三種雜染而來。

雜染的意思就是障，障就等於無明。甚麼叫惑？我們的

惑，就是等於我們是生活在名言的顯現裡面，在佛經裡面謂之名言顯現。名言也即是概念。這些概念令我們起分別，由是生起惑。我們將很多以為是真理的東西（名言、概念）用來限制自己，用來規範這個社會。可是這些東西是隨著時間變化的，並不是永恆的。時間不同，概念的內容及概念本身都會改變。因此一切概念，都只能説是「邊見」，或者説偏見。

我十二歲開始抽煙，到現在已有六十多年。在我開始抽煙的時候，社會風氣是如果不會抽煙就是有問題，家長會很緊張，這個孩子連煙都不抽，將來怎麼做生意，怎麼交朋友，窮孩子才沒辦法抽煙，窮孩子不會抽煙就永遠沒辦法跟上流社會交際，就會很難在社會上生存。

現在我們整個概念都改變了，抽煙是件壞事了。所以我們是生長在概念的社會裡面，每個宗教、每個民族都有他們很固定的一個概念，由此宗教的衝突、民族之間的衝突就發生了。因此佛家就把落在概念中而生起的思想與行為，稱為雜染。

第二個是業雜染，那是承著惑雜染而來的，既然有惑，那麼由惑所生，或以惑為助緣而生的身、語、意業，便也就是雜染了。

至於第三個苦雜染，則是承著前兩個雜染而來，有惑有業，是故輪迴，由此有苦，又由苦污染了心性，由是又再起惑。這樣的循環，無有了期。

三雜染中，根源就在於惑，惑的根源則在於落在名言與句義（就是我們前面所説的概念），惑就是障，因此除障就

是依著四重緣起來作抉擇，然後觀修，得到決定，再現證這個決定，到能入無分別時，障就除了。

有人或問，四重緣起是一層一層的，從實修的角度來看，是不是也就意味著這個修法也是一層一層地跳出緣起？

我們可按密宗的觀修來舉例[34]（其實淨土宗的觀修也可為例）。我們建立一個壇城，壇城裡邊有本尊，本尊還有眷屬。這樣觀修的建立很早，龍樹就是密法修成者[35]。密乘的修法不修業因緣起，而從相依緣起開始。

壇城、本尊、眷屬是怎樣生起的？其實是我們觀想出來、心裡想出來的，也就是心識變現出來的一個外境。所以當修法的時候，我們就要想到，我們是按著相依緣起來生起壇城與本尊。我們想出來的境界是相依緣起生起的境界。這些境界都是心識變現而有，外境依心識變現，成為心的行相，因此是相依緣起建立起我們的壇城、本尊。

在這樣修的時候，怎樣超越這種緣起去認識，把相依有看成是空的呢？

每一個修法到最後一定有個等持的。等持有時候翻譯成平等住，佛經所講入平等住就是入等持，有時候翻譯成定。那麼在每一個修法修到最後，壇城和本尊收攝到我們的心裡邊，變成一個光明，這時候即需要一個等持。在這個情景下甚麼叫等持？怎樣等持？很多人沒有清楚說明，只是說看著心裡的光明就是等持了。其實不是如此等持。

34　我本來不想詳細講修法的，不過因為解釋這個問題就牽涉到修法。

35　龍樹是相當於中國魏晉時代的印度密法大成就者，所以說密法是七世紀始有之說法不合理，完全站不住腳。

　　我們先說我們自己心中的光明，這光明是如何而來？我們收攝壇城和本尊變成光，進到我的心輪，心裡邊的種子字也生起光明，然後再收攝這個心的光明，如是成為一個境界。可是與此同時，我們看見的不只是心的光明，我們還看到眼前甚麼東西都存在。我們眼前還是看見房子、樹木、行人，等等。此時我們心持有這個我們所見的現實的境界，同時平等地持我們心的光明，這才叫等持！平等而持，因此等持也可以叫做平等住。

　　如是外境不設限制而顯現[36]，心的光明也存在、也顯現，那麼這個時候等持是甚麼性質的等持？這即是相對的等持。如何相對？我們看見外境，一切外境都是心性的顯現。而我們心中的光明，則是法性的顯現。心性和法性本來不一不異，所以心光明就等於法性的光明，是觀想壇城和本尊收攝回來的光明，是清淨的光明。所以我們也可以說，等持是心性顯現和法性顯現的等持，在這裡心性和法性是相對等的。心性是有雜染的惑、業、苦，法性是沒有雜染的。因此，在最後等持的時候，就成立相對有，而不是相依有了，相對有否定了相依有，這是兩重緣起的觀修[37]。

　　關於四重緣起的觀修與一層一層超越，我們可先從業因緣起談起。

36　看到甚麼就是甚麼。

37　將來圓滿次第又把相對有否定了，即是一層一層超越。在圓滿次第即等於是修相礙緣起了。

甲・業因緣起

龍樹於《七十空性論》中說，「生住滅有無，以及劣中勝」，生、住、滅，於有、於無，為劣、為中、為勝等等概念；「佛依世間說，非是依真實」，不是佛見到，這個劣、這個中、這個勝，只是佛跟隨世間來講，不是佛真實所見的；「一切法自性，於諸因緣中，若總若各別，無故說為空。」一切法的自性，從因來看、從緣來看（別就是因和緣），從合和來看（總是因緣合和），我們都未看到。我們從因來看沒有這個自性，從緣來看沒有這個自性，從合和來看也沒有這個自性。因為都沒有看到自性，所以一切法的自性我們就說它是空了。

但是，因緣合和卻是生，一切事物都因因緣合和而生、而有，因此在這個層次的緣生，是業因有。一切法是緣生，故我們在這個層次建立成業因緣起、業因有。那麼在這這個層次性空是空甚麼呢？是空名言有。怎樣空呢？因為在成立業因緣起的因、緣、和合裡面都沒有名言的自性，所以名言有就是空。只能說是因緣和合而成為有。

我們凡夫是名言有，即根據名言而成立有，如筆、紙、燈等等皆是根據名言成立而有。而建立起業因緣起、業因有之後，名言有即不成立，也即被空掉了。燈、筆、紙種種，在因來講它沒有自性，從緣來講也沒有自性，從合和來講也沒有自性，於總就是種種合和，個別是從因或者從緣，因為看不出筆的自性、紙的自性、燈的自性，所以無自性，因此我們就稱之為空，在這裡名言有就變成空。與此同時，當我

們說名言有是空的同時，就成立業因有。這就是業因緣起。

乙·相依緣起

　　相依緣起如何而有？《七十空性論》說，觀察業因緣起就成立相依有了，故「有故有不生，無故無不生，違故非有無，生無住滅無。」這是從因與果的關係來看。

　　我們說一個因生起一個果，那麼這個因是有還是沒有這個果的自性？如果說有，那麼不能說因生這個果，因為這個因已經有果的自性了，那麼這個果當然不是這個因生起的。如牛奶已經有乳酪的性，所以我們不能說乳酪是牛奶生起的，乳酪根本存在於牛奶裡面。黃油本來就在牛奶裡面，所以不是牛奶生這個黃油，我們只是把黃油從牛奶中提煉出來。所以說「有故有不生」。

　　如果這個因沒有這個果的自性，既然沒有，如何能夠生起？沙如何能生油？不能拿沙作因來生起油，沙裡面沒有油的因，所以即是「無故無不生」。

　　「違故非有無」，如果與此相違的話，也不生。與此相違是甚麼情形呢？與此相違就是亦有亦無、非有非無，就和有、和無相違了。非有非無、亦有亦無也不能生起，因為無論我們怎麼講，亦有亦無、非有非無只是兩個因素而已，還是有、無，不出有、無兩個範圍，只是說又有、又無。既然有也不生、無也不生，同時亦有亦無也不生、非有非無也不生。既然都沒有生了，生無，所以住和滅也無，也沒有自性。這即是從因與果的關係來觀察業因緣起。

　　顯然，業因緣起的講法是不究竟的。我們講這個筆是怎麼成立的？按因緣和合即開個清單出來。如是龍樹即問，這些東西有這個筆的因沒有？有這個筆的自性沒有？因緣和合而成為筆的各種元件，如塑料、鐵片等等，都沒有筆的自性，筆裡面的墨水也沒有筆的自性。所以有故有不生，無故無不生，從因果上看，我們不能找出一樣能夠生的，因此業因緣起即可以被否定了。

　　概言之，觀察業因緣起，每個業因從有從無、從亦有亦無、從非有非無來觀察，都看不出因與果的關係，所以我們說業因緣起不能成立。那麼事物應該如何而成立呢？我們就從相依緣起來成立了。

　　《攝大乘論》言，「無量行相一時並舉」。行相是佛學名詞，我們看見的東西都是心的行相，我們看見甚麼，這些都是我們心的行相；我想起一個念頭，這個念頭也是心的行相。如我想吃餛飩麵，如是一動念，餛飩麵就在心裡面成為一個行相；還想到哪一家好，這家店的行相也在心中出現了，所以一切都是心的行相。心識與外境（事物），即是如是相依而成。

　　心的行相由意識遍計而起。「遍計」這個詞一般翻譯為「分別」。在《攝大乘論》中，則說為意識遍計，等於說意識分別。所以一切行相都經由意識分別出來。顛倒而生相，實由分別而起。生出來的行相都是分別，唯有遍計可得，不是一個真實的智相[38]。因此我們只看到分別，由分別而得，

38　也即不是實相，只是因人的意識、概念分別而產生的相，故亦可說之為假相、遍計相、或影像。

所以就叫遍計所得了。

超越遍計所得，我們即得到依他相。依他相被稱為似顯現[39]，意思是由相依而生起的相不是真實的顯現，只是相「似」而顯現。如我們看到的燈，並不是實相，只是似相。我們看到的事物的樣子都是似相而已，並不是真實的相，所以我們說一切唯心造。我們如果心中喜悅，看見每一個人都很可愛；如果正在煩惱之際，我們看很多事就會不順眼，也可能看每個人都可憎。我們即是這樣生活的。所以這叫似義顯現，就是根據分別而顯現的。我們心裡因有分別，看見同一個東西，感受都完全不同。如是便是心識與外境（事物）的相對。

丙·相對緣起

如同建立相依緣起，觀察相依緣起就成立相對有了。所謂觀察，是指我們實修之際怎樣抉擇。假定我們經過一階段的修習，已經能夠住在相依緣起的境界，那麼我們現在就觀察我們這個修習的境界，即是觀察相依緣起。

龍樹《七十空性論》如是觀察相依緣起：「父子不相即」，父不即是子，子也不即是父，所以不相即，不能說子即是父，也不能說父即是子。不相即有兩層意思，第一層、相依的時候，兩個是不相即的，我們在觀察相依的時候，「彼二不能離」，離開子的名就沒有父了，沒有孩子的男人不能成為爸爸，兩個是不能相離的。可是，第二、父與子並

---

39 依他相是瑜伽行派特有的名相。

不是同時的，不同時就不適合相依的條件了，相依的條件應
該是同時的。父子實際上並不是同時生起，只是名言的生起
同時，相依的兩個條件，不相即而不離異，是符合這個相依
的。但不同時是不符合相依的條件的，因此這個相依就不能
成立了。

龍樹以父子的相依為例，用來觀察十二有支。十二有支
就是十二因緣，一、無明，二、行，三、識，四、名色，
五、六入，六、觸，七、受，八、愛，九、取，十、有，十
一、生，十二、老死。我們先看無明和行兩者的關係。無明
和行的關係到底是不是相依呢？

如前所說，在日常生活中，貪瞋癡的習氣可以說是無
明。那麼貪瞋癡和我們貪瞋癡的行是不是同時？假如沒有貪
瞋癡這個習氣，我們就不會做貪瞋癡的行；當我們做貪瞋癡
的行之時，我們也同時建立了貪瞋癡的習氣。因此這兩者其
實一直是彼此加強的，所以兩者並不完全是相依的關係。

沒有貪瞋癡的習氣，就不會有貪瞋癡的行，因此從名言
上來看，可以說行等於子，習氣等於父。有行這個習氣就暴
露出來了，如果沒有這個行我們的習氣就不顯現出來。因此
等於子和父的關係，也可以說是滿足了不相即的條件。然而
習氣不是行，習氣只是在我們心裡的狀態，在心裡邊的，不
是行動，因此不能說他們是相即的，不能說貪的習氣就是貪
的行，可是兩者也不異離。但是習氣與行卻不同時。由此我
們即可以說習氣和行兩者不是相依的關係，這樣即否定無明
與行的相依。

如此觀察而否定的方法，龍樹稱之為「相互為因」。這裡

子是父的因，父亦是子的因，沒有子的名言就沒有父。可是沒有爸爸就沒有孩子，這卻是在現實的的層次而言。因此，這裡一個是名言的層次，一個是現實的層次。如是子和父的關係即是，在名言上相依，在現實上不相依。由此我們也就超越了這個相依，我們不是永遠住在相依中。

無明與行的關係是這樣，其他十二有支的關係也是這樣，都是「相互為因」的，因此十二有支不是相依的關係，而是相對的關係。

我們再看《中論》兩個頌如何觀察「染法」與「染者」。在〈觀染染者品〉中，龍樹如是說：

> 若離於染法　先自有染者
> 因是染欲者　應生於染法
> 若無有染者　云何當有染
> 若有若無染　染者亦如是

貪瞋癡是染法，做貪瞋癡行的人就是染者了。它們誰是因，誰是果呢？前一個頌成立染法是因。因為倘若沒有染法，先有染者則不合理，染者是被染法污染了的人，所以染者應該由染法生起，是染法的果。

後一個頌就顛倒過來了。沒有做貪瞋癡行的人（染者），就根本無所謂貪瞋癡，那麼染法根本就無從成立，因此，染者是因，染法是果。

這兩個頌就是「互為因果」了。因與果相對，無論誰是因誰是果，反正「染者」與「染法」二者，一定有一個是因，一個是果，所以成為相對，由相對緣起而成為「有」。這樣就破了「相依有」，染法與染者的「相依有」為空。而

「相對有」則是「相依有」的「餘外」。瑜伽行派強調，善於觀空的人要認識「餘實是有」，所以「相對有」就是有，可以成立它的存在與顯現。

如是我們即可在觀修時作抉擇。例如修「生起次第」，即是用相依緣起來作抉擇。生起次第是觀想一個壇城一個本尊，本尊有眷屬，我們自成本尊。為甚麼我們要建立相依來修生起次第呢？最主要的是除掉「我執」。佛講「無我」，即是將自我融入整個壇城，使整個法界成為「自我」。

我們在生起次第時生起一個本尊，這個本尊是自己變成的，自己觀想自己就是佛，自己就是本尊，這個本尊是一個壇城的中心。如果壇城只是一個自我的生活環境，那麼這個自我就非常的小了，只是我們自己而已。如果把壇城看成是整個法界，整個法界都以本尊為中心，那麼這個本尊的自我就很大了，既然他是整個法界的中心，整個法界就是「自我」。當自我擴大到整個法界的時候，這個「自我」就不是自我了，而是「大我」了。

這如同我們在現實生活中，如果我們把自我只看成是自己，這個自我很小，連爸爸媽媽都不在自我裡面；如果把自我擴大到一個家庭，那麼整個家庭就是一個自我的話，是一個比較大的自我了；如果你再擴大到所有中國人，這個自我就包括中國了；如果把自我擴大到全人類，那麼所有人類都是自我，在裡邊人種、民族、宗教等等就無分別了，既然都是自我就不能再分黃種人、白種人、基督教徒、佛教徒。如果我們再把所有有情都包括在這個自我裡邊，那麼整個法界的有情都是這個大我，人與一切有情就平等了（此時我們就自然明白為甚麼佛要我們尊重生命）。

　　成立一個本尊或者自成本尊，同時還要把這個自我慢慢擴大，就是為了從這個等持，從這個修定中，除掉「我執」，通過「無我」，悟入真實無分別，並從生起次第進入到圓滿次第。

　　圓滿次第的圓滿和相礙緣起有關。相礙緣起之礙就是條件和局限，一切生命都是適應局限和條件而生起。相礙緣起有四重相礙，其中在古代最秘密的一重即為密密相礙。密密相礙即是時空的相礙。例如我們要生長在我們這個世界，我們一定要成為立體，因為我們是三度空間的生物，我們非立體不可。在我們這個世界其實沒有二度空間也沒有一度空間。我們理解二度和一度，說一度空間是一條線，其實我們的一條線還是立體的線，我們說二度空間是一個平面，其實我們的平面還是立體的平面，我們想象不出一個沒有厚度的平面出來。因此所有事物都要服從這個局限，服從這個相礙。而且，我們還一定是服從有過去、現在、未來的一度時間。桌子變舊了就是一度時間，不是一度時間就不能說它舊了。

　　我們能夠適應所有的局限，然後顯現出來，對我們來講就叫圓滿了。因為我們圓滿，所以我們就能夠在這個時空顯現出來。圓滿次第之圓滿即是此意。

1 · 聲音陀羅尼

　　那我們怎麼修這個圓滿呢？我們只有一個工具能夠令我們理解圓滿，這就是光了。因此我們在圓滿次第修光明而得圓滿。為了修光明，釋迦牟尼佛就建立了聲音陀羅尼。其實

不一定稱為聲音的陀羅尼，我們也可以說是味道陀羅尼。不過味道對我們來說沒有聲音和光那麼敏感。因此我們注重光和聲音，也就是眼和耳了。

在《楞嚴經》中觀世音菩薩講六根圓融[40]，其重點也始終是在眼和耳。在天台宗最根本的經──《金光明經》中，大法鼓錘出的不是聲音，而是金光明。在金光明中出現很多不同的壇城。這些壇城就是不同的世界，與我們不同時空的世界。

如果出現的壇城都當成是與我們同一個時空的，就很難理解《金光明經》所講的內容了。當年天台宗的祖師一定知道怎樣修聲音陀羅尼，所以他們才把天台宗最根本的經典定為《金光明經》，這裡聲音就是光。《華嚴經》正好相反，光聽起來是法音，而不見光，光即是聲音。所以天台宗和華嚴宗兩宗可以說是相輔相成，同一意趣，一個聲就是光，一個光就是聲。這些其實都是《楞嚴經》觀世音菩薩所講的六根圓通。一切都是聲音，眼看到的是聲音，耳朵當然聽見聲音，味道，觸覺，等等，都是聲，每一個根，都起六根的覺受。

除了《楞嚴》，《般若經》所講的聲音陀羅尼也是六根圓通。

聲音陀羅尼首先要成立一個種子字。甚麼叫種子字？種子字的建立只是施設而已，不是真的有一個種子，例如人類的種子。首先、我們假設一個 ༣（Na）作為種子字，༣ 有其聲音；第二、༣ 有其字型；第三、༣ 有人類種子字這樣的表

40　即眼、耳、鼻、舌、身、意六根之相互圓通，眼可聽，耳可視，等等。

義。因此聲音、字型（形象）、表義三者同時成立。聲音、形象、表義三者也都住在ཨ這個種子字裡邊，表示三個不同的涵義。

但我們將其分成聲音、形象、表義，那只是我們的分別，這個分別對於我們的生活是有用的。可是這個分別其實也只是虛妄分別而已，因為是施設出來的。這裡 ཨ 並不是一個真實的存在，並不是真的有一個ཨ，我們只是施設一個ཨ出來，如此而已。因此聲音陀羅尼就把這三個都變成光明，聲音變成光明，形象變成光明，字的表義也變成光明。

現在我們再看聲音、形象、表義三個因素，我們可以說，表義相當於法身，聲音相當於報身，形象相當於化身；法身是意，報身是語，化身是身，所以修聲音陀羅尼就等於修身語意，密宗稱為「三密」。就這樣，一個ཨ種子字，理解成法報化三身，身語意三密，那就與原來的聲音、形象、表義三者分別而看相對了，不同了。

這裡表義為意，代表法身，形象為身，代表化身，我們較容易瞭解。為甚麼說聲音是報身呢？語是報身呢？

佛其實可以分兩個身，一個是法身，一個是色身，色身分報身和化身。那麼報身和化身有甚麼分別呢？我們就說報身生在報土，報土是清淨的，是依五決定[41]而成立的，這五決定也可以說是報土的相礙，一定要適應這五種相礙，然後才能成為報土。化身是化土，化土是不清淨的，沒有報土的決定，但化土也有與報土相對應的五種因素（決定），這五

41　在密乘中，五決定即「五圓滿」，也即報身佛剎土的五種特質。具體講，五決定即是本尊決定、處決定、法決定、眷屬決定、時決定。

種因素也可以跟報土相應。

　　五決定中其中一個是「本尊決定」。決定本尊在西方淨土（報土）是阿彌陀佛，那毫無爭議。可是在這個釋迦牟尼的化土裡面，我們說整個世界就是釋迦牟尼一個佛，這也相當於「本尊決定」。說「相當於」是因為這還不能完全「決定」。其它宗教還說，我們的天主、我們的真神阿拉、我們的耶和華才是真主，不是釋迦牟尼，所以是有爭論的。如講眷屬決定，如果我們說我們這個世界的一切眾生都是釋迦牟尼的眷屬，佛教徒可以承認，可是天主教、基督教以至道家，都不會承認。所以化土的五決定恐怕只能在佛教徒範圍內成立，而報土的五決定則可以於法界建立。

　　這裡其實就是清淨和不清淨的分別了。以佛家來看，我們種種不決定（其實就是不清淨），而報土的種種決定，可以說是清淨的。那麼報土是如何成立的呢？

　　如前所說，報土跟化土一樣（因為都是識境），是在如來法身，即是智境上的隨緣自顯現（識境顯現是跟著緣起而成立的）。報土所隨的緣清淨，化土所隨的緣相對不淨，故此報土的自顯現就不同化土了。報土與化土相同的是，報土的自顯現也要適應局限。如果用我們舉過的例子來譬喻，燈光是佛的智，我們有一個罩罩住它，這個罩就是業障，我們的這個（罩子）是不透明的，所以看不見燈光。報土不是，報土的罩子至少是半透明的，所以就可以看到燈光了。關於這一點，我們可用東方淨土來作解釋。

　　釋迦牟尼講淨土時以東西兩個淨土為主。東方淨土的本尊是不動佛，不動如來，在古代是根據聲音來翻譯的，譯為

阿閦佛。不動如來的報土裡面有女人，可是女人沒有不淨、沒有淫欲，雖然有男女，可是無淫欲，因此就比我們清淨了。在佛經裡面還有故事提及此事。故事是說釋迦牟尼座下有個弟子，聽見東方淨土有女人，就說，我去東方淨土。釋迦牟尼就說：癡人，你這樣是不能到東方淨土的。東方淨土要不動（智境遠離雜染，是故不動）。這故事就說明，這東方淨土的識境就有智境的本質，所以稱為不動。東方淨土就不是像阿彌陀佛的淨土，憑願力就可以去。你要修，修到你的心不動，才可以往生這個不動的報土。

由此故事我們即知東方淨土之所以清淨，就是因為沒有貪瞋癡。那麼為甚麼要建立這個報土呢？原因很簡單，就是建立佛的功德，如來大悲功德。我們把這個大悲功德理解為生機，也是佛經所講的阿陀那（Adana）。因為有生機，所以可以呈現各種不同的識境，這個識境可以清淨，也可以不清淨，因此就分成報土和化土了。

報土中有很多事物是表義。《觀無量壽經》說，每一塊樹葉，都出六種光明，樹葉的六種光明是交射的，許多樹葉的六種光明射在一塊樹葉上，這一塊樹葉也將六種光明射向所有的樹葉，彼此交射，因此呈現一個大的光網。為甚麼說六種？表義為六波羅蜜多，也叫六度。六度並不是孤立一度一度來修的。布施可以分成六種，布施的布施，安忍的布施，持戒的布施，精進的布施，智慧的布施。而每一種布施還可以這樣再分成六種。如果要分，其實還可以再分，如布施的布施的布施，布施的布施的安忍等等。

甯瑪派的觀修就有生起次第的生起，生起次第的圓滿，生起次第的生圓雙運等等，這其實就等於是淨土的樹葉有六

種光明交射了。

這即是説，因為有生機，所以才可以周遍。一塊樹葉的光照在其他樹葉，所有樹葉的光照在這片樹葉上，也就是周遍的意思了。因此，樹葉的六種光明互射即是象徵並表義生機周遍。

對我們人類來講，最能夠周遍的是甚麼？是意，可是意是抽象的。具體而又能表義周遍的，則是聲或者光了。可是既周遍，又能代表生機具體事物，就應該是聲音了。聲音等如呼吸，都須用氣，所以氣就是人生機的表徵了。光難以表徵生機，其它如鼻舌身意也能夠生起覺受，都是我們的生機，可是卻不能周遍。例如我們能夠覺得這個桌子有點冷、有點涼、有點硬，這些覺受都是生機，但一人之覺，他人並不能覺。可是我們把聲音發出來，説很熱、很涼，其他人就知道了。因此報身為語，即緣於此。

概言之，聲音陀羅尼門就是修聲音、形象、表義三個無分別，也即將身語意表徵的三身修到周遍無分別，即是圓滿成佛。這是整個聲音陀羅尼門的大綱。

2 · 圓滿次第之觀修

如前所説，圓滿次第之「圓滿」，即是適應相礙的圓滿，故由相礙緣起來成立。在圓滿次第中，我們修本尊，即觀想本尊心輪有一個種子字。如果本尊是金剛薩埵，種子字就是 ཧཱུྃ（吽）字。心輪如圓月一般平躺，ཧཱུྃ 字則站立於上，ཧཱུྃ 字周圍有金剛薩埵的咒，如是成為一個咒鬘。一個咒輪即為一個咒鬘，念的時候是順時針方向轉，ཧཱུྃ 字在中間則不

動。

　　此時我們念咒，如果只是把咒當成聲音，那就不是聲音陀羅尼。只把咒當成是有金剛薩埵的表義，也不是聲音陀羅尼。只把咒當成字形，也不是聲音陀羅尼。如前所述，聲音陀羅尼要修到三無分別，即是在修的時候，要把我們所有的覺受，都當成是金剛薩埵的光明，可是這個光明同時也是聲音，也是咒鬘的字型，也是金剛薩埵表義。

　　如是圓滿次第即可以抉擇為相對，也即心性與法性相對。這裡，聲音有三分別是心性的顯現；三無分別就是法性的顯現了。

3・心性與法性的相對

　　如前所說，我們修止觀，即是從心中生起（想）種種形象，然後給這種種形象一個表義，我們就住在這個表義裡邊來修。所以一切都是心性的自顯現。如果是這樣，我們就落在了兩個層次，一個是唯識無境，一個是一切唯心造。可是真的就是唯識無境，或者是一切唯心造嗎？其實不是。

　　唯識無境，或者是一切唯心造，都是不周遍的。例如說北京天安門，我們即能想出天安門是甚麼形象，想出天安門有一個大廣場等等。但這不是唯識無境，只是我們的意生起一個形象。我們知道，所有形象都由心生起，由意識生起，但這些形象只是我們的記憶，也可以說只是我們的知識和經驗，不是我們親眼見到。所以不能說我們知道天安門是甚麼形象，我們的心就能周遍。如果我們說法國南部有一個小村莊蝸牛燒得很好，裡邊的形象是怎樣我們就回答不出來，因

為我們沒有關於這小村莊的知識和經驗。這就證明唯識無境，一切唯心造都只是囿於心性，都是不周遍的。這也正好與圓滿次第中報身的周遍，聲音的周遍，成為相對了。

因此我們若住於心性自顯現，至多只能修到化身。如果我們修聲音陀羅尼，則是超越心性自顯現的範圍了。修聲音陀羅尼不只是自己的咒音，而是連自然界的聲音都當成是本尊的咒音。如是而修圓滿次第，我們即可以得到一個相對，就是清淨與不清淨的相對，心性與法性的相對。如果我們住在聲音陀羅尼裡邊，我們會覺得自己清淨，如果我們住在普通日常生活的聲音裡邊，我們就會覺得不清淨。因此圓滿次第就引入到相對緣起中去了，就不是相依緣起了。

《七十空性論》另有一頌來觀察相對緣起：

　　若無有生滅　　何滅名涅槃
　　自性無生滅　　此豈非涅槃

若無有生滅，何滅名涅槃。這是提出疑問，意思是說我們講不生不滅，想否定相依緣起，超越相依緣起，是不是真的可以能夠講不生不滅呢？假如沒有生滅，那麼，有些甚麼滅掉而得涅槃呢？

龍樹的回答是，這樣的疑問是誤解，因為涅槃根本不須要滅掉一些甚麼，「自性無生滅，此豈非涅槃」。沒有生滅的自性就是涅槃了。這即是說如來藏了。如來藏的法身是一個基，譬喻為螢光幕，在這個基上有法身功德，故有種種識境自顯現，也就是各種不同的世界了。我們住在識境中就可以說有生有滅，而離開螢光幕的畫面，只從螢光幕這個基來講，就不能說有生有滅。一個影像出現或不出現，對螢光幕

這個基而言，根本不會帶來任何影響。畫面有生有滅，而涅槃所證如來法身，是「自性無生滅」，自性無生滅不就是涅槃了麼？

　　龍樹接下來否定識境之滅是真實的滅，龍樹說：「若滅應成斷」，如果真的有滅，那法身就斷掉了；「異此則成常」，如果沒有生滅就成為常了，「涅槃離有無，故無生無滅」。涅槃是離開有無的，有無只是識境的人看出來的現象，對基來講根本不能說是有生有滅。因此，涅槃根本離有無，故生滅絕對不能成立。

4·有為法與無為法

　　依據龍樹的頌，我們可以觀察心性與法性之差別。心性落在緣起，所以是有為法，法性離緣起，所以是無為法。法性即是如來法身，如來法身與法身功德是不能離的，例如大日，一定有它的光與熱，光與熱跟太陽是不能離的，而且非由造作而成，如是如來法身功德就是無為法了。

　　換言之，太陽不會造光，也不會造熱，自然就有光有熱，故離造作、離緣起。所以如來法身功德作為無為法，在佛典裡的專門名詞即是「無功用」。無功用就如太陽之光和熱。

　　我們的世界則不同，我們這個世界的一朵花也是有功用的。若「無功用」就連花都沒有。有人會說：不用種，滿山都是野花。這說得很好，那其實是大自然在播種，因為花自己有適應相礙的功能，它自己懂得把種子散播。蒲公英一吹，種子就瓢飄滿地，到了地下自然就會生長，就等於是種

植了。所以依舊是有功用。

識境有為，智境無為，有為法和無為法二者是「非多也非一」，不能說它們是一，也不能說它們是多。這可譬喻為滿房都是鏡子，所有鏡子的影子都投射在其它鏡子的影像裡面，那是多還是一呢？很多投影是「多」，但是所有的投影投到一個水晶球上，那就是「一」了。

武則天讓智儼和尚講《華嚴經》。智儼對武則天講「一即是多，多即是一」，武則天不理解，問智儼，智儼說：「你給我十天時間，我表演給陛下看。」十天後，智儼帶武則天到一個房間，房間裡面四壁都是鏡子，中間點一個蠟燭，智儼說：「陛下你看，一支蠟燭變成多少支蠟燭！」這就是「一即是多」了。武則天問：「多即是一」呢？智儼即從袖口拿一個水晶球出來說，陛下你看，所有的鏡影都投射在這個水晶球上了。所以「多即是一」了。武則天於是大悟。

心性與法性的關係也是如此。心性是多，法性是一。但所有心性都不離法性，所有心性都投影到法性這個水晶球上，所以「多即是一」。我們的心性，是識境的自顯現，好像是多，但是歸到（法性）這個基裡面就是一了。就如螢光幕的畫面很多，但是所有螢光幕的畫面都是在一個螢光幕上面顯現。一個電視機有很多畫面頻道可以顯現，可是所有畫面都在同一個螢光幕上出現。這就是由相對到相礙了。

「非有無二俱」，非有無，亦非二俱。二俱即是亦有亦無、非有非無。故在佛經中，有、無、亦有亦無、非有非無，這四者即是四邊。「非有無二俱，此攝一切相」，一切現實景象的自顯現只能說是離開有、離開無、離開二俱，這就

叫「離四邊」[42]。離四邊可以說是相對的「中」，等於畫一個
四方形，找出一個中點，等距離地離四邊[43]。

龍樹接著總結說：「依彼而生此，世間固不壞」。我們
依著彼（緣起）就生出一切法，所以世間不壞（沒有把世間
否定掉），世間得以成立。

簡言之，我們可總結前面所說如下：

- 如來法身因具有如來法身功德，故能生出種種識境。
  種種識境根據緣起而成立。緣起之最低層次是業因緣
  起，最高是相礙緣起。

- 因有緣起故說相對，心性是有為法，法性是無為法，
  有為與無為相對。

- 然而接下來說心性與法性為非一非多，再說到離四
  邊，相對就只能說是世俗，勝義則應視為相礙。

- 從心性與法性之差別來看，我們心性因要適應不同的
  相礙，因此就成為多了。如是即是相礙緣起。換言
  之，法性自顯現本來離四邊，可是其顯現為了適應相
  礙，礙於緣起之種種局限，就落邊了，成為心性自顯
  現了。

---

42 這即是說我們的現實世界不能只說有，不能只說無，不能說亦有亦無，也
不能說非有非無。如此即為現實世界之性。

43 此乃以圖形舉例而說，「離四邊」實非即是如此。「離四邊」亦可謂之為
不可思議的狀態，處於中道的狀態。《中庸》言「喜怒哀樂之未發謂之
『中』」，然後說「中也者，天下之大本也」。未發之際，即是不可思議
的狀態（非喜非怒非哀亦非樂），中道的狀態（非喜非怒非哀亦非樂故且
說為「中」，有「中」始有尺度說喜怒哀樂，故為天下之大本）。未發之
際，亦是離言說的狀態。

- 相礙緣起，即緣起於種種之局限，故任何顯現都是任運圓滿而成，都能代表智識雙運界。

5・智識雙運界

如前所說，智識雙運可譬喻為螢光幕和螢光幕的畫面雙運，也可譬喻為手掌和手背雙運。很多人以為大般若經不講如來藏，三轉法輪才講如來藏。如來藏是智識雙運，其實智識雙運在大般若經中已經講到。

識境自顯現，顯現出來是生滅法，是有為法。這些法無我，無常，無樂，無淨，依靠法身功德而生起，依靠生機而生起。所以一切法就有生機，就有如來法身功德。我們都有如來法身功德，一根草也有如來法身功德。萬物皆依生機而生，這是如來藏思想的要點。這裡，生機是因，如來法身功德是因，適應相礙為緣，一切法就是在這樣的因緣中生起。

《入楞伽經》說兩種法相，一為宗趣法相，一為言說法相。何謂宗趣法相？離言說的，講不出來的，只是一個覺受，只是佛的正覺覺受的法相，即是宗趣法相。宗趣法相不能說出來，就如我們吃一顆糖，我們覺受到甜的味道，可是甜的味道說不出來。如果我們用言語說「糖是甜的」，那就是言說法相了。用甜用鹹來表達覺受，其實甜和鹹只是一個名言。我們用言說溝通，但真實的覺受並不是一個甜字（名言）可以表達的。因此，佛說我說法只是一個言說法相，你們聞法，要從我的言說法相去理解這個宗趣法相，所以這才叫宗（宗趣之宗）。為甚麼叫宗？

宗和教是不同的，教是言說的，宗是佛自己現證的正覺，是不落名言的正覺。中觀宗的宗就是修行人去修中觀修

到的現證。教則只是言說，不是現證。因此，佛的內自證智
境，如我所舉例的螢光幕，就是宗趣法相，顯現出來的識境
就是言說法相了[44]。

　　無上瑜伽密的觀修，又將這智識雙運界分為現分、明
分、空分。甚麼叫現分？能夠令識境顯現出來的功能叫現
分，那就是我們所講的生機。甚麼叫明分？令識境能夠被人
了別的因素，就叫明分。兩個人站在我們面前，我們一定能
分出這個人是甲，那個人是乙。我們並不是靠名字來辨別，
這個叫張三，那個叫李四，而是把張三的形象中有可以辨別
出來的因素認識出來，所以一看，我們就可說這是張三。即
使是看一個人寫的字，我們也可分辨出這個是學晉人書法，
這個是學唐人碑體。看畫也一樣，是學傳統還是學現代，可
以明確分辨。所以能夠被人了別的因素亦可稱為面目，面目
即是將能分別的因素顯現出來，這些因素就叫明分了。

　　所以現分是成立用，明分是成立相。能令識境顯現的功能
及相狀，是識境具有的根本特徵和表徵。識境的自性則是空
分。以螢光幕為例，明分和現分從屬於畫面，空分則從屬於螢
光幕，這就是智識雙運界的三分了。

　　建立這三分，是為了觀修。這三分怎麼修呢？修到三無
分別，那就是究竟。修到三無分別的時候，即為「樂空雙
運」。樂是一個覺受，修到三無分別的時候，修行人就有一
個大樂的覺受，這個覺受還是識境，可是不離空分，喻為不
離螢光幕，那就叫做樂空雙運。

　　當然，證三無分別須依次第分開來修，生起次第修現空

44　例如語言就是識境。

雙運，圓滿次第修明空雙運，生圓雙運則開始修三無分別，次第證到樂空，也即證到最重要的樂空智。能夠生起樂空智，也即是能在看螢光屏的畫面的時候同時看到螢光幕。我們還是住在螢光幕裡面，我們不須要離開螢光幕，在螢光幕裡面就能夠連螢光幕一塊來看這個畫面。所以我們生活在這個世界，就看到生起這個世界的基是甚麼。

因此觀修如來藏其實就是下面幾步：

第一、螢光幕裡的種種影像和螢光幕是不一不異，不一不多。這即是心性與法性的不一不異，不一不多；

第二、修證螢光幕的功能，就是修如來大悲功德；

第三、從認識螢光幕的功能，來認識到有一個螢光幕，這即是證到本始基了。

這也可以說是由有分別修到三無分別，如是成佛是法身、報身、化身三無分別，也可以說是身、界、智三無分別，所以如來藏即是智識雙運界。

觀修如來藏其實並不是密乘自創的修法，在《法身經》就如是說：

> 是法身者，純一無二，無漏無為。應當修證諸有為法、從無為生。

這即是說一切螢光幕的影像都從螢光幕生。「如是真實無證無染無念無作」，影像為自顯現，不是思維出來的，亦不須造作，是一個真實的境界。由此，故說佛事無功用，恰如如意寶珠，想要甚麼東西就生出甚麼東西來，比阿拉丁神燈還要厲害。

　　佛事無功用,佛之智境只有功能,只是因,而識境和影像則是隨緣自顯現。如來藏並非不講十二緣起,不講無明緣行,不講行緣識,以及識緣名色等等。觀修如來藏正是從相依、相對,互為因果等緣起來觀修十二有支。

　　同時,如來藏沒有二諦,不成立二諦,則與如來藏的見地有關。

　　如來藏的見地叫中觀,然而是大中觀,不是小中觀。小中觀只局限於識境來成立二諦,勝義空,世俗有。大中觀認為二諦本來不須成立,因為如來藏就即包容了二諦,而且雙運。若分別成立二諦,就變成言說法相,反而要將本來雙運的境界加以割裂。尤其是勝義諦,作為如來的內自證智境,不應該由言說來表達。

　　如果只是依著不了義,方便成立,權宜成立二諦,那就有如住在螢光幕裡面的人,依著螢光幕的現象,說生說滅,說有說無,如是而成立二諦,成立的只是螢光幕裡影像的二諦,並未得到實相,說出真相。如果我們離開螢光幕來看螢光幕,就將螢光幕與螢光幕的功能以及螢光幕上面的影像,三無分別地看見。當這樣看見的話,我們就不宜把它們分出來,說甚麼叫勝義、甚麼叫世俗了。

　　大中觀也分層次,如果一定要立二諦,那麼,其實便也有層次的分別。這些層次,一層叫他空,一層叫離邊,一層叫了義。在藏傳中,覺囊派是他空,薩迦派和噶舉派是離邊,甯瑪派是了義。在漢土,天台宗和華嚴宗有一部分是他空,一部分是離邊,禪宗是了義。

　　它們的分別是甚麼呢?他空的意思是,螢光幕的影像是

空的，可是螢光幕不空。螢光幕永遠有畫面出現。不過出現的畫面沒有一個是真實的，無論怎麼出現，畫面都只是影像而已。因為空的不是螢光屏本身，而是螢光屏的影像附屬品，螢光屏的附屬品，所以就叫「他空」。

離邊是怎麼樣呢？不成空也不成有，沒有有，也沒有無，也沒有「二俱」[45]。有、無、二俱都只是世俗有，離這四邊才是勝義，這就是離邊了。了義大中觀說，這樣也未究竟，因為所有的概念都仍然是在識境中成立，然後定義一個中出來。既然是依識境定義，所以就不究竟。更何況在我們這個世界，我們可以說有、無、非有非無、亦有亦無，那是我們這個時空，如果在別的時空，是否亦是有有無等四邊呢？恐怕未必，其它時空的世界相對於我們的有無，我們不知是甚麼概念。因此說離邊，恐怕連識境都不周遍，因此只能說是圓滿，不是大圓滿。

周遍一切時空來成立，才是大圓滿。比如生機、了別（現分、明分）應該就是周遍一切時空了。既然如來藏是周遍時空的，我們成立的定義也應該是周遍時空。因此了義大中觀即說，如來法身與如來法身功德雙運，本來二者無分別，假如你一定要分別成二諦的話，我們就只能這麼講，如來法身是勝義，如來法身功德是世俗。法身與法身功德必然恆時雙運，所以勝義與世俗亦恆時雙運。這樣來建立二諦，可以說是最究竟的建立了。論勝義，如來法身最勝義，跟其他宗部相比，可以說是勝義的勝義；論世俗，最殊勝的當然就是如來法身功德，所以可以叫做殊勝的世俗。

45　「二俱」即亦有亦無，非有非無。

這樣成立二諦，還可以超越時空，一切時空都住在如來法身，所以都可以以如來法身為勝義，如來法身功德為世俗。正因為一切時空都可以成立這個二諦，所以才能稱為了義，稱為殊勝。

丁‧相礙緣起

在識境中，即使是唯心所自見，也是相礙，然而是密密相礙。唯心所自見受到的相礙，應是空的相礙。佛見我們這個世界一定是三度的世界，我們是立體的，佛看我們也一定是立體。此不應如一些學人所言，佛看見的世界只有「寬廣」，那就是只見平面，沒有深度。

為甚麼佛見我們這個世界還是三度空間的世界呢？因為佛亦受到密密相礙，受到時空的相礙。佛若不受到相礙，就不會看見我們是立體的世界了。所以當佛成佛以後，還是要按照識境時空的相礙來看。《華嚴經》論時空，即說以佛的後得智看識境，其智也還是受到相礙的。所以以佛智看世間，亦不離四重緣起。

然而佛於後得智境的不離緣起，是已經超越緣起，然後再回歸到緣起中來示現，他的後得智與根本智無異離，所以不會因為「後得」就受緣起相礙，變得一如世俗，住入緣起的囚籠。因此，佛雖在日常生活中如入緣起之所見，可是卻不起分別，為甚麼？因為他雖用名言、句義來生活，可是他的心識實在沒有依入名言與句義。這就是《金剛經》的說法，「應無所住而生其心」。

但是我們依然可以說，密密相礙緣起是平等的，化佛與

凡夫都要適應他，其間的區別，只是凡夫住入名言句義而起分別，佛則依然是無分別。

這就是觀修如來藏的重要脈絡，行者要脫離密密相礙並不能在形相上脫離，只能力求不住入名言與句義。所以說，離名言句義的覺受就是本覺。

六・觀修如來藏

甚麼叫觀修如來藏？

我們仍以螢光幕為喻。螢光幕上面有螢光幕的畫面，螢光幕在觀修上我們稱之為本始基，本始基就是如來法身，如來法身就是如來內自證智境。這個智境我們不得見，不落我們所講的名言，所以不可思議。如《金剛經》所言，「若以色見我，以音聲求我，是人行邪道，不能見如來。」我們不能見其形象，聞其聲音，所以不能從形象和聲音中見如來。如來的法身不可見不可聞，是存在而不顯現。不僅對我們不顯現，對所有識境的生命來講都不顯現。

螢光幕對我們不顯現，即是等於我們看不見螢光幕，看不見我們的本始基。那麼我們怎樣觀修呢？

我們生長在這個畫面裡邊，當然不能離開這個螢光幕，我們只能令我們自己的心離開螢光幕。釋迦牟尼就住在我們這個世界裡面成佛，可是他的心已經離開這個螢光幕了。如何才能讓自己的心離開螢光幕呢？這即是要通過四重緣起的觀修了。

所謂觀修，首先看螢光幕的世界是如何而成為有。凡夫

看見事物有就有。在資糧道、加行道見事物因緣和合而有。到唯識宗為唯識無境，唯識變現。到中觀宗，則是一切唯心造。到初地菩薩唯心所自見，即開始看見實相了。這是一層一層認識我們這個世界如何而成為有。

所以四重緣起的觀修，從地前到初地，是從業因緣起到相依、相對，初地以後二地到十地，是離相礙，也即是住在初地相礙的境界裡面來離相礙。離相礙也是一層一層來離相礙，如從內相礙，到外相礙，再到密相礙等等。這個過程十分漫長，要用九個地來離，所以在彌勒講的瑜伽行中，二地到九地只是反覆修習初地所學的東西。初地已觸證真如，看到智光明了。但從二地起也只是反覆修習而已。

二地到十地一重一重分為九個次地。每個次第的觀修要點，其實只是一層層去除名言與句義的執著。當住入名言與句義時，可以成立自性，那是心識的「依言取義」，但當能入無分別，心識便只是一個境界。境界就不落入空與有等名言句義，境界等同於一個覺受。不僅是吃糖，我們游泳的時候，也各有不同的覺受，有人游得很舒服，有人游得很辛苦，有人每天游泳，有人能不游就不游。這些覺受每個都是真實，不能說這個是空，另一個是有。所以境界是沒有空和有的分別。

所以如來藏的觀修就是觀修境界，不是觀修自性。修境界即是修覺受，而覺受有識覺與智覺的分別。

如前所言，螢光幕裡面的人，怎麼樣才見到螢光幕？觀修即是使我們能看到如來法身，看見佛的內自證智境界。我們不能看見螢光幕，可是我們可以覺受到螢光幕的功能，這

是我們修持中最關鍵的一點，也即是從凡夫到成佛最關鍵的一個修證了。

本始基就是如來法身，當你證到這個本始基的功能，也就是成佛了。證到這個功能，也就是禪宗所講的，不只是明心見性，而是徹底地住在佛的心理狀態了。禪宗謂之無所住，即是佛的智境。那麼如何覺受到螢光幕的功能？

甲・證大樂與大悲

住在螢光幕裡的人，要先認識螢光幕的功能，然後才能認識螢光幕。因此在二轉法輪的時候，佛講般若，講智悲雙運，其實也就是在講如來藏。這裡，智就是佛的內自證智境，悲就是佛的如來法身功德。智是螢光幕，悲是螢光幕的功能。

我們已經是螢光幕上的影像，所以我們不是看影像，而是看螢光幕的功能，這功能令我們這些影像顯現出來。因此，般若已經是智悲雙運了，或者說是勝義與世俗菩提心雙運。勝義等於智，世俗等於悲。勝義菩提心就是佛的智境，世俗菩提心就是大悲了。所以，般若經也講，我們說空性，其實是施設而已，並不是有一個真實的空性存在於我們法界，我們只是施設一個名言，令凡夫不要執實，與實相對就是空，我們這個世界並不是實性。也就是說，螢光幕裡的人看螢光幕裡的世界，不要把它看成實性，要看成是空性。怎麼樣做到這一點呢？這就要以四重緣起作觀修了。今再略述如下——

我們先從業因有來否定凡夫的執實有，所以這個執實有

就空掉了；然後我們從相依有來否定業因有，這個業因有就給空掉了；一切的識境就是從相依而有，然後我們從相對有來否定相依有，這個相依有也就空掉了；最後我們從相礙有來否定相對有，相對有就空掉了。這就等於一級一級一級的樓梯，凡夫 → 實有，我們 → 業因有，然後相依有、相對有、相礙有。從初地菩薩到十地菩薩，都是在相礙有的境界。相礙有中還有四重 —— 外相礙、內相礙、密相礙、密密相礙，等等。因此，我們講如來藏觀修，即是依緣起而修，依有而修。

這樣說四重緣起觀修，其實只是說它的抉擇見，未說到觀修後決定見之所依。說決定其實亦很簡單，只是四重相礙，亦即 ——

- 當用業因緣起作抉擇時，其決定見是外相礙。
- 當用相依緣起作抉擇時，其決定見是內相礙。
- 當用相對緣起作抉擇時，其決定見是密相礙。
- 當用相礙緣起作抉擇時，其決定見是密密相礙。

至於現證，當然即同於決定見。

我們通過觀修隨緣自顯現的識境，一重一重緣起，一重一重有，我們就能發現我們的大樂（或名大悲）了。證大樂（大悲），就等於證到如來法身功德了。證到如來法身功德，然後我們才能證如來法身。

在這裡，整個過程即是：先從四重緣起起修，然後我們就住在相礙緣起裡面（亦即住在決定見，及其現證境界裡）。住在相礙緣起裡面又分兩個階段 —— 初地菩薩只是看

到密相礙，從二地到十地菩薩才看到密密相礙。在密密相礙裡面，又分成兩個階段 —— 一個是六地、一個是八地。六地可以說已經離開密相礙，真正證到密密相礙了。到了八地，就要離這個相礙了，也即把密密相礙都離了。六地還是有時空分別，八地就已經脫離時空分別。

因此，我們通過四重緣起來修，然後我們在相礙緣起中證到如來法身功德，大樂和大悲，從這個如來法身功德我們再進一步現證，就現證如來的法身了。當你現證如來法身的時候，我們就說證到了自然智。為甚麼說自然？因為是從來如此，從來如此也就是法爾。自然智也稱為根本智。

這裡之根本智不同於唯識宗的用法。唯識宗的根本智並不等於自然智。在這裡，自然智與根本智是相等的。當你證自然智的同時，你就得到後得智了。後得智是用來認識識境的；自然智本身就是一個智境，同時證得後得，這兩者就等於智境和識境雙運了，就是如來藏了。所以如來藏是自然智與後得智雙運。在《楞伽經》裡面，如前所述，它就被分成兩個名詞：一個叫佛內自證智境，一個是佛內自證趣境。

佛內自證智境就是佛所證的自然智（境界）。趣境，就是後得智，就是佛怎樣看識境。因此在這裡，佛內自證智境、佛內自證趣境就等於根本智與後得智，這是兩者雙運。釋迦牟尼在成佛的一剎那，他就住在佛內自證智境，可同時他也住在趣境。因此佛看這個世界與我們看這個世界（識境），在相來看是完全相同的。只是我們尚在識境，要像佛一樣看我們的世界，我們還須先到非識境，再到智境，如是即能住於智識雙運之境。

乙‧從識境到非識境

在如來藏觀修中，有一個很關鍵的階段，即是從識境到非識境的過渡。六地菩薩還是從識境來證，七地菩薩就開始走向非識境這條橋了，及至過渡到非識境，住在非識境就是八地、九地菩薩了；九地菩薩開始通往智境這條路了，一般來講，只有十地菩薩才能把這條路走完。

佛得內自證智境一定有後得，這等於說證到螢光幕，螢光幕自然同時就有功能了。對修行人來說，我們是先看功能，再看螢光幕，因為我們是觀修，是修行人。如果是佛，一看到螢光幕，當然同時自然知道螢光幕是有功能的。不能說佛是先看到沒有功能的螢光幕，然後才發現螢光幕的功能。

因此，六地菩薩所在的識境是般若波羅蜜多，從八地開始到十地菩薩所在的境界就是深般若波羅蜜多。六地菩薩怎麼證智境呢？是從般若來證。

般若的梵文其實也是智的意思，般若（prajñā）這個智與jñāna不同，jñāna是一般的智，也可以說是有分別的智。Prajñā有一個意思是共的智。每一個人修行，從初地、二地到六地甚至到十地，每個人的證量不同，每個人的「智」也就不同。每個人的證量都可以叫智，所以這個叫別智。可是prajñā（般若）是共的智，就是無論甚麼人修，都有共同的現證境界，這境界才叫做般若。這個共的智如何解釋？用我們自己的名言難以講清楚，因為它已經開始離名言了，儘管還沒有到佛的離名言，可是這個智之境已經不是能用語言所能表達的了。我們用吃糖來舉例，糖的味道沒有辦法說出來。

因此，佛就在般若經裡面講，要施設一個名言 —— 空，或者空性來說明或表示這種覺受或境界。

空不同於空性，空性是形容詞，空是名詞。我們看經的時候，有時就要分別清楚，空性不等於無，空有時候可以等於無。空是名詞，無也是名詞，所以說有、無是兩個名詞，如業因有、相依有，若說業因空，業因就無了，因為由業因所施設的有已被否定。

按前面觀修來講，如果講有、無，我們不知道它們是名詞，一定覺得是形容詞。可是如果說，相依有、業因空、業因無，你就可以知道這有、無都可以成為名詞。有、無其實前面是省略了，甚麼有甚麼無，有、無因此只是作為名詞而用。

龍樹菩薩在《法界讚》和《七十空性論》中特別指明，我們這樣施設名言，說有說無，完全是站在識境裡面來講，我們沒有脫離過我們這個識境。在識境裡面，如果根據唯識，我們有第八識、第七識和前六識（眼、耳、鼻、舌、身、意）。其實我們感覺得到的運作、心識的運作全在前六識。我們只感覺到自己的眼、耳、鼻、舌、身、意在活動，從來沒感覺到第七、第八識在活動。第七、第八識是怎麼成立的呢？也是施設，是施設之後用來解釋我們心識的。第七識稱為末那，用以成立自我；第八識為阿賴耶，是藏的意思，也即等於我們建立種子的倉庫了。這樣建立，其用意在於我們不能只修前面六識，而不設法花心思對付第七、第八識。可是無論你怎麼修，我們還是在識境裡面。在識境裡面只能按般若來修，沒有深般若波羅蜜多，因此我們就要過渡到非識境。

　　非識境其實還是識境，不過不是我們的識境，我們便稱之為非識境。在經裡面不叫非識境，叫做離識境。離識境在概念上並不等於已經證到智境，只是住在不是我們識境的境界。我們的識境，是我們的眼、耳、鼻、舌、身、意覺受，是我們活動的心識。這前六識一直相礙著我們的覺受和觀察。受到前六識的局限，我們的眼只能看到這樣的光，我們的耳朵只能聽到這一段的聲音，我們如是受到相礙。

　　那如何離開我們這個識境呢？這就需要把我們眼、耳、鼻、舌、身、意的功能和區別打破，使之貫通。如果我們眼睛看到光波的範圍更寬，那我們就離開我們的識境了；我們的耳朵聽到的聲音範圍更寬，那就也離開我們的識境了。如此類推，這就是《楞嚴經》的講法了。

　　根據最新的科學研究，人的松果腺原來可以直接感光，感到肉眼看不見的光。如果能將它的功能發揮出來，人的視野就會變得非常寬廣，見到肉眼看不見的景象。這也可以說是非識境，因為這已超越了正常的眼識境界。

　　《楞嚴經》中最重要的一篇就是觀世音菩薩講怎樣觀修。如果只是說觀世音菩薩之觀修是內聽，其實是不夠的[46]。在《楞嚴經》裡面觀世音菩薩所講的即是六根圓通。六根圓通就是六根的感覺、六根的覺受都通過一個六根門頭來接納整體的覺受。因此所修就是修六根門頭。

　　禪宗其實也說六根門頭。禪宗說等於一個房子有六個窗戶，可是只有一個猴子，這個猴子在六個窗戶前跳來跳去，

46　把耳朵聽來的聲音往心裡面聽，把所有外界的聲音都往心裡面來聽，就是觀世音菩薩的內聽。如是解釋則是對整個觀修不夠理解。

我們就覺得看見了、聽見了、感覺到了、碰到了，其實只有一個猴子。那麼一個猴子在六個窗戶之間跳，我們就感覺到有眼、耳、鼻、舌、身、意的分別了。如果我們將這段話反過來講，我們就可以這樣說，儘管六個窗戶有不同的覺受，可是本質還是同一個猴子。由此我們也可以了解甚麼叫六根圓通了。

這裡問題不在於窗口有多少個。如果有些生命形態沒有六根，只有五根、三根，其中道理也是和六根相通的。我們也可以說五根圓通、八根圓通等等。

六根圓通其實還是識境，並不是智境，只是非識境而已。六根無論如何通過六根門頭去覺受，所覺受到的還是識境。如果能夠做到六根圓通，我們即進入非識境了。

六根圓通的六根門頭在甚麼地方呢？按無上密所傳，我們有五秘密脈，其中最重要的秘密脈就是六根門頭了。現在的科學發明其實已經把六根門頭找出來了。美國的一篇科學論文曾研究幾個有特異功能的人。其中有一個人算數算得很快，無論你給他多麼複雜的數字，他都能給出很準確的答案，而這些答案要很大型的計算機才能算出來。當人們問他是怎樣算的，他的回答是，他不是算的，而是在一定的狀態下，把數字看出來的。他的眼前連續生起不同的影像，他說這個影像代表9，這個影像代表3，他會看到這個影像，大腦會連續不斷地出現這些影像。此時不能打斷他。如果他說3、7、5，如果你說7之前是甚麼，他就會斷了，說不下去了。他不能把剛才出現的5的形象再叫回來，如果說1、3、9，你說3前面是哪個數？他答不出來。代表1的影像已經過去了，他沒辦法把它的影像再找回來。所以他看到的只是影像。別

人問他6跟9的影像有甚麼分別，他說9是大一點、6是小一點。這就等於把我們意的運作，變成是眼的運作。你們算數是用意，可是他算數是用眼。

介紹這個異能人的論文下結論說，我們能將意的運作變成是眼的運作，是因為所有我們從外界接收進來的信號，都可經過我們大腦的一點，也即TPO點。TPO的功能，即能將意變成形象、聲音變成形象等等。因此TPO就等於我們的六根門頭了。我們所修也是在修這個TPO。

我們通過觀修，如果能令我們從外界接收進來的信號，通過這個TPO點，我們就可以把原來的聲音修成光，把光變成聲音，甚至把味道變成聲音或光。比如甜味，六根門頭給個信號給你，我們可以看得見甜的味道：一個牛奶糖和一個椰子糖味道是不同的。你在吃的時候，可以用眼看見味道的分別，這就是六根圓通了。將來的科學，一定會開發出這種境界。

這在我們來看，好像已經不可思議了。所以我們稱之為非識境，可是還不是離識境，還是識境，我們還是脫離不了眼、耳、鼻、舌、身、意，只是這境界，不是在我們自己的識境而已。

業因、相依、相對都是識境的緣起。怎麼證明有相依、相對等等呢？宗喀巴在《正理海》這本論中說，「此中說為差別事做緣起解」，差別事是不同的物體，是有差別的、可分別的。這裡「事」就是「物」的意思。在藏文，事就代表物，這是按梵文翻譯而來，梵文也是講「事」。我們說一個事情是真實的，這叫實事，不叫實物。

說為差別事做緣起解，這就是有為法的緣起了。有為法就是落在緣起、落在因果。甚麼叫有為法？宗喀巴把有為法分成相連、相對、相依。因此四重緣起並不是甯瑪派特別的說法。

宗喀巴將緣起講為生起，是根據因緣和合來生起一個事、生起一個物件、生起一個東西、生起一個現象。不是有為法就不能說它由緣起生起。因為不是有為法，就不落入緣起了。所以，非有為法就不能說有東西生出來。

可是，我們可以依非有為法來成立一個事物，因此我們也叫它們為生。

這樣我們就能了解「生」在如來藏裡面有特殊的意義。我們說父生子，是把他生出來，可是我們不能說長生短。短是依長而施設、安立出來，沒有長我們就不能說這個短，可是我們不能說長把短生出來。因此我們不能說智境把識境生出來，智境和識境是相對的，跟長和短一樣。

智境不可見，所以智境只能通過識境的隨緣自顯現表現其生機，我們才看到智境所生出來的識境。但說智境生起識境，其意等於長和短相對而成立，不是如我們所說父生子那樣而「生」。沒有長，就沒有短，所以說短由長生出來。沒有智境，就沒有識境自顯現，所以說識境由智境生起。因此，智境上生起識境，如來的大悲功德生起我們一切的情器世界，可是這個「生」，是智跟識的相對，是長跟短的相對，這個「生」就不能說是以智為因緣而生起識境。

因此我們施設一個本始基，有一個螢光幕來生起我們，我們這個世界在本始基上面生起，並不是以本始基為造物

主，並不是本始基把我們造出來，只是本始基是佛的智境，我們以上假定，就說智境生起我們這個識境了。因此，為了避免誤會，我們就特別建立了一個名詞，叫含藏因。本始基是我們這個世間的因，假如我們這樣說，我們這個世間就是果。可是這個生因，只是含藏因，那就即是以含藏為生因，並非如造物主之所生。

我們也可以說地球是我們的含藏因，我們依著地球來生起我們，所以地球也是我們的含藏因。

我們在觀修中，首先要證如來的大悲功德，再證螢光幕的功能，是如何而證的呢？就是利用含藏因來證的。

如果說整個法界一草一木都有如來的法身功德，可是我們沒法去現證，只能推理，只能口頭這麼講，那就容易變成口頭禪。只有很高智慧的人才能現證一草一木都有如來法身功德。禪宗有很多故事，最有名的就是《香嚴擊竹》。香嚴打坐，坐在竹樹底下，一直沒法證悟，很久很久都沒有動。一個小和尚看見他，不敢去叫他，就在旁邊用石頭擊竹，目的就是把香嚴驚醒。打在竹上的聲音「啪」，讓香嚴一下子開悟了。原因何在？因為香嚴坐禪坐久了，可能變成枯禪了，枯禪就是沒有生機的禪，聽見擊竹的聲音——「啪」，聽見聲音就觸發生機了。竹會發聲了，就等於香嚴證到了心性的功能了，也即初步看到如來的法身功德了，看到生機了。這是一個很美妙的境界，如果沒有修過，只能去理解它。你不能說聽到這個故事，以後再聽到竹的聲音我就開悟了。

還有一個禪師被貴族邀請到一個樓上去吃素，他到樓上一坐下來，見樓上開著天窗，上面的陽光一直照下來，他當

下就開悟了 —— 看陽光而開悟，那等於是看見法界的生機了。所以禪宗的公案裡面，有很多是看見生機而開悟的。因此，這也等於前面所說，通過看見佛的生機，才能進一步修到六根圓通的境界，住在非識境中。此時，我們不僅感覺到我們這個識境的生機，我們還感覺到其他世界的識境同樣是有生機的。

從識境過渡到六根圓通的非識境，對我們來說是非常重要的一步，這也是一條漫長的路。這條路就是七地菩薩所證的，所以七地亦稱為遠行地。從六地到八地，就是從識境到非識境，從六根區別（六地菩薩）到六根圓通（八地菩薩），要經過七地的遠行。在西藏密宗，七地的修法另外有一個名詞，叫金剛橋。

概而言之，宗喀巴所論之差別事，首先要分別生。有為法即是父生子，無為法也可生，但並不如父生子而「生」。由此我們即可知，從智境所生的識境，過渡到智境所生的非識境，都是所生，但都只是含藏因。

丙‧六根門頭的修習

六根門頭就在我們自己的身體裡面，所以可以說我們的心和身體就是六根門頭的含藏因。不但如此，我們還建立起氣、脈、明點來修，這些都在我們的身體裡，所以可以說也是在修含藏因了。

通過氣、脈、明點來修含藏因，即是修我們的生機。在此之後，我們即用六根去區別我們的生機。

　　修氣、脈、明點的時候，我們通常只注意光、熱和它的動態。光和熱及其動態本來是有六根分別的。可是如果我們修到光、熱和動態無分別，修到光和熱沒有分別，與它的動態也沒有分別，就修到我們整個覺受貫通了，再不分開了。

　　整個覺受的生起就是靠我們的身體來修，那我們的身體就是這些覺受的含藏因了。從這個含藏因我們就可以了解到我們的身體有生機，而生機來自法界。換言之，正因為有如來的大悲功德，我們才有這些覺受。因此修氣、脈、明點即是觀修螢光幕功能、證如來法身功德初步的手段。

　　在氣、脈、明點中，脈和明點都是沒有的，是施設出來的。如三脈之中脈（藍）、左脈（白）、右脈（紅），都是施設，並不是我們的身體裡真有這三個脈。

　　如果沒有這個施設，我們就沒有辦法觀修。正如指南針所量出來的方向、量出來的經緯度，也都只是施設。地球上哪裡有一條經線、一條緯線？可是我們施設出來，它就有很大的功能了。我們可以航空、航海，可以旅行，可以通過它研究世間氣象學，甚麼是熱帶、亞熱帶、寒帶等等，作種種生態上的分別。如果不施設經、緯線，我們連這個地球的生態都弄不清楚。

　　因此我們就施設氣、脈、明點來觀修。這是第一步的觀修。這第一步也是一個很漫長的過程，可能要六、七年的時間，也可能要八年、十年、二十年的時間。所以觀修如來藏還是要按照我們這個世間的識境來修，通過氣、脈、明點來修。

丁‧如幻定

我們最靈敏的器官是眼和耳朵，我們也是靠眼和耳朵才能認識外境的。如果你又聾又盲，只能用手去摸了，所得到的景象遠遠不及用眼和耳朵得到的多。眼所見的是光，耳朵所聞的是聲。但我們其實還要靠意識來分別，分別是甚麼顏色的光，分別是甚麼聲音。在觀修時，我們正利用這種分別來修，不像小乘，要將六識分別壓抑，這就是修定原理上的差別。

我們住在螢光幕世界，通過意識來看螢光幕裡面的世界，這種種分別是正常的。看到的螢光幕的世界也是百分之一百真實的。只是離開螢光幕來看，螢光幕的世界才不真實。所以大乘修定先修如幻定、如幻三摩地。如幻的意思是站在離開螢光屏的立場來説的，不離開螢光屏就不能説世間如幻。

修如幻定也就是從識境到非識境的定。我們可以通過修聲音陀羅尼來完成這一步。具體來説可以通過念佛，也可以念咒。

念佛法門在禪宗來講也是很大的秘密。不過在敦煌發現保唐派有一篇文獻，叫《歷代法寶記》，是講保唐派三代禪師怎麼傳法的，其中提到怎麼念佛。上面説念佛要吸一口氣，持著這口氣一直念佛，念到沒氣了，再也念不出來了，這一刹那，就是行人現證的境界，也即現證在一口氣念完、還未吸第二口氣的時候那一刹那的境界。這個境界就是無相、無念、無住，這個就是非識境（還不是智境）。

我們説一句話都是有相的、有念、有住的，無法得到一

個自然的狀態。我們說筆的時候,就會有筆的相、有筆的念頭、有住的(有想拿筆在紙上寫字)。只有在念佛念到一口氣沒了,第二口氣還沒有起來那一剎那,就是保唐派要現證的那一剎那,才有可能無相、無念、無住。

所謂現證,就是你自己體驗在那一剎那間的心識狀態。可是,假如這個時候你作意來體現這個境界,那又不是這個境界了。如果你念佛,一口氣念完了想這是甚麼狀態,那就作意了。你等於有念了,那個念就是「我現在要看看我是甚麼樣的狀態」。

自然地念,一直念,中間不着意停頓,念到自然停頓為止。這個在甯瑪派就是修呼吸之間的空白了。

在佛經中,釋迦牟尼講念念分明。很多人說,念念分明是每一個念頭都清清楚楚,這只是從字面上來解釋而已。每一個念頭清清楚楚,跟我們學佛沒有甚麼關係,反而會造成心理歪曲。追求每一個念頭清清楚楚,就即是強迫自己的心識去作無謂的追求,肯定是錯的。

念念分明就是,一個念和第二個念之間的空白,這個正是無相、無念、無住的自然而然的狀態。

平常我們的思想很難找到一個停頓,我們是相續的,只有呼吸是我們自然而然的停頓,呼是一個念,吸是一個念。不用思索就可以呼吸,呼吸之間的停頓亦是自然的狀態。如果行者真的能夠現證這一剎那的停頓,他就能夠體會到無相、無念、無住的境界了。當然我們也不能作意於停頓,若有意延長停頓的時間,這個停頓便是一個念頭。

要達到這個境界,我們才能夠脫離縛住我們的心識。事

實上，我們常為心所綁，為眼耳鼻舌身意所綁。只有這一剎那，就沒有眼耳鼻舌身意的活動了。可是你一有作意，就又有活動了。

聲音陀羅尼就是要修每句咒音之間的停頓，所以禪宗就說念佛了。如前所說，念聲音陀羅尼，念一個咒，咒音、咒字的形態和咒的表意三無分別。第二個步驟，就是念咒中間呼吸的停頓了。為甚麼我們不念南無阿彌陀佛呢？因為南無阿彌陀佛是用我們漢人的音母去念，漢人的音母不是說它不好，它的發音、停頓沒有梵文發音那麼自然。所以我們要設計一個不同的唱腔給它，依著梵文的音韻來唱誦，那就叫梵唱。最有名的就是漁山梵唱。不是念佛號，而是把它唱出來。如果用梵文來念，自然就成為唱了。「Namo Amitabhaya」，正好唱兩句，一口氣完了，就要再吸一口氣，把握這一剎那的停頓，比念漢文較為容易。因此念梵音就比較好。

那麼第三步呢？第一步是咒音、咒字的形態和咒的表意三無分別變成光明，第二步是念念分明。第三步修聲音陀羅尼，將我們自己念誦的聲音和外間聲音都變成光明，我們用眉輪去感覺它，由眉輪把看見的光、聽見的聲音傳到六根門頭。

六根門頭其實是佛門的秘密，不過現在應該可以公開，因為科學家已將此公開了。從自己的髮際向後八個手指寬的那一點，一條直線下去，和從眉輪的一條橫線交叉，橫綫被直綫切成兩段，後半段橫綫的中點就是六根門頭。把眉輪感覺到的光、聲傳到這一點，就是修聲音陀羅尼的最大秘密。

所以聽不是用耳朵聽，看不是用眼看，是用眉輪聽，用眉輪看。看完以後，把信息傳到這六根門頭。這樣長久地做，才是內聽，並不是把聲音從耳朵聽到入心。

戊・楞嚴定

修聲音陀羅尼是修楞嚴定的基礎。楞嚴定是七地、八地以上菩薩修的。大藏經裡有說「楞嚴三摩地」的經，是佛教人怎麼修這個楞嚴定。

「首楞嚴定」梵文是 suramgama-samādhi，音譯為「首楞嚴三摩地」，意思是由定（三摩地）得一切究竟而成堅固。我們在識境內一切都不堅固，只有住在這個菩薩與佛的智境內，脫離名言概念與縛束（一切識境），心識才轉為堅固。所以首楞嚴定是從識境過渡到非識境，同時在楞嚴定裡面，我們還可以證得如來法身功德。

從七地開始修首楞嚴定，八地就靠首楞嚴定來離相礙。直到十地，首楞嚴定才告完成。除了我們這個世界以外，還要修我們不認識的其他世界，就是與我們時空不同的世界。他們修的定開始脫離時間、脫離方位了。這叫修不定時、不定方，等於離識境了。

在識境裡不能沒有時間和方位。我們通過七地一直到十地把首楞嚴定修好。修完以後，就居於佛的無學道。無學道有兩個位，一個是因位叫無間道，無間成佛。一個是果位叫如來法身，也可以說這就是如來藏，因為如來法身一定與法身功德一起。

　　在無間道就修金剛喻定了。所以一共三個定，如幻定、首楞嚴定、金剛喻定，現證金剛喻定就可以成佛了。這就是整個如來藏觀修的過程，與緣起有關，與般若有關，與識境、非識境也有關。

　　這次課程暫時說到這裡為止。祝各位學佛精進。

2009年4-5月在廣州中山大學「如來藏專題講座」。

附錄

如來藏與種子字[1]

談錫永

一‧前言

　　藏密無上密續部的觀修，觀種子字（'bru yig）或種子字鬘為重要的行相。通常由種子字生起壇城（dkyil 'khor），或壇城的支分（如蓮花、日輪、月輪），又由種子字生起壇城的本尊（yi dam），然後由本尊心輪的種子字鬘生起眷屬，有時更生起六道有情眾，此屬於生起次第（bskyed rim）；在圓滿次第（rdzogs rim）中，則常用種子字鬘為有情眾作息災、增益、懷愛、誅滅四種事業，或更有深義。薩迦派（Sa skya pa）的「五緣生道」，則以見種子字鬘為「密緣」，謂可得報身成就，是即不共圓滿次第，同於甯瑪派（rNying ma pa）修的「妥噶」（thod rgal）。

　　只如上述，已知種子字的重要，更何況於甯瑪派大圓滿（rdzogs chen）法要中，種子字與種子字鬘亦常成為修大圓滿法行人所緣境。以此之故，本文以說種子字為主，兼說種子字鬘，由是探究甯瑪派無上密續部的觀修與法義。

　　關於法義，若持之以與漢傳禪宗教法相較，則或能令人深思：漢傳的禪法與藏傳甯瑪派的大圓滿法，當有血脈相連的關係。

1　本文為紀念王堯先生八十壽辰而作，已於其紀念文集中發表。原名為〈說種子字〉，今收錄於此，改名為〈如來藏與種子字〉，在《妙吉祥真實名經釋論三種》（台北：全佛文化，2011）之導論中，對種子字有所說明，可與本文互相參考。

二‧種子字的定義

　　最基本的種子字，是 ᢀ 字。由此派生出諸種子字。據《一切密續之根本幻化網秘密藏真實決定根本續》（*Dpal gsang ba'i snying po de kho na nyid rnam par nges pa*）第四品〈字鬘輪莊嚴〉，派生種子字共四十二個，世間一切法之名皆攝於此四十二種子字內。

　　頌云 ——

　　　　住於種字花鬘中　　ᢀ 字自現種種相

　　　　ᢐ 等四十二字母　　名攝世間一切法[2]

　　於説 ᢀ 及此四十二種子字之先，須了知無上密續部對「種子字」一詞的定義。

　　龍青巴（Klong chen rab 'byams pa, 1308-1364）於《秘密藏續》的釋論《十方除暗》（*Phyogs bcu'i mun sel*）中説 ——

　　　　「種子字」一詞，由梵文 akṣara 而來，此中 a 意「無」，kṣara 意為「動」，故種字字之體性即為「無動」。[3]

　　這個定義，充份顯示出甯瑪派如來藏（tathāgatagarbha）教法（也即是大圓滿教法）的特色。如來藏的定義是 ——

　　如來法身（dharmakāya）即是佛內自證智，亦即法智界，以身智界三無分別，所以三者純然是一個境界，是可稱之為智境（jñāna-gocara）。智境中具足如來法身一切功德，是故

2　依沈衞榮譯《幻化網秘密藏續》（台北：全佛文化，2010），第四品，頁42。所引頌文，皆依沈譯。（下引同，簡稱《秘密藏續》）。

3　筆者有繙譯《十方除暗》的計劃。本文所引，悉依筆者未完成的初譯稿。

如來色身（報身與化身）可於此智境中自顯現，此即一切界
（種種時空界）之隨緣自顯現。是為識境（vijñāna-gocara）
之自顯現。由是智境與識境雙運，是即名為如來藏，亦可名
為「智識雙運界」。

　　這樣定義如來藏，主要據《入楞伽經》（Laṅkāvatāra-
sūtra），亦與龍樹中觀、彌勒瑜伽行的教法相順，説為「大中
觀見」。

　　於此智識雙運界中，又須為「雙運」（zung jug）下一簡
別。即是：智境上雖有識境自顯現，但智境永不受識境污
染，是為「無動」（無變易）；識境雖成自顯現，但與智境恆
常「無異」（無異離）。

　　這個見地，可以説跟漢傳禪宗一致。禪宗以「家常日
用」即是道，以山水草木為如來法身，那即是以一切自顯現
的識境因與如來智境無異，是故即視之如同法身。《永嘉證
道歌》[4]云（括號內為筆者的簡釋）——

　　　　一月普現一切水（法身普現於識境）

　　　　一切水月一月攝（一切識境攝於法身）

　　　　諸佛法身入我性（識境不異智境）

　　　　我性同共如來合（智境識境雙運）

　　現在回頭再看種子字的體性定義為「無動」，那就是將
種子字譬喻為如來法身及其功德，由種子字生起一切名言，
則譬喻為法身中有一切法自顯現（法身生起一切識境）。如
是，當觀修由種子字生起壇城與本尊及一切支分時，顯然便
是觀修如來藏，觀修如何由智境生起識境。

4　大正・四十八，no. 2014，頁396b。

　　所以於觀修種子字生起諸法時，須依聲音陀羅尼門來觀修。此分為三，如《十方除暗》所言——

> 種子字及其表出，即成為聲，顯現於說者及聽者面前；若將此表出成為形，即寫成為文字；若將此文字讀出，即成聲、義、形之三種顯現。

　　此即聲音陀羅尼門所說之生聲、發聲、表聲三者。行者於見種子字組成一名言，將之讀出，此名言即是「基」，是為生聲；於讀出時，此即是「道」，即彼發聲；發聲後有所指義，此即是「果」，是為表聲。故觀修種子字實即由聲音陀羅尼門來觀修如來藏。

　　於陀羅尼門中，ཨ 為智境，四十二種子字的生起是為方便（如來功德），由這種子字鬘生起聲的基道果，則是方便之所生。如來藏的識境自顯現，亦同樣具足方便與方便生。以本尊及壇城為方便，則其所攝之眷屬便是方便生。由是知聲音陀羅尼門的觀修與如來藏無有分別。

三 · 四十二種子字

　　四十二種子字，依《秘密藏續》，為——

ཨ།

ཀ་ཁ་ག་གྷ་ང་ཙ་ཚ་ཛ་ཉ།

ཊ་ཋ་ཌ་ཌྷ་ཎ་ཏ་ཐ་ད་དྷ།

པ་ཕ་བ་བྷ་མ་ཡ་ར་ལ་ཝ་ཤ་ཥ་ས་ཧ།

ཨི་ཨཱི་ཨུ་ཨཱུ་ཨེ་ཨཻ་ཨོ་ཨཽ།

a

ka kha ga gha ṅa

tsa tsha dza dzha ṅya

ṭa ṭha ḍa ḍha ṇa

ta tha da dha na

pa pha ba bha ma

ya va ra la

śha ṣa sa ha kṣa

i ī u ū e ai o au [5]

　　此中 ཨ 為一切種子字之源，故不在四十二數之內。這樣的排列不依字母順序，依《遍集明經》（*Kun 'dus rig pa'i mdo*）[6] 的說法，其故如下 ——

　　由 ཀ（ཀ）起首之五字　　　表其自性為喉音

　　次五以 ཙ（ཙ）為首者　　　其自性則表於舌

　　其形猶如半月形

　　第三首以 ཊ（ཊ）五字　　　則以舌尖表自性

5　　參《幻化網秘密藏續》第四品。

6　　全名《一切如來心秘密智藏義忿怒金剛眷屬遍集明經 • 瑜伽成就續大乘經》（*Sarvatathāgatacittaguhyajñānārthagarbha-krodhavajrakulatantrapiṇḍārthavidyā-yogasiddha-nāma-mahāyānasūtra, De bshin gshegs pa thams cad kyi thugs gsang ba'i ye shes don gyi snying po khro bo rdo rje'i rigs kun 'dus rig pa'i mdo rpal 'byor grub pa'i rgyud ces bya ba theg pa chen po'i mdo*），德格版 no. 831。

第四以 ন (ব) 為首者	說之為由唇出生
種子字 খ (য) 住輪廻	由佛之眉而生起
種子字 খ (ব) 離惑亂	由佛之面得展現
種子字 ㅈ (ত) 燒貪欲	由佛之股而出生
種子字 ঌ (ম) 制思惑	由佛之肩成顯現
種子字 ণ (ম) 清淨見	由佛心輪而現出
৯ (ব) 字神奇而展示	佛手輻輪光輝生
種子字 য (ম) 貪欲源	生自佛身之方臍
種子字 ৯ (ব) 除蓋障	佛足輻輪光所顯
種子字 ম (ম) 大樂源[7]	由佛密輪自性生
ম ম (ষ ষ) 二字自現出	由佛雙眼成展示
ম ম (ত ত) 亦為自顯現	展示則由佛雙耳
ম ম (ব ব) 二字自現出	由佛雙足而展示
勝利王之種字 ম (ত)	為佛頭冠出生者

　　上來所引，即謂由佛身生起字鬘雲，由是而令諸壇城顯現成幻化網。經文又說，其實凡庸有情於脈道中亦自然住有彼種子字鬘，唯不成顯現，故不知其生起。如是，即顯平等性義理，即謂佛與有情平等，身中皆具壇城本尊，是故成佛

7　此句意譯，原句譯為長行，可譯為：「種子字ম為神奇展現之源」。此所謂「神奇展現」，即指智境上生起識境，是為大樂，故意譯以明此義。此義見於經中餘處。

只在於如來藏的顯露（亦可說為種子字的顯露），由是成佛便非新得。

薩迦派「道果」（lam 'bras）教法中，以種子字為「密緣」，成就報身，其理趣與此一致。至於成就法身，則以「藏智風輪」為「究竟緣」。此藏智風輪，即智慧氣（智風）於如來藏中安住，於種子字即為 ᨉ 字。

禪宗公案云：「有佛處不得住，無佛處急走過」[8]，此即等於無上密續部以佛與凡夫都具佛智（種子字），是即一「有佛處」，這便是凡夫開悟的境界；然而凡夫卻住於種子字不成顯現的輪廻界中，是即一「無佛處」，於此二者都不能安身立命，唯有住於非有佛非無佛的法界。這即是於心性自解脫後（見性後），唯住於法性中保任。依無上密續部的說法，心性若能自解脫，已得化身成就。

上來已略明種子字與法、報、化三身成就的關係。

此所謂心性自解脫住於法性，禪宗即說為「見本來面目」，又或名之為「道」。

僧問公畿和尚：「如何是道，如何是禪？」答云：「有名非大道，是非俱不禪。欲識此中意，黃葉止啼錢。」[9]

名言只是識境中事，然而卻不可對此識境肯定（是）或否定（非），所以無論「是」與「非」皆不是禪。此識境，雖只是止小兒啼的黃葉，說為假有，故肯定之而執著者是凡夫，不過，若純然否定而棄捨者亦非入道，以其落

8　見《續藏》‧八十四，《續燈正統》，no. 1583，頁548b。

9　見《續藏》‧六十六，《宗鑒法林》，no. 1297，頁410c。

於法性一邊，即不得住智識雙運界。

四‧《大般若經》說四十二字

四十二字非唯密乘始說，於二轉法輪時佛亦已說。

《大智度論》言——

> 諸陀羅尼法，皆從分別語生，四十二字是一切字根
> 本，因字有語，因語有名，因名有義。菩薩若聞字
> 因字，乃能了其義。[10]

此中所說四十二字，見於《大般若經》(*Prajñāpāramitā-sūtra*) 卷五十三、四百一十五、四百九十。其說字門，經言
——

> 復次善現，菩薩摩訶薩大乘相者，謂諸文字陀羅尼
> 門。爾時具壽善現白佛言：世尊，云何文字陀羅尼
> 門？佛言善現，字平等性、語平等性、言說理趣平
> 等性，入諸字門是為文字陀羅尼門。世尊，云何入
> 諸字門？善現，若菩薩摩訶薩修行般若波羅蜜多
> 時，以無所得而為方便：
>
> 1. 入褒（a）字門，悟一切法本不生
>   （ādy-anutpannatvād）故；
>
> 2. 入洛（ra）字門，悟一切法離塵垢
>   （rajas）故；
>
> 3. 入跛（pa）字門，悟一切法勝義

（paramārtha）教故；

4.　入者（ca）字門，悟一切法無死
　　（cyavana）生故；

5.　入娜（na）字門，悟一切法遠離名相
　　（nāma）無得失故；

6.　入砢（la）字門，悟一切法出世間（loka）
　　故，愛支（latā）因緣永不現故；

7.　入柁（da）字門，悟一切法調伏
　　（dāntadamatha）寂靜真如平等無分別故；

8.　入婆（ba）字門，悟一切法離繫縛
　　（bandhana）故；

9.　入茶（ḍa）字門，悟一切法離熱矯穢
　　（ḍamara）得清淨故[11]；

10.　入沙（ṣa）字門，悟一切法無罣礙
　　（ṣaṅga）故；

11.　入縛（va）字門，悟一切法言音
　　（vākpathaghoṣa）道斷故；

12.　入頞（ta）字門，悟一切真如（tathatā）
　　不動故；

13.　入也（ya）字門，悟一切法如實
　　（yathāvad）不生故；

---

[11]　梵 ḍamara 一般譯為「惱亂」，由煩惱鬧亂其心。

14. 入瑟吒（ṣṭa）字門，悟一切法制伏任持
（ṣṭambha）相不可得故；

15. 入迦（ka）字門，悟一切法作者（kāraka）不
可得故；

16. 入娑(sa)字門，悟一切法時平等性（samatā）
不可得故；

17. 入磨（ma）字門，悟一切法我及我所執性
（mamakāra）不可得故；

18. 入伽（ga）字門，悟一切法行取性
（gamana）不可得故；

19. 入他（stha）字門，悟一切法處所（sthāna）
不可得故；

20. 入闍（ja）字門，悟一切法生起（jāti）
不可得故；

21. 入濕縛（śva）字門，悟一切法安隱性
（śvāsa）不可得故；

22. 入達（dha）字門，悟一切法界性
（dharmādhātu）不可得故；

23. 入捨（śa）字門，悟一切法寂靜性
（śamatha）不可得故；

24. 入佉（kha）字門，悟一切法如虛空性
（khasamatā）不可得故；

25. 入羼（kṣa）字門，悟一切法窮盡性（kṣaya）
不可得故；

26. 入薩頦（sta）字門，悟一切法任持處非處令不
動轉性（stabdha）不可得故；

27. 入若（jñā）字門，悟一切法所了知性
（jñāna）不可得故；

28. 入辣他（rta）字門，悟一切法執著義性
（mārtya）不可得故；

29. 入呵（ha）字門，悟一切法因性（hetu）不可
得故；

30. 入薄（bha）字門，悟一切法可破壞性
（bhaṅga）不可得故；

31. 入綽（cha）字門，悟一切法欲樂覆性
（chaverapi）不可得故；

32. 入颯磨（sma）字門，悟一切法可憶念性
（smaraṇa）不可得故；

33. 入嗑縛（hva）字門，悟一切法可呼召性
（āhvāna）不可得故；

34. 入蹉（tsa）字門，悟一切法勇健性（utsāha）
不可得故；

35. 入鍵（gha）字門，悟一切法厚（ghana）平等
性不可得故；

36. 入撝（ṭha）字門，悟一切法積集性
（viṭhapana）不可得故；

37. 入挐（ṇa）字門，悟一切法離諸諠諍（raṇa）

　　　　無往無來行住坐臥不可得故；

38.　入頗（pha）字門，悟一切法遍滿果報
　　　（phala）不可得故；

39.　入塞迦（ska）字門，悟一切法聚積蘊性
　　　（skandha）不可得故；

40.　入逸娑（ysa）字門，悟一切法衰老
　　　（ysara）性相不可得故；

41.　入酌（śca）字門，悟一切法聚集足跡
　　　（ścaraṇa）不可得故；

42.　入吒（ṭa）字門，悟一切法相驅迫性
　　　（ṭaṃkāra）不可得故；

43.　入擇（ḍha）字門，悟一切法究竟處所
　　　（ḍhaṃkāra）不可得故。[12]

　　此中強調平等，是謂智境與識境平等。是即謂由四十二字之形音義作顯示，所顯示者實為智境中事，如「一切法本無生」、「一切法離塵垢」，以至「一切法究竟處所不可得」等。此等事本離言說（禪宗云：「一說即不中」），今權宜而說，若直說「一切法本不生」，但此唯言說，終不能究竟表達佛之密意，猶如食糖，若說為「甜」，終非口舌所嚐糖味。雖然如此，其言說表義以不離智境（識不異智），所以亦與佛密意平等。

　　亦正因為，雖然「言說理趣平等」，但仍然易起執著，

12　卷五十三。依唐玄奘，大正・五，no. 220，頁302b－302c。

甚或依文解義，為避免此權宜施設易起過失，故佛始施設陀
羅尼法，不權宜說義，唯權宜說字。依龍樹說，「因字乃至
能了其義」，此即施設四十二字之故，亦即以四十二義以圖
表達智境，此即如來法身境界、如來內自證智境界、智識雙
運之勝義境界。

故於說四十二字門後，《大般若經》續言——

> 善現，如是字門，是能悟入法空邊際，除如是字表
> 諸法空，更不可得。何以故？善現，如是字義，不
> 可宣說、不可顯示、不可執取、不可書持、不可觀
> 察，離諸相故。善現，譬如虛空，是一切物所歸趣
> 處，此諸字門亦復如是。諸法空義皆入此門方得顯
> 了。善現，入此「衰」字等，名入諸字門。善現，
> 若菩薩摩訶薩於如是入諸字門，得善巧智，於諸言
> 音所詮所表，皆無罣礙，於一切法平等空性，盡能
> 證持於眾言音，咸得善巧。……善現，若菩薩摩訶
> 薩修行般若波羅蜜多時，以無所得而為方便，所得
> 文字陀羅尼門，當知是為菩薩摩訶薩大乘相。[13]

此已明言，一切字離相（離所顯現而成之識境），故須
離相（入ᨁ字門）始得「善巧智」；不將任何識境中的概念
加於字上，即是「澄持於眾言音」。

二轉法輪主要是說一切法空性，此「空性」的施設即是
如來藏的法異門，以識境依於智境，智境無自性可以建立，
故於依此而建立之識境中，無一法得有自性。此如依於螢光
幕的影像，無一影像得說為有其自性，此即「性空」之正

13　同上，頁302b – 303a。

義、甚深義。佛恐聞法者不能了達此義，故於此反覆宣説。如於上引《大般若經》説陀羅尼門云——

> 諸法空義，皆入此門方得顯了。[14]

此語十分關鍵，即如説螢光幕中的人，須能知有螢光幕，始能知自己實依螢光幕而成顯現。如何能知有螢光幕，是即如何能知一切識境所依之法界，此即由不依文解義，藉觀修而入佛施設之四十二字門密意而知。由此可見，今人説知「緣生」即知「性空」，是對龍樹中觀的誤解。若如所説，一切法緣生，是故一切法性空，則何勞更入此四十二字陀羅尼門，更無庸説「皆入此門方得顯了」諸法之空義。

故釋迦於二輪法輪中，實未嘗不説如來藏義理，唯以法異門而説耳。

經中復言——

> 又應善學於一字中攝一切字，一切字中攝於一字，引發自在。又應善學一字能攝四十二本母字，四十二本母字能攝一字。[15]

此説更可視為深般若波羅蜜多（如來藏）的觀修，未可仍視之為泛説般若。今且一説其故。

所謂「本母」（Mātika），是將一切法加以分類的準則，此四十二字稱為「本母字」，即依四十二準則觀一切法，藉以了知如來法身及法身功德。此二者雙運，即説為如來藏、説為如來密意、説為於大平等性中一切法任運圓成。

14　卷四百一十五。依唐玄奘譯，大正・七，no. 220，頁691c。

15　卷四百七十。同上，頁378b。

仍以螢光幕及其影像為喻，上來所說，即謂依四十二本母字，得令處身於螢光幕上的人，能知螢光幕及螢光幕的功能（法身與法身功德），從而知螢光幕中一切顯現實如幻化。由於依種子字鬘而知，故可說為種子字之幻化。

此如龍青巴尊者於《十方除暗》中所說──

> 一旦由自顯現基之本性（ngang）生起大悲，且一切法之施設已然顯露，則十方四時一切如來成唯一密意（dgongs ba gcig tu gyur nas），亦即本初佛意，其自性即為種子字之幻化。

> 復次，於自性為佛身語意之金剛法界中，或說於大平等性中，一切法皆無分別。於稱為法爾種子字鬘輪，一切法本住（gnas pa'i）於名言而無實有，由如來身語意生起。為令大平等義及法性大圓滿義得顯露，於此由等持而得無有偏離，輪廻涅槃一切法，於種子字體性中，悉〔證〕為本初佛性。

此所謂「自顯現基」，即喻中之螢光幕；此所謂「一切法之施設」，即喻中螢光幕上影像施設為種種名言，一切影像即依其名言而於螢光幕中成為實有。

所謂「大悲」，以其為如來法身功德故說此名，實可喻為螢光幕生起影像之功能。此功能與螢光幕恆時雙運，無有異離，即說為「唯一密意」。且說為一切如來所成，是等於說，螢光幕與其功能無異離，是由螢光幕所成，蓋不能說為由螢光幕功能所成。

說此唯一密意之自性為種子字之幻化，即謂密意中有識境一切法自顯現，此即是種子字（一切法類）之幻化（唯名

言而無實有而成真實顯現）。

　　行者由觀修種子字，因等持而無偏離，故可由種子字體性，證悟大平等性及諸法之任運圓成。

　　依此而言，若了達上來所說即能了達無上密續部之意趣。施設種子字以為觀修之所依，目的即為依此幻化而現證如來所成之唯一密意。此密意於二轉法輪，即名為深般若波羅蜜多。

五‧種子字的觀修

　　由上所說，既知種子字因何而施設，且知如是施設，實將般若波羅蜜多攝入如來藏見，得由智識雙運而了知空性，從而更能上達了知智識雙運如來藏境界，此境界中，識境可說為「緣生」、智境可說為「性空」，此即中觀之了義。

　　無上密續部如何觀修此了義，則見於《妙吉祥真實名經》[16]、《秘密藏續》等所說。今且依《十方除暗》一說觀修。

　　於生起次第觀修，《十方除暗》說言──

> 行者作皈依已，由其意樂長養菩提心，且歸入空性。於日月輪上，堅穩生起白色種子字ᨒ而無動。於此自性境中，無瑕白ᨒ澄明光耀，放出無數小ᨒ字，白色、如芥子百分一大。彼等以種子字ᨒ為源，以其光輝周遍一切有法，盈滿十方一切

16　可參考拙《妙吉祥真實名經釋論三種》導論。

世間。

其後收攝，令彼等融入種子字ཧྲཱིཿ。種子字ཧྲཱིཿ依然無動，即於比前時既無所增，亦無所減之本性中等持。

復由種子字ཧྲཱིཿ，以ཀ為首之三十四輔音字，及一切元音字，全數依其形生起而放光。散射十方一切有情眾，彼有情界於此唯一光蘊中閃耀。

然後，諸種子字收攝且融入種子字ཧྲཱིཿ中，又由〔ཧྲཱིཿ〕再次放出。如是一再放攝。

最後依日月輪中央蓮花座，由ཧྲཱིཿ至ཀྵ諸種子字光輝，生起本尊顯現。

此即以種子字鬘雲，成為生起次第之因基。

上來所說，可說為七支和合（kha sbyor bdun），七支者：受用圓滿支、和合支、大樂支、無自性支、大悲遍滿支、利生無間支、永住無滅支。

種子字ཧྲཱིཿ生起小ཧྲཱིཿ，以光輝周遍一切有法，即無自性支。更作收攝，即和合支，空有二者和合，於和合中，ཧྲཱིཿ字不增不減，以智識雙運本無所增減故。

又由ཧྲཱིཿ散射四十二種子字，是大樂支，由無生而生一切法類，是即如法身之大樂。諸種子字放光周遍一切有情，是大悲遍滿支。令一切有情閃耀，是利生無間支。

種子字永恆不動，是永住無滅支。由種子字鬘雲生起本尊，是受用圓滿支。

　　《七支和合續釋》（*Kha sbyor bdun gyi 'grel pa*）以本尊金剛持（Vajradhara）之自性釋七支和合，即與龍青巴之説以種子字鬘雲為生起基相通。如是觀修，是甚深生起法，以其抉擇見及決定見實甚深故。

　　至於圓滿次第之觀修，《十方除暗》説言 ——

> 本尊光輝而顯現，於其頂輪之月輪蓮花，有一堅穩白色種子字ᴺ。由彼生起無數〔小〕ᴺ字，周遍十方一切界，令一切有情轉成為ᴺ字，於是頂輪種子字ᴺ對彼等作收攝，令其融入。此際依然等持，無增無減。

> 由彼ᴺ字，生起復收攝諸元音輔音種子字，如是行者即於真實中等持，輪迴與涅槃無二而無增減。

　　此即是圓滿次第之種子字鬘雲。

　　如是觀修，即以根本智為因基，成就輪迴與涅槃二界一切法為普賢自性，亦即本初佛性（ye nas sangs rgyas pa），以決定一切法自性故，是為圓滿次第之不共觀修。

六 · 四十五壇城自顯現

　　復次，又可由種子字鬘生起四十五壇城。

　　四十五壇城者，於如來身、語、意，各自顯現報身五佛部，如是即成十五。此十五身語意，又各分為身之身壇、身之語壇、身之意壇，以至意之意壇，一分為三，故共成四十五壇城。

《秘密藏續》云——

奇哉異哉真稀奇　　四十五字大神變
一切名句由彼持　　彼顯言說諸大義[17]

復云——

遍入十方四時中　　本智勇識身語意
即是四十五壇城　　自始至ཀྵ眾種子[18]

如是，即說五佛部四十五壇城，由四十五種子字鬘輪各各生起，字鬘輪由是即成一切壇城生起基。

然則，前既說四十二種子字，今又如何說為四十五？此則須知別有具密意之三種子字。

若依一壇城而言，本尊身語意有三種子字，即ༀ（oṃ）、ཨཱཿ（ā）、ཧཱུྃ（huṃ）。然如是施設尚非密意，以其僅能依本尊而說。若密意施設，則如絨·宋班智達（Rong Zom Paṇḍita，十一世紀）於《勝續秘密藏疏·寶疏論》（rGyud rgyal gsang ba'i snying po'i 'grel pa dkon mchog 'grel）[19] 所言，今節譯其意而說，以原文過長故。

於梵文（悉曇體）中，「𑖂」（i）字下載為一「◡」，說為如象鼻。於「𑖁」（ā）中，其旁所加一「◟」，說為如利箭；於最初標號為兩點「：」，說為如大自在天眼，如是三音標，即成三種子字。

唯於藏文中不能如是說，故又說為：最初標記

17　《幻化網秘密藏續》第四品。

18　同上。

19　Chengdu: Kaḥ thog mkhan po 'jam dbyangs, 1999。

「～๑๑」（ngo）如象鼻；分音點「·」（tsheg）如忿怒尊眼；分句綫「│」（shad）如利箭。如是施設實為善巧方便，否則四十五字即無從建立。

此三者密意，可分別説為 ——

一、最初標記如象鼻者，原意為「無過失」，表示其下所説無誤（ma nor）。故可説其密意為佛心之金剛法性，可同時展示善巧方便之言説義，及如來無分別智，由是而成無二。

二、每種子字後之點（tig），説為如大自在天眼或忿怒尊眼者，原意為寂靜。每音停頓即是寂靜，亦即無念。故可説其密意為佛語之金剛法性。本為離言説、無可表示之佛語，但卻可同時成為名言以顯現一切法。此即智與識兩邊都不住之無分別智。

三、至於分句綫，説為如利箭者，原意為便於誦讀，故可説其密意為佛身之金剛法性，具大善巧方便，以大願力怙祐一切有情，令有情眾依其局限相（界相，tshigs ru gcod）而成自顯現。[20]

禪宗有一段公案，可明此施設上來三密意之旨 —— 人間惟寬：「狗子還有佛性否？」惟寬答：「有。」更問：「和尚還有否？」則答：「無。」於是問云：「一切眾生皆有佛性，和尚因何獨無？」惟寬答云：「我非一切眾生。」問者追問：「既非眾生，是佛否？」答言：「亦不是佛。」復問：「究竟是何物？」答：「亦不是物。」問言：「可

20　此即四緣中之相礙緣起。一切法於相礙中成自顯現，即是任運圓成。

見可思否？」惟寬答：「思之不及、議之不得，故云不可思議。」

如是惟寬已説無二、已説無分別根本智、亦已説善巧方便之具大願後得智。由是知勝義不可思議，世俗亦不可思議。故知禪宗之施設，實同於甯瑪派之施設。

《秘密藏續》中，由一壇城開展為三壇城，更開展為十五壇城，復廣為四十五壇城，如是層層開展，顯示由一智境可開展一切法為四十五類（本母）。於是，又再重收攝為一壇城，顯示一切法類皆可攝為一智境，即如是依種子字ཨ及三密意種子字，成種子字ཧཱུྃ而作觀修，此即現見如來藏之觀修。於中三密意之施設至為重要，無此即未能令字陀羅尼門具金剛性。

七・餘説

上來所説，但明種子字與種子字ཧཱུྃ之義理及其觀修之抉擇與決定，未細説種子字如何顯現別別壇城，以此實應依上師所教而修故。其詳，可參考絨・宋班智達之《寶疏論》；遍智龍青巴之《十方除暗》，及大譯師法吉祥（Lochen Dharmaśrī, 1654-1717）之《秘密主密意莊嚴》（gSang bdag dgongs rgyan）。

唯由上來所説，實已明藏密甯瑪派及漢傳禪宗之意趣，二者或未全同，但已可見其互不相違。

本文兼藏傳了義大中觀與漢傳禪門宗風而説，亦有意為結合中國漢傳、藏傳佛教之研究，略開門徑。此項研究實甚

為深廣，此則有望於來哲。

作者簡介

談錫永，廣東南海人，1935年生。童年隨長輩習東密，十二歲入道家西派之門，旋即對佛典產生濃厚興趣，至二十八歲時學習藏傳密宗，於三十八歲時，得甯瑪派金剛阿闍梨位。1986年由香港移居夏威夷，1993年移居加拿大。

早期佛學著述，收錄於張曼濤編《現代佛教學術叢刊》，通俗佛學著述結集為《談錫永作品集》。主編《佛家經論導讀叢書》並負責《金剛經》、《四法寶鬘》、《楞伽經》及《密續部總建立廣釋》之導讀。其後又主編《甯瑪派叢書》及《大中觀系列》。

所譯經論，有《入楞伽經》、《四法寶鬘》（龍青巴著）、《密續部總建立廣釋》（克主傑著）、《大圓滿心性休息》及《大圓滿心性休息三住三善導引菩提妙道》（龍青巴著）、《寶性論》（彌勒著，無著釋）、《辨法法性論》（彌勒造、世親釋）、《六中有自解脫導引》（事業洲巖傳）、《決定寶燈》（不敗尊者造）、《吉祥金剛薩埵意成就》（伏藏主洲巖傳）等，且據敦珠法王傳授註疏《大圓滿禪定休息》。著作等身，其所說之如來藏思想，為前人所未明說，故受國際學者重視。

近年發起組織「北美漢藏佛學研究協會」，得二十餘位國際知名佛學家加入。2007年與「中國人民大學國學院」及「中國藏學研究中心」合辦「漢藏佛學研究中心」，應聘為客座教授，主講佛學課程，並應浙江大學、中山大學、南京大學之請，講如來藏思想。

離・言・叢・書・系・列

《解深密經密意》

談錫永/著　NT$390元

密義的意思就是語言之外所含之意，沒有明白地講出來，
他雖然用語言來表達，但讀者卻須理解言外之意。
本經既稱為「解深密」，也就是說，根據本經之所說，就
能得到佛言說以外的密意。

《無邊莊嚴會密意》

談錫永/著　NT$190元

《大寶積經・無邊莊嚴會》是說陀羅尼門的經典，可
以將其視為釋迦演密法，故亦可以視其為密續。
全經主要是說三陀羅尼門——無上陀羅尼、出離陀羅
尼、清淨陀羅尼，依次攝境、行、果三者。

《如來藏經密意》

談錫永/著　NT$300元

《如來藏經》說眾生皆有如來藏，常住不變，然後用九
種喻說如來藏為煩惱所纏，是故眾生不自知有如來藏。
這是如來藏的根本思想。由此可將一切眾生心性的清淨
分說為如來藏，雜染分說為阿賴耶識。

《勝鬘師子吼經密意》

談錫永/著　NT$340元

本經對如來藏的演述，是由真實功德來建立如來藏，因
此便很適應觀修行人的觀修次第。
欲入一乘，欲觀修如來藏，須先由認識如來真實功德入
手，這是觀修的關鍵。勝鬘說三種人可以領受如來藏，
便即是依其是否能領受如來真實功德而說。

《文殊師利二經密意》

談錫永／著　NT$420元

文殊師利菩薩不二法門有眾多經典，現在先選出兩本
詮釋其密意。所選兩經為《文殊師利說般若會》及《
文殊師利說不思議佛境界經》。選這兩本經的原故，
是由於兩經所說彼此可以融匯。

《龍樹二論密意》

談錫永／著　NT$260元

本書特選出龍樹論師《六正理聚》中《六十如理論》
及《七十空性論》兩篇，加以疏釋，用以表達龍樹說
「緣起」、說「性空」、說「真實義」、說「法智」，
以至說「無生」的密意。

《菩提心釋密意》

談錫永／疏・邵頌雄／譯　NT$230元

本論專說菩提心，立論點即在於如何次第現證勝義菩提
心以及建立世俗菩提心。於前者，及涉及觀修次第，而
不僅是對勝義作理論或概念的增上。

《大乘密嚴經密意》

談錫永／著　NT$360元

《大乘密嚴經》的主旨其實很簡單：阿賴耶識即是
密嚴剎土。所謂密嚴剎土，即是如來法身上有識境
隨緣自顯現，將法身與識境連同來說，便可以說為
密嚴剎土。這時，自顯現的識境便是法身上的種種
莊嚴。

《龍樹讚歌集密意》

談錫永/主編・邵頌雄/著譯 NT$490元

本書說龍樹讚歌，亦總說龍樹教法之密義。龍樹的「讚歌集」，於印藏兩地的中觀宗都深受重視，並視之為了義言教，唯此等讚歌，大都從未傳入漢土。本書將其中八種，譯為漢文，並據此演揚龍樹教法密義。

《大圓滿直指教授密意》

談錫永/譯疏 NT$300元

本書收入蓮花生大士《大圓滿直指教授》說及觀修的密意，為此叢書補充唯說見地的不足，亦收入談錫永上師《心經頌釋》，補足蓮師一篇所未說的前行法，兩篇由談上師闡其密義。

《智光莊嚴經密意》

談錫永/註疏・邵頌雄/導讀 NT$420元

《智光莊嚴經》說說不生不滅、隨緣自顯現、大平等性，是次第說覺知一切諸佛境界的基礎。圓融此三境界，即知諸佛境界唯一，由此即能說取證菩提。本經之重要，在於它正面解說諸佛境界，同時說出入這境界的觀修法門，如是顯示如來藏的基道果。

《圓覺經密意》

談錫永/主編・邵頌雄/導讀 NT$280元

《圓覺經》中實在已有了義大中觀的基、道、果密意，首先推廣者是身兼禪宗與華嚴宗祖師的圭峯宗密，影響深遠，本經的地位，在漢土便高如須彌山。然整本經是回答十一位菩薩之所問，所答甚為深密，若不知其密意，便會認為本經與其他經典所說不同，由是疑為偽經。

大・中・觀・系・列

《四重緣起深般若》(增定版) —

《心經》・緣起・瑜伽行・如來藏

談錫永 著／平裝／NT$420元

本書由談錫永先生依自宗藏傳佛教寧瑪派的傳承，立足於觀修而寫，深入淺出地介紹般若波羅蜜多的三系教法，統攝大乘教法的精華，幫助我們迅速趨入甚深教法的修行核心。

《心經內義與究竟義》—

印度四大論師釋《心經》

談錫永等 著譯／平裝／NT$350元

《心經》為般若經典的精華，也是能解脫煩惱苦厄得到究竟安樂的智慧經典。本書精彩而豐富地闡述《心經》的釋論精華，讀者藉由本書不僅可窺見八世紀至十一世紀印度大論師詮釋《心經》的風範，也能對《心經》於漢藏兩地的弘播與繙譯，提供更深入的認識。

《聖入無分別總持經》對勘及研究

沈衛榮、邵頌雄 校研・馮偉強 梵校・談錫永 導論／NT$390元

《聖入無分別總持經》是大乘佛教的重要經典，其基本的內容為：佛陀以「入無分別總持」，向以無分別照明菩薩為首的眷屬大眾，開示速捷證得入無分別的殊勝妙法，其重點在於開示住於無分別界的意義，與證得無分別的方法。

本書從歷史、語言、教法等不同角度，研究《聖入無分別總持經》的弘播年代、繙譯、以至此經對早期瑜伽行派的影響，更從實修觀點來論說瑜伽行派如何教導入無分別的體性及修證，又依甯瑪派的觀點來作引證。

《入楞伽經》梵本新譯

談錫永 譯著/平裝/NT$320元

印度瑜伽行派、漢土早期禪宗、西藏甯瑪、噶舉、薩迦等佛家宗派，皆以《入楞伽經》為根本經典，亦以經中所說之如來藏思想為觀修之究竟見。

談錫永上師今取現存之《楞伽》梵本，重新繙譯此經，細註舊譯之誤譯與添譯處，並於重要之文句附上梵文的羅馬字轉寫；復依自宗甯瑪派了義大中觀的見地，闡明「如來藏藏識」之義理，希望本譯能破解學者對研讀《入楞伽經》的疑難。

《寶性論》梵本新譯

談錫永 譯著/平裝/NT$320元

《寶性論》為佛教重要論典，本論建立了「七金剛句」，將佛寶、法寶、僧寶、如來藏、證菩提、功德、事業等這七個主題並列，以佛法僧三寶為觀修的因，並以佛及眾生依本具的如來藏為觀修的中心，經過實踐修行的歷程，最後證得佛果菩提，具足一切佛法功德，圓滿濟度眾生的事業。

透過本書作者精湛的分析與釋論，能幫助讀者清晰地掌握修行的脈絡，迅疾趨入究竟的解脫大道。

《如來藏論集》

談錫永、邵頌雄 著/平裝/NT$330元

在智境上覆障著識境，如是的一個境界，便名為如來藏。法身不離煩惱纏，故於一切有情的煩惱身中，皆具足清淨的如來本性，也就是說每一個眾生都有佛性。透過本論集對如來藏精闢的探究與分析，以及如何觀修如來藏等談論述，對於佛法的抉擇與實修，能提供相當廣大的助益與參考，是現代佛教知識份子不可錯過的著作。

《如來藏二諦見－不敗尊者說如來藏》

談錫永、邵頌雄 著譯／平裝／NT$360元

法身以本具功德，不可說之為空；識境自顯現雖隨緣
而成有，但因其未嘗剎那與法身離異，故亦不得籠統
說之為有，只能說「緣起有」。此乃大中觀施設二諦
之堅定立場。不解如來藏義，橫生枝節加以否定者，
即由於不知大中觀持何立場以施設二諦。

《聖妙吉祥真實名經》梵本校譯

談錫永 譯著・馮偉強 梵校／平裝／NT$390元

《聖妙吉祥真實名經》為無上密續部重要經典，說
如來藏之觀修，亦即妙吉祥不二法門之觀修。由此
開展，則可建立為依金剛薩埵為主導之《大幻化網
續》，以及一切無二續。

《聖妙吉祥真實名經》釋論三種

談錫永 導論・馮偉強、黃基林 校譯／平裝／NT$390元

《聖妙吉祥真實名經》為觀修三轉法輪教法的重要經
典。本經藉「幻化網現證菩提」壇城，令行者藉觀修
而得現證妙吉祥不二法門。談錫永上師早前根據今傳
四種梵本重新校譯本經，解決古譯文句互異的問題，
更譯出釋論三種，解決文義難明與具體觀修無所依等
二疑難。

《辨中邊論釋》校疏

談錫永 校疏・邵頌雄 前論／平裝／NT$400元

依甯瑪派教法，本論可依大中觀的加行道來作抉
擇。以加行道的層次來治本論，亦為印度瑜伽行
派的傳統。

全佛文化藝術經典系列

大寶伏藏【灌頂法像全集】

蓮師親傳●法藏瑰寶,世界文化寶藏●首度發行!
德格印經院珍藏經版●限量典藏!

本套《大寶伏藏—灌頂法像全集》經由德格印經院的正式授權
全球首度公開發行。而《大寶伏藏—灌頂法像全集》之圖版,
取自德格印經院珍藏的木雕版所印製。此刻版是由西藏知名的
奇畫師一通拉澤旺大師所指導繪製的,不但雕工精緻細膩,法
像莊嚴有力,更包含伏藏教法本自具有的傳承深意。

◆◆◆

《大寶伏藏—灌頂法像全集》共計一百冊,採用高級義大利進
美術紙印製,手工經摺本、精緻裝幀,全套內含:
　●三千多幅灌頂法照圖像內容　　●各部灌頂系列法照中文譯名
附贈　●精緻手工打造之典藏匣函。
　　　●編碼的「典藏證書」一份與精裝「別冊」一本。
　　　　（別冊內容:介紹大寶伏藏的歷史源流、德格印經院歷史、
　　　　《大寶伏藏—灌頂法像全集》簡介及其目錄。）

談錫永作品13

《如來藏三談》

作　　者　談錫永
美術編輯　李　琨
封面設計　張士勇工作室
出　　版　全佛文化事業有限公司
　　　　　訂購專線：(02)2913-2199
　　　　　傳真專線：(02)2913-3693
　　　　　發行專線：(02)2219-0898
　　　　　匯款帳號：3199717004240 合作金庫銀行大坪林分行
　　　　　戶　　名：全佛文化事業有限公司
　　　　　E-mail：buddhall@ms7.hinet.net
　　　　　http://www.buddhall.com
門　　市　新北市新店區民權路108-3號10樓
　　　　　門市專線：(02)2219-8189
行銷代理　紅螞蟻圖書有限公司
　　　　　台北市內湖區舊宗路二段121巷19號（紅螞蟻資訊大樓）
　　　　　電話：(02)2795-3656
　　　　　傳真：(02)2795-4100

初版一刷　1998年07月
初版三刷　2021年03月
定　　價　新台幣300元
ＩＳＢＮ　978-986-6936-55-5(平裝)

國家圖書館出版品預行編目資料

如來藏三談 / 談錫永著. -- 初版. --
臺北市：全佛文化, 2011.05
面；　公分. -- (談錫永作品；13)

ISBN 978-986-6936-55-5(平裝)

1.佛教教理　2.佛教哲學
220.12　　　　　100007501

BuddhAll

All is Buddha.

BuddhAll.

BuddhAll